教育供给侧结构性改革：全科融通技术技能人才培养探索与实践

罗显克　主编

北京理工大学出版社
BEIJING INSTITUTE OF TECHNOLOGY PRESS

版权专有　侵权必究

图书在版编目（CIP）数据

教育供给侧结构性改革：全科融通技术技能人才培养探索与实践／罗显克主编． —北京：北京理工大学出版社，2022.4

ISBN 978-7-5763-1227-0

Ⅰ．①教⋯　Ⅱ．①罗⋯　Ⅲ．①高等职业教育-人才培养-研究-中国　Ⅳ．①G718.5

中国版本图书馆 CIP 数据核字（2022）第 062865 号

出版发行／	北京理工大学出版社有限责任公司
社　　址／	北京市海淀区中关村南大街 5 号
邮　　编／	100081
电　　话／	(010)68914775（总编室）
	(010)82562903（教材售后服务热线）
	(010)68944723（其他图书服务热线）
网　　址／	http：//www.bitpress.com.cn
经　　销／	全国各地新华书店
印　　刷／	三河市华骏印务包装有限公司
开　　本／	787 毫米 × 1092 毫米　1/16
印　　张／	16
字　　数／	328 千字
版　　次／	2022 年 4 月第 1 版　2022 年 4 月第 1 次印刷
定　　价／	89.00 元

责任编辑／徐艳君
文案编辑／徐艳君
责任校对／周瑞红
责任印制／李志强

图书出现印装质量问题，请拨打售后服务热线，本社负责调换

序

各种教育理论、政策要最终落实到人才培养层面，产生实效，学校层面的实践范式探索不可或缺。在教育科学研究中，学校领导和教师一直是一支重要的研究力量。近年来，国家推出了一系列重要的职业教育改革项目，如集团化办学、专业群建设、现代学徒制试点、混合所有制探索、职业教育扶贫、"双师型"教师培养等。这些都是触及我国职业教育发展关键领域的改革项目，它们要在实践中取得成效，一方面需要加强对这些问题的理论研究，另一方面需要深化对这些改革项目的操作范式的研究。然而教育的实践性研究该如何开展？这一直是教育科学研究中的一大难题。最近拜读了广西水利电力职业技术学院党委书记罗显克的新作《教育供给侧结构性改革：全科融通技术技能人才培养探索与实践》，深感这是一部难得的优秀作品。

该书是在广西水利电力职业技术学院国家示范性（骨干）高职院校建设以来人才培养实践探索基础上，结合国内相关领域案例，经过系统反思、概括形成的成果。作者针对国家水利事业发展对基层人才需求的特点，结合所提出的教育供给侧理论，持续、深入开展了从"提出理论指导实践"到"实践推广优化理论"的研究，形成了一套理念创新、逻辑严谨、操作性强的育人体系。在"岗课赛证"综合育人的时代背景下，对职业院校如何结合本行业发展培养"全科融通"的"全人"具有重要的理论和实践指导意义。

本人曾参与教育部组织的职业院校人才培养、校企合作等诸多论证工作，深感国家对中国特色学徒制人才培养、混合所有制办学、职业教育扶贫和职业教育国际化等工作的重视和对职业教育在社会发展和经济建设等方面寄予的厚望。虽然国内已有不少研究针对当前职业教育热点问题进行了探索，然而以推进教育供给侧结构性改革为主线，围绕基层人才培养、"三全育人"及教育扶贫等职业教育难点问题研究还不够丰富，系统性总结多科知识和能力融通人才培养经验做法的专著不多见。《教育供给侧结构性改革：全科融通技术技能人才培养探索与实践》能够结合学校10多年的教育教学改革发展历程，以服务地方经济发展需要和民族地区基层人才培养为己任，以教育供给侧结构性改革思维积极探索，努力实践办出本土本校特色，为解决高等职业教育人才培养供给侧和产业需求侧"两张皮"的问题提供了新视角，值得欣慰！

该书详细分析了如何以立德树人为根本任务，以重聚产教资源为发力点，以产教融合人才培养模式为抓手,以"四链贯通"提升学生创新创业能力为导向,以"双师型"教师队伍建设为依托,以脱贫攻坚为己任等六方面推进高等职业供给侧结构性改革,创造性地提出了"全科融通育全人"发展理念、"顶层直通基层"的人才培养共生发展机制和"一体五翼"多元产教融合办学理念,形成了丰硕的、颇具少数民族地区人才培养特色的研究成果,为职业院校开展特色学徒制人才培养、深化产教融合提供了不可多得的经验做法。总言之,改革贵在坚持、重在创新,作者大胆探索、先行先试的智慧和勇气可嘉,创新精神值得肯定。我相信,这些成果将为"大有可为、前途广阔"新时代标签的职业教育添上浓墨重彩的一笔。

华东师范大学职业教育与成人教育研究所所长、教授、博士生导师

2022 年 2 月 10 日

编写委员会

主　　编：罗显克

副 主 编：李　林　　刘存香　　韦　弘

参编人员：蔡永强　　余金凤　　周　涛　　陆尚平
　　　　　　区倩如　　余　娜　　李春萌　　陈炳森
　　　　　　宁爱民　　唐　锋　　苗志锋　　左江林
　　　　　　梁小流　　唐善德　　彭丹琴　　彭星星
　　　　　　李思琦　　廖明菊　　李小莲　　徐逢春
　　　　　　赖永明　　刘志枫　　雷红梅　　陈伟珍
　　　　　　邓岐杏　　黎明明　　彭　情　　巫德富
　　　　　　卢泳林　　韦庆辉　　邓登云　　许　婧
　　　　　　李文娟　　彭　聪　　黄怡健　　张志秀
　　　　　　谭柳青　　江　颉　　姚高翔　　龙　颖
　　　　　　陈薇薇　　何仕尧　　黄曦慧　　谢其琪

前　言

党的十九大报告指出,中国特色社会主义进入新时代,经济已由高速增长阶段转向高质量发展阶段。深化供给侧结构性改革,这是实现高质量发展的首要任务。职业教育作为与经济社会发展联系最紧密、贡献最直接的教育类型,作为经济社会发展所需高素质技术技能人才的供给主体,也亟须加快深化供给侧结构性改革。因此,推进新时代高等职业教育供给侧结构性改革是高等职业教育创新发展面临的一个重大的理论和实践课题。

党的十八大以来,以习近平同志为核心的党中央对职业教育重视程度之高前所未有,推动职业教育改革发展的力度之大前所未有,我国职业教育迎来了新的重大发展机遇。2019年国务院印发《国家职业教育改革实施方案》,把职业教育摆在教育改革创新和经济社会发展中更加突出的位置,明确了新时代职业教育的顶层设计和施工蓝图,这是当前和今后一个时期指导职业教育的纲领性文件,具有重要里程碑意义。2021年10月,中共中央办公厅、国务院办公厅印发的《关于推动现代职业教育高质量发展的意见》提出,职业教育是国民教育体系和人力资源开发的重要组成部分,肩负着培养多样化人才、传承技术技能、促进就业创业的重要职责。在全面建设社会主义现代化国家新征程中,职业教育前途广阔、大有可为。

在经济和职业教育的多重机遇和挑战的叠加之下,我们对学校从国家示范性骨干高职院校建设到"创新发展行动计划"实施,再到高职"双高"建设中勇毅前行的历程做一个系统回顾,聚焦三个方面进行了深入思考。思考之一:树立教育供给侧结构性改革的理念,落实立德树人的根本任务,培养德智体美劳全面发展的社会主义建设者和接班人;思考之二:要突出高素质技术技能人才培养,大力推进中国特色学徒制的人才培养,以职业教育助力精准扶贫、乡村振兴,提升学生专业技能素养;思考之三:要深化产教融合、工学结合的人才培养模式。聚焦基层人才培养,以理事会、混合所有制、集团化办学、产业学院等推进职业教育和产业共同发展。我们把这些思考凝结成《教育供给侧结构性改革:全科融通技术技能人才培养探索与实践》这本书,这也是对学校应该如何站在改革的最前沿,把脉学校发展方向,强化办学特色、产教融合、人才培养、专业课程、教师培养等方方面面做的一个整体梳理,从高等职业教育供给侧结构性改革的作用机理到新时代"三全育人"综合改革,从重聚产教资源、创新人才培养模式、提升学生创新创业能力、重组师资队伍到职业教育精准扶贫、乡村振兴等七个方面进行了探讨,这些问题的研究和实践从一个侧面反映了当代高等职业教育的发展,凸显了社会转型过程中高等职业教育发展的热点问题,是我们对当代高职教育的理论思考和实践探究结晶。《教育供给侧结构性改革：全科融通技术技能人才培养探索与实践》的出版，既是对学校办学治校的一个阶段性总结和反思，也是对学校高质量发展的展望和前瞻，同时希望对于研究我国高等职业教育改革发展和实践历程也有很好的参考价值。

全书由罗显克、刘存香、韦弘组织策划，主编罗显克，副主编李林、刘存香、韦弘；由刘存香、韦弘、蔡永强、余金凤、唐锋、彭星星、李思琦、卢泳林统稿。本书分工和具体执笔：第一章供给侧结构性改革与高等职业教育发展的需求，由韦弘、蔡永强、韦庆辉编写；第二章以立德树人为根本任务推进高等职业教育供给侧结构性改革，由李春萌、彭丹琴、许婧、谭柳青、江颉、姚高翔编写；第三章以"四链贯通"重聚产教资源为发力点推进高等职业教育供给侧改革，由蔡永强、彭星星、李思琦、梁小流、苗志锋、邓登云、廖明菊、李小莲、左江林、雷红梅、唐锋、徐逢春、唐善德、李文娟、彭聪、黄怡健编写；第四章以"四链贯通"为抓手创新人才培养模式，由蔡永强、赖永明、刘志枫、左江林、雷红梅、陈伟珍、邓岐杏、陈炳森、宁爱民、苗志锋、黎明明编写；第五章以"四链贯通"提升学生创新创业能力为导向推进高等职业教育供给侧结构性改革，由陆尚平、彭情编写；第六章以"双师型"教师队伍为依托推进高等职业教育供给侧结构性改革，由周涛、余娜、张志秀、龙颖编写；第七章以职业教育精准扶贫升级版——服务乡村振兴为使命推进高等职业教育供给侧结构性改革，由区倩如、巫德富、陈薇薇、何仕尧、黄曦慧、谢其琪编写。

本书在编写过程中得到了广西壮族自治区水利厅、广西建工集团海河水利建设有限责任公司、河池市水利局、大化瑶族自治县水利局、环江毛南族自治县水利局、中国—东盟职业教育研究中心等单位的大力支持，在此表示衷心感谢！

目 录

第一章 供给侧结构性改革与高等职业教育发展的需求

第一节 供给侧结构性改革背景及其意义 (1)
一、供给侧结构性改革的内涵 (1)
二、供给侧结构性改革的时代背景 (3)
三、供给侧结构性改革的重点任务 (4)
四、推进供给侧结构性改革对中国经济长远意义 (5)

第二节 高等职业教育供给侧结构性改革作用机理分析 (8)
一、高等职业教育供给侧结构性改革的内涵 (8)
二、高等职业教育供给侧结构性改革的动因 (8)
三、高等职业教育供给侧结构性改革的顶层设计 (12)
四、高等职业教育供给侧结构性改革理论基础 (15)

第三节 高等职业教育供给侧结构性改革的目标和方向 (17)
一、高等职业教育供给侧结构性改革的目标 (17)
二、高等职业教育供给侧结构性改革的实施方向 (19)

第四节 高等职业教育供给侧结构性改革发展的"全科融通"的广西模式 (24)
一、全科融通育全人 (24)
二、源头培养,适应乡镇水电基层建设发展需要 (24)
三、瞄准问题,重构水电基层人才培养模式 (25)
四、明确目标,适应新时代现代水电基层人才需求 (25)
五、全科融通,水利高职院校基层"四高"人才培养策略 (25)
六、全科融通成效显著,助力"双高"长风破浪 (29)

第二章 以立德树人为根本任务推进高等职业教育供给侧结构性改革

第一节 新时代"三全育人"综合改革的时代意蕴、内涵、特征 ……………（31）
一、"三全育人"综合改革的时代意蕴 ……………………………………（31）
二、"三全育人"综合改革的内涵特征 ……………………………………（32）
三、"三全育人"综合改革的实践原则 ……………………………………（32）

第二节 "三全育人"综合改革育人体系的构建 ………………………………（34）
一、"三全育人"综合改革的总体目标 ……………………………………（34）
二、"三全育人"综合改革的实施途径 ……………………………………（34）
三、"三全育人"综合改革的探索与实践 …………………………………（38）

第三节 "三全育人"理念下推进课程思政的建设内涵 ………………………（45）
一、新时代推进课程思政的时代背景 ……………………………………（45）
二、课程思政的含义 ………………………………………………………（45）
三、新时代推进课程思政的价值意义 ……………………………………（46）

第四节 全国高校课程思政改革典型案例 ……………………………………（48）
一、各高校课程思政改革典型案例 ………………………………………（48）
二、广西水利电力职业技术学院课程思政建设探索与实践
………………………………………………………………………………（51）

第三章 以"四链贯通"重聚产教资源为发力点推进高等职业教育供给侧结构性改革

第一节 理事会制度助推高职院校制度建设 …………………………………（58）
一、校企合作理事会制度概述 ……………………………………………（58）
二、各高校校企合作理事会办学模式典型案例 …………………………（60）
三、广西水利电力职业技术学院校企合作发展理事会 …………………（63）
四、广西水利电力职业技术学院广西—东盟经济技术开发区协同发展理事会
………………………………………………………………………………（64）

第二节 集团化办学是发展特色职业教育的重要举措 ………………………（66）
一、职业教育集团的发展概述 ……………………………………………（66）
二、各地职业教育集团化办学典型案例 …………………………………（68）
三、广西水利电力职业教育集团多元化办学模式实践 …………………（72）

第三节　混合所有制增强高职院校办学活力 …………………………（75）
　　一、混合所有制概述 …………………………………………………（75）
　　二、高职院校混合所有制的产生和发展 ……………………………（76）
　　三、各高校混合所有制办学典型案例 ………………………………（78）
　　四、广西水利电力职业技术学院混合所有制探索实践 ……………（81）
第四节　中国特色现代学徒制是培养技术技能人才的重要途径 ……（90）
　　一、现代学徒制试点改革的概述 ……………………………………（90）
　　二、各高校现代学徒制试点改革的典型案例 ………………………（91）
　　三、广西水利电力职业技术学院现代学徒制试点案例 ……………（95）
第五节　产业学院是推进产教融合、协同育人的重要抓手 …………（105）
　　一、产业学院概述 ……………………………………………………（105）
　　二、各高校产业学院的做法与经验 …………………………………（108）
　　三、广西水利电力职业技术学院产业学院的做法和经验 …………（109）

第四章　以"四链贯通"为抓手创新人才培养模式

第一节　人才培养模式改革概述 ………………………………………（122）
　　一、人才培养模式改革的内涵 ………………………………………（122）
　　二、高等职业院校人才培养模式的特征 ……………………………（123）
　　三、高等职业院校人才培养模式的政策轨迹 ………………………（124）
　　四、构建"全科融通育全人"人才培养模式 ………………………（125）
第二节　水利类创新人才培养模式 ……………………………………（126）
　　一、水利类人才培养模式 ……………………………………………（126）
　　二、广西水利电力职业技术学院水利类产教融合高水平专业群建设 …（132）
第三节　电力类创新人才培养模式 ……………………………………（139）
　　一、电力类人才培养模式 ……………………………………………（139）
　　二、广西水利电力职业技术学院电力类产教融合高水平专业群建设 …（142）
第四节　机电类创新人才培养模式 ……………………………………（145）
　　一、机电类人才培养模式 ……………………………………………（145）
　　二、广西水利电力职业技术学院机电类产教融合高水平专业群建设 …（156）

第五节　信息类创新人才培养模式 …………………………………… (163)
　　一、信息类人才培养模式 ……………………………………………… (163)
　　二、广西水利电力职业技术学院信息类产教融合高水平专业群建设 ……… (167)
　　三、"依托一家、合作十家、服务百家"校企合作ICT人才培养模式创新
　　　　…………………………………………………………………… (170)

第五章　以"四链贯通"提升学生创新创业能力为导向推进高等职业教育供给侧结构性改革

第一节　创新创业教育的概述 …………………………………………… (174)
　　一、创新创业教育的内涵及意义 ……………………………………… (174)
　　二、国外创新创业教育概述 …………………………………………… (175)
　　三、国内创新创业教育概述 …………………………………………… (176)
　　四、国内外高校创新创业教育的异同点 ……………………………… (178)

第二节　供给侧视域的创新创业分析与人才培养 …………………… (180)
　　一、供给侧视域的大学生创新创业教育存在问题 …………………… (180)
　　二、大学生创新创业能力和意识培养 ………………………………… (182)
　　三、广西水利电力职业技术学院创新创业教育改革成效 …………… (184)

第三节　创新创业教育实施的典型案例 ……………………………… (188)
　　一、各高校创新创业教育实施典型案例 ……………………………… (188)
　　二、广西水利电力职业技术学院自治区级创新创业示范基地建设典型案例
　　　　…………………………………………………………………… (200)

第六章　以"双师型"教师队伍建设为依托推进高等职业教育供给侧结构性改革

第一节　供给侧结构性改革背景下职业院校教师队伍存在的问题 ……… (205)
　　一、师德师风建设仍存在短板 ………………………………………… (206)
　　二、"双师型"教师队伍建设迟缓 …………………………………… (206)
　　三、教师综合评价体制机制建设不深入 ……………………………… (207)

第二节　"双师型"教师队伍的建设路径 …………………………… (209)
　　一、提升"双师型"教师队伍的质量和结构 ………………………… (209)
　　二、打造"双师型"教师队伍成长的平台 …………………………… (210)

三、构建"互培互通"的双师培养机制 (210)
　第三节　全国高校"双师型"教师队伍的经验与做法 (212)
　　一、各高校"双师型"教师队伍的经验与做法 (212)
　　二、广西水利电力职业技术学院"双师型"教师队伍建设案例 (217)

第七章　以职业教育精准扶贫升级版——服务乡村振兴为使命推进高等职业教育供给侧结构性改革
　第一节　脱贫攻坚、乡村振兴与职业教育 (222)
　　一、背景 (222)
　　二、脱贫攻坚与职业教育 (222)
　　三、乡村振兴与职业教育 (223)
　　四、职业教育精准扶贫给乡村振兴的经验启示 (224)
　第二节　乡村振兴战略下高等职业教育供给侧结构性改革的机遇 (225)
　　一、乡村振兴战略为高等职业教育供给侧结构性改革提供了契机 (225)
　　二、乡村振兴战略为高等职业教育提供了机会 (226)
　　三、乡村振兴战略需要职业教育提供大量的人才支撑 (226)
　第三节　乡村振兴战略下高等职业教育供给侧结构性改革的模式——以广西为例 (228)
　　一、高等职业教育供给侧结构性改革面临的问题 (228)
　　二、乡村振兴战略背景下职业教育供给侧结构性改革模式 (229)
　第四节　西部水利职教赋能教育扶贫
　　　　　——广西基层水利人才"订单式"培养模式 (231)
　　一、实施背景 (231)
　　二、主要做法 (231)
　　三、成果成效 (232)
　第五节　发挥水利职教优势　精准助力脱贫攻坚
　　　　　——以广西水利电力职业技术学院为例 (233)

一、实施背景 …………………………………………………………（233）

二、主要做法 …………………………………………………………（233）

三、成果成效 …………………………………………………………（234）

参考文献 ……………………………………………………………（235）

第一章 供给侧结构性改革与高等职业教育发展的需求

第一节 供给侧结构性改革背景及其意义

一、供给侧结构性改革的内涵

(一)供给侧结构性改革提出的历程

2015年11月10日召开的中央财经领导小组第十一次会议上,习近平总书记强调,在适度扩大总需求的同时,着力加强供给侧结构性改革,着力提高供给体系质量和效率,增强经济持续增长动力,推动我国社会生产力实现整体跃升。这是第一次提出供给侧结构性改革。

2015年11月以来,供给侧结构性改革成为领导讲话的高频词(见表1-1-1)。习近平主席在亚太经合组织工商领导人峰会上再提"供给侧结构性改革"。国务院总理李克强在国务院常务会议强调"培育形成新供给新动力扩大内需";在"十三五"规划纲要编制工作会议上要求,在供给侧和需求侧两端发力促进产业迈向中高端。各部委领导也在不同场合强调加强供给侧结构性改革。2016年5月20日,习近平总书记在主持召开的中央全面深化改革领导小组第二十四次会议上强调:供给侧结构性改革本质是一场革命。

(二)供给侧结构性改革内涵

供给侧结构性改革成为热词,那到底什么是供给侧结构性改革?

供给学派是20世纪70年代在美国兴起的一个经济学流派,强调经济的供给方面,认为生产的增长决定于劳动力和资本等生产要素的供给和有效利用。在供给学派基础上发展出新供给主义,主张通过放松供给约束,解除供给抑制,让新供给创造新需求,才能提升经济的潜在增长率。

表 1-1-1　供给侧结构性改革提出历程

时间	领导人	场合	论述
2015年11月10日	国家主席习近平	中央财经领导小组第十一次会议	在适当扩大总需求的同时,着力加强供给侧结构性改革,着力提高供给体系质量和效率,增强经济持续增长动力,推动我国社会生产力水平实现整体跃升
2015年11月11日	国务院总理李克强	国务院常务会议	培育形成新供给新动力扩大内需
2015年11月13日	发改委副主任林念修	国务院新闻办政策例行吹风会	在适当扩大总需求的同时,着力加强供给侧结构性改革,着力提高供给体系质量和效率,增强经济持续增长动力
2015年11月14日	发改委规划司司长徐林	北大经济观察报告会	供给侧的结构改革的重点在于要形成有利于创新的体制机制,实现市场对资源配置决定性作用
2015年11月17日	国务院总理李克强	"十三五"规划纲要编制工作会议	要在供给侧和需求侧两端发力促进产业迈向中高端
2015年11月18日	国家主席习近平	亚太经合组织工商领导人峰会	要解决世界经济深层次问题,单纯靠货币刺激政策是不够的,必须下决心在推进经济结构性改革方面做更大努力,使供给体系更适应需求结构的变化
2015年11月18日	中财办副主任杨伟民	《财经》年会	在经济发展进入新常态的背景下,推进供给侧的结构性改革是必须进行的政策和思路
2015年11月18—21日	国务院总理李克强	中央工作会议	提出"去产能、去库存、去杠杆、降成本、补短板"等当前供给侧结构性改革的五大重点任务

资料来源:海通证券研究所宏观研究专题报告,《十问"供给侧改革"》,2015年12月。

中国的"供给侧结构性改革"并非简单复制供给学派的"供给管理",不是西方供给学派的翻版。"供给侧结构性改革政策,是强调在供给角度实施结构优化、增加有效供给的中长期视野的宏观调控。"用经济学的语言来说,就是有限的资源的再分配。市场通过竞争机制,引导资源合理流动和有效利用,使有限的资源从效益低的部门流向效益高的部门,从供过于求的企业流向供不应求的企业。用一个公式来描述"供给侧结构性改革",就是"供给侧+结构性+改革"。用改革的办法推进结构调整,减少无效和低端供给,扩大有效和中高端供给,增强供给结构对需求变化的适应性和灵活性,提高全要素生产率,使供给体系更好适应需求结构的变化。所以,供给侧结构性改革,即指从供给侧入手,通过简政放权、放松管制、财税改革、金融改革、国企改革、土地改革等多种政策手段着力提高供给质量,扩大有效供给,提高供给结构对需求变化的适应性和灵活性,进而推进结构调整,实现经济健康可持续发展,促进人民生活水平不断提高。

二、供给侧结构性改革的时代背景

(一)"三期叠加"的历史转折时期导致需求侧刺激政策的边际效用正逐步递减

2015年1月26日,财经作家吴晓波一篇《中国中产为何蜂拥去日本买马桶盖》引起了轩然大波,一只马桶盖都要不远万里去邻国购买,这实实在在戳痛了大众对"中国制造"的痛点。究其原因,不是没有需求,而是缺乏核心技术,缺少创新引领,缺失品牌服务,缺位社会领域、公共领域的投资……这一切归咎于一点,就是供给侧。

改革开放以来,以需求拉动发展的传统经济管理模式为中国带来了30年的平均10%的高速增长态势,中国走过了经济发展"急行军",积累了雄厚的经济实力,使中国成为举世瞩目的经济大国,持续高速增长创造了世界发展史上的奇迹。十八大后,我国经济发展处于"三期叠加"的历史性转折期,"增长减速、产能过剩、地方债务激增、环境资源约束趋紧……"如果用一个词来形容当前中国经济的阶段性特征,那就是"三期叠加",意为当下处于"增长速度的换挡期、经济结构调整的阵痛期、前期刺激政策的消化期"的叠加状态。增长速度进入换挡期是由经济发展的客观规律决定的;结构调整面临阵痛期是加快经济发展方式转变的主动选择;前期刺激政策的消化期是化解多年来积累的深层次矛盾的必经阶段。2015年中国经济增长速度为6.9%,为1990年以来25年的新低。与2007年的14.2%相比,经济学家形容为"腰斩"。经济从高速转为中高速,转型分化日趋明显,结构调整面临阵痛,这不仅是金融危机后全球经济放缓的影响,更是我国经济自身多年高速增长掩盖下的结构性失衡凸显所致,需求侧刺激政策的边际效用正逐步递减。

(二)以结构性产能过剩为特征的"供需错位"是导致经济增长放缓的最大障碍

一是经济持续下行与新的消费需求大幅上升的错位,投资、出口增长乏力,居民消费对经济增长的拉动作用却不断增强;二是传统行业产能落后粗放与新兴产业、高端制造业热火朝天的错位,中低端产品过剩严重与高端产品供给不足的错位;三是政府行政效率低下与教育、医疗、养老等应当由政府提供的公共产品与服务极端稀缺的错位。因此,推进供给侧结构性改革,也恰恰是问题倒逼,势在必行。从供给侧改革入手,就是从生产、供给端入手,调整供给结构,为真正启动内需、打造经济发展新动力寻求新发展路径。

(三)供给侧结构性改革是适应和引领新常态的发展战略

从"三期叠加"到"新常态",再到供给侧结构性改革,是一个不断探索、深化认识的过程。依靠大规模投资驱动和低成本出口的发展模式难以为继,单纯依靠资本投入规模和劳动力数量增加的增长模式也无法维持目前的中高速增长态势,推进供给侧结构性改革,是适应和引领经济发展新常态的重大创新。"十三五"以来,2016、2017、2018、2019年GDP增速分别是

6.7%、6.9%、6.6%、6.1%,经济由高速增长转向中高速发展,并向高质量发展阶段迈进,我国"经济巨轮"行稳致远。2019年人均GDP首次站上1万美元的新台阶;2020年虽然面对严峻复杂的国内外环境,特别是新冠肺炎疫情冲击,GDP仍首次突破100万亿,同比增长2.3%,而且中国成为唯一实现正增长的经济体,GDP突破100万亿元,为中国推动经济高质量发展奠定了坚实基础。联合国贸易和发展会议资深经济事务官员梁国勇表示:"中国2019年人均GDP突破1万美元大关,2020年GDP突破100万亿元人民币。中国经济在人均和总量两方面接连实现历史性跨越,具有里程碑意义。"

三、供给侧结构性改革的重点任务

2015年12月18日至21日,中央经济工作会议提出2016年经济社会发展特别是结构性改革任务十分繁重,要加强战略和战术相结合:一是战略上要有打"持久战"的准备,坚持稳中求进、把握好节奏和力度;战术上要抓住重点领域和关键点。二是战略上要以转变经济增长方式为目标,特别是要转变发展理念,落实"创新、协调、绿色、开放、共享"的五大发展理念;战术上主要是抓好"去产能、去库存、去杠杆、降成本、补短板"(简称"三去一降一补")五大任务。

会议明确了五大工作重点。第一,积极稳妥化解产能过剩。要按照企业主体、政府推动、市场引导、依法处置的办法,妥善处理保持社会稳定和推进结构性改革的关系。化解钢铁、煤炭行业过剩产能,处置僵尸企业,深化国有企业改革、推进企业兼并重组和升级改造,要加大中央财政对去产能中下岗职工生活保障等方面的支持,发挥好地方政府作用,保持社会大局稳定。第二,帮助企业降低成本。要开展降低实体经济企业成本行动,打出"组合拳"。增强企业竞争力、扩大优质增量供给,减税、降费、降低要素成本;降低各类交易成本,减少审批环节,降低各类中介评估费用,加大对垄断行业、垄断环节违法违规收费的监管力度,降低企业用电和物流成本,提高劳动力市场灵活性。第三,化解房地产库存。改善房地产市场供求关系,重点解决三四线城市房地产库存过多问题。加快户籍制度改革,加强特大城市和中小城市互联互通,加快大中小城市网络化进程,增强中小城市对人口的吸引力。要坚持房子是用来住的、不是用来炒的定位,加快建立健全房地产基础性制度和长效机制。第四,积极稳妥去杠杆。推动经济去杠杆是供给侧结构性改革的重点任务之一,也是防范化解金融风险的重要内容。管住货币信贷总闸门,盘活存量资产,优化增量资产。建立国有企业资产负债约束机制,要规范地方政府举债行为,严控地方政府债务增量,稳妥处置现有隐性债务。第五,扎实有效补短板。要从严重制约经济社会发展的重要领域和关键环节、从人民群众迫切需要解决的突出问题着手,营造有国际竞争力的营商环境,增强微观主体内生动力。医疗、养老、教育等社会领域鼓励民间资本进入,解决好人民群众反映强烈的卫生、食品质量安全、教育、生态环境等问题。要加大提升人力资本、突破共性技术、改善基础设施薄弱环节等补短板力度,做好精准脱贫工作,在补短板中促进实现共同发展、公平发展。

四、推进供给侧结构性改革对中国经济长远意义

为什么要从需求侧转向供给侧？长期以来，人们都对需求侧的"三驾马车"（投资、消费、出口）理论耳熟能详，此时中央高层提出供给侧对中国经济发展有什么样的长远考量？从2015年提出"推进供给结构性侧改革，是适应和引领经济发展新常态的重大创新，是适应国际金融危机发生后综合国力竞争新形势的主动选择，是适应我国经济发展新常态的必然要求"。5年实践也深刻表明，推进供给侧结构性改革的决策是完全正确的，是改善供给结构、提高发展质量的治本之策，是以习近平同志为核心的党中央在深刻分析、准确把握我国现阶段经济运行主要矛盾基础上做出的重大决策，是重大理论和实践创新。

（一）供给侧结构性改革更有力推动中国经济可持续发展

供给侧和需求侧改革是不同的。首先，二者的出发点不同：需求侧改革在于扩大政府投资、鼓励消费、扩大净出口来拉动经济的增长，属于短期刺激政策，是从经济运行的结果出发；供给侧结构性改革通过鼓励企业创新、淘汰落后产能、降低税负等方式，推动经济发展，是突出长远转型升级，从经济运行的源头入手。其次是，二者的结果不同：需求侧改革的短期刺激已经产生了产能过剩、高房价或资产价格泡沫、地方债务压力加大等诸多副作用，例如煤炭钢铁等产能的严重过剩，金融领域银行信贷风险的出现等；供给侧结构性改革促进经济长期稳定可持续发展，促进产业优化重组，降低企业成本，发展战略性新兴产业和现代服务业，加大社会公共服务的供给等，实现创造新供给，满足新需求，打造经济发展的新动能。

（二）供给侧结构性改革是适应和引领经济发展新常态的必然要求

中国经济从"三期叠加"进入新常态后，传统的总需求（供给模式）模式难以适应经济新常态的发展需求，刺激总需求的政策手段，效果也正在减弱。中国经济长期积累的结构性、体制性、素质性矛盾相当突出，主要矛盾表现为"四降一升"，即经济增速下降、工业品价格下降、实体企业盈利下降、财政收入增幅下降、经济风险发生概率上升，问题的核心是体制机制和创新问题。通过供给侧结构性改革抓重点突破主要矛盾。如针对人口红利下降、劳动力成本上升、老龄化社会加速到来趋势，要调整人口政策，放开"两孩"，提振消费，提高人口质量，全面优生优育，同时需要把经济增长重心放到提高资源配置效率上，放到提高劳动生产率上等。针对金融对实体经济的支撑能力不强，"导致长期以来我国对经济增长贡献可观、特别是对就业贡献最大的广大中小微企业得不到充分的融资供给，实体经济升级换代'突破天花板'得不到投融资供给机制有力支撑，'三农'领域的金融支持也始终盘桓于政策倡导层面而实质性进展十分缓慢，大众创业、万众创新面临的实质性融资门槛，仍然比较高"，需要进一步简政放权，激发社会资本创新创业活力，加快金融体制改革。针对教育、养老、医疗等服务业的市场准入障碍，要进一步放开市场准入、减轻税负，加大现代服务业的发展。针对产能落后，要鼓励创新，加大对技术进步的支持。

（三）供给侧结构性改革具有补齐短板的作用

在宏观经济上中央提出了供给侧结构性改革，同样在微观结构和具体工作中，中央也提出具体要求。

补农业短板，扩大有效供给。提高农业供给体系质量和效率，使农产品供给数量充足、品种和质量契合消费者需要，真正形成结构合理、保障有力的农产品有效供给。要打好脱贫攻坚战，坚持精准扶贫、精准脱贫，瞄准建档立卡贫困人口，加大资金、政策、工作等投入力度，提高扶贫质量。坚持问题导向，针对农业落后，基础设施的建设、生态环境的恶化等，要加强现代化农业基础建设，补齐软硬基础设施的短板，抓好农业生产，保障农产品有效供给；针对我国农业经营规模小、组织化程度低、社会化服务滞后、功能单一，导致生产成本高、市场竞争力弱的短板，加快农业现代化，建立新型农业经营体系，积极发展多种形式的适度规模经营，培育壮大农村新产业新业态，突破就农业论农业的框框，按照大农业的思路推动农村产业融合，促使农业向适度规模化、组织化、集约化、社会化方向发展，以及确保农产品质量和安全，树立"大食品安全观"，切实拉长农业这条"四化同步"的短腿、补齐农村这块全面小康的短板。

补服务消费短板。随着经济发展和人均收入水平提高，消费者的消费需求沿着"衣食—耐用品—住行—服务"的路径升级，服务消费增长速度远远超过物质消费增长速度，服务业消费升级市场潜力巨大。

补民生建设短板，解决公共服务体系不完善，基本公共服务不均衡，教育、医疗、卫生、文化、就业和社会保障服务水平不高等问题。

补对外开放短板，解决国际交流合作不活跃，投资贸易规模不大，对中亚市场辐射力不强和城市开放度不高等问题。

补环保生态建设短板，解决发展受水、土地等资源硬约束加剧，"城市病"较为突出、环境容量和生态承载力严重不足、环保基础设施欠缺、大气污染区域联防联控不到位等问题。

补人才队伍建设短板，解决人力资源管理政策不活，人才管理体制机制改革相对滞后，各领域人才特别是企业科技、管理人才相对匮乏，各类人才待遇较低等问题。

补教育发展短板，着力优化教育资源配置，补上教育特别是义务教育短板，让农村和偏远地区的孩子们也能享有更好更公平的教育。补高等教育不均衡不充分的短板，满足人民群众日益增长的优质教育需求。

（四）供给侧结构性改革是推动经济高质量发展的治本之策

2015年11月10日，中央财经领导小组第十一次会议上习近平总书记首次提出了供给侧结构性改革的命题。同年12月，中央经济工作会议将"三去一降一补"作为2016年推进供给侧结构性改革的五大任务。2017年在中国共产党十九大报告强调，以供给侧结构性改革为主线，推动经济发展质量变革、效率变革、动力变革，提高全要素生产率。2019年经济工作明确提出，必须坚持以供给侧结构性改革为主线不动摇。2020年十九届五中全会审议通过的《中共中央关于制定国民经济和社会发展第十四个五年规划和二〇三五年远景目标的建议》强调,"十四五"时期经济社会发展要以深化供给侧结构性改革为主线。供给侧结构性改革不仅是"十三五"经济社会发展的改革战略和重大决策,"党和政府领导人多次明确'十三五'时期要以供给侧结构性改革为经济工作的主线,五年间,中国经济的供给侧结构发生明显变化,宏观调控成绩有目共睹。例如,钢铁、煤炭等行业产能过剩问题得到有效缓解。到 2017 年一季度,中国工业产能利用率已恢复到 75% 以上;截至今年三季度,全国工业产能利用率为 76.7%。高新技术制造业、装备制造业在工业增加值中的占比稳步上升,六大高耗能行业占比明显下降。"而且在"十四五"发展规划中,供给侧结构性改革的重要性更是有增无减,坚持供给侧结构性改革不动摇,"把实施扩大内需战略同深化供给侧结构性改革有机结合起来",提高供和需的匹配度,激活"内循环"。推进供给侧结构性改革的决策是改善供给结构、提高发展质量的治本之策。

第二节 高等职业教育供给侧结构性改革作用机理分析

一、高等职业教育供给侧结构性改革的内涵

党的十九大报告指出,中国特色社会主义进入新时代,经济已由高速增长阶段转向高质量发展阶段,以深化供给侧结构性改革为主线,推动经济发展和变革,提高全要素生产率。经济社会政策的改革与变化,必然会引起社会方方面面的连锁反应,必然会联动教育领域的改革与发展。供给侧结构性改革,是从供给侧入手、针对结构性问题而进行的改革,涵盖所有关键领域,也是教育改革的时代背景和教育改革的指导思想。而"教育是提升劳动力和创新的基石,是促进内生性经济增长的重要因素,是供给侧结构性改革不可缺少的重要组成"。

教育是立国之本,为社会发展提供动力之源,是人力资源供给侧的重要组成。教育的发展也打上了经济发展的烙印,也存在供给不合理、供需错位的不良现象。习近平总书记在全国教育大会上指出,要提升教育服务经济社会发展能力,调整优化高校区域布局、学科结构、专业设置、建立健全学科专业动态调整机制,加快一流大学和一流学科建设,推进产学研协同创新,着重培养创新型、复合型、应用型人才。所以"高校改革实质是中国教育供给侧结构性改革"。《国家教育事业发展"十三五"规划》明确提出:"必须把教育的结构性改革作为主线,主动适应经济社会发展和人民群众的需求。"职业教育作为与经济社会发展联系最紧密、贡献最直接的教育类型,"不仅是经济发展的助推器、社会公平的润滑剂,也是个性发展的动力源。"不仅是供给侧结构性改革的对象,也是承担供给侧结构性改革的主体,还是推动供给侧结构性改革的重要力量。因此,高等职业教育供给侧结构性改革是指从提高高等职业教育供给的质量、效率和创新性出发,优化高等职业教育人才供给结构,增强供需结构的适应性与协调性,创新高等职业教育供给方式,整体提升高等职业教育服务经济社会发展的能力。新常态下,作为经济社会发展所需高素质技术技能人才的供给主体,高等职业教育更应加快供给侧结构性改革,推进新时代高等职业教育供给侧结构性改革是高等职业教育创新发展面临的一个重大理论和实践课题。

二、高等职业教育供给侧结构性改革的动因

(一)适应产业转型升级必须要进行供给侧结构性改革

《国务院关于加快发展现代职业教育的决定》(国发〔2014〕19号)指出:"当前职业教育还不能完全适应经济社会发展的需要,结构不尽合理,质量有待提高,办学条件薄弱,体制机制不畅。"需要"同步规划职业教育与经济社会发展,协调推进人力资源开发与技术进步,推动教育教学改革与产业转型升级衔接配套"。

1. 人才需求变化倒逼职业教育供给侧结构性改革

随着中国经济发展进入新阶段,产业结构不断优化升级,低端的、低附加值的、产能过剩的、部分劳动和资源密集型的产业不断被淘汰,高附加值的、知识和技术密集型的、绿色低碳循环的、符合消费结构升级方向的产业在国民经济中占有越来越重要的地位。与产业经济密切相关的职业教育,必须进行供给侧结构性改革,才能匹配和适应产业转型升级对高技术高技能人才需求的变化。一是产业转型升级的人才需求呈现技术密集、知识密集的特征。根据2016年的相关统计数据,"人力资源市场中拥有中级以上技术能力的专业人才需求倍率平均达到1.8倍以上,而该类人才在求职者总数中的占比仅为3%~5%。"这说明了企业需要的中高级技能型人才严重匮乏,职业教育要调整专业人才培养方案、重构课程体系,提升人才培养规格。二是产业转型升级的人才需求呈现可塑性、复合型的特征。要求职业教育要改革人才培养模式,在培养专业知识和技术技能的同时,还要培育人文素养、职业素养和持续发展能力。

2. 产业结构重塑推动职业教育供给侧结构性改革

当世界经济进入新旧动能转换期,经济持续低速增长且分化态势继续延续,经济全球化遇到波折并进入深度调整期,孕育着新的科技产业革命,而科技产业革命也将带来新的经济增长动能。产业转型升级的大背景是全球产业的新一轮革命,新的科技产业革命重建现代化经济体系、推动经济高质量发展。一是单一产业不断向产业集群发展,产业链不断向高端延伸,制造业不断与服务业整合,第三产业不断向消费革命深潜;二是新兴产业加速崛起,社会经济系统的新技术、新业态、新模式层出不穷。产业转型升级重塑了产业结构,需要职业教育建立专业结构动态调整机制,形成与全产业链密切对接的专业格局,培养高技术高技能综合型人才满足产业动态发展需求,支撑地方经济社会高质量发展。

(二) 突破现代职业教育体系制度困境必须要进行供给侧结构性改革

我国政治、经济、法制和教育等各项事业的建设和改革已经进入深水区和加速期,需要转变依靠人口红利、能源成本和环境成本的经济发展方式,需要调整产业结构,加快技术升级,提高经济的有机构成,这对职业教育提出了更多更高的要求,导致现代职业教育体系制度面临一定的困境。

1. 职业教育办学模式与产教融合的要求不契合

《国务院办公厅关于深化产教融合的若干意见》明确指出:"深化产教融合,促进教育链、人才链与产业链、创新链有机衔接,是当前推进人力资源供给侧结构性改革的迫切要求。"在全球新一轮科技和产业革命的推动下,工业生产与科学技术、专业知识的关系越发紧密,客观上要求产业与教育融合、企业与学校合作,以整合全社会的科研力量、技术力量、知识力量,助推产业的转型升级,提高人才培养质量。

职业教育办学模式与产教融合要求不契合主要表现在:一方面,职业教育产教融合的多元办学格局尚未形成。产教融合的重要内容之一就是办学主体的多元化,"政府、学校、行业、企业都需要参与到职业教育办学与教育过程中来,形成开放性、社会化的职业教育办学格局,从而最大限度地集中优势教育资源。"然而,由于我国教育体制改革的滞后与职业教育办学制度的僵化并存,行业组织、企业等产业主体参与职业教育办学面临诸多体制机制障碍,产教融合难以走向深化。另一方面,职业教育产教融合的层次低、范围窄。在当前的职业教育产教融合实践中,学校与企业间的合作还停留在表面化、碎片化的层次上,往往只局限于短期的教育培训项目上,既无法充分整合双方主体的技术资源与智力资源,也没有形成校企深度合作、共谋发展的长效机制,使得产教融合徒有其表,难以真正起到推动产业转型升级的作用。

2. 职业教育办学层次与人才结构的需求有错位

随着技术的不断发展,2013年德国"工业4.0"战略推动第四次工业革命拉开序幕,我国也于2015年正式印发了《中国制造2025》,技术革命推动着人才结构的演变。在机器逐渐代替体力劳动者以及单一技能的技术工人的大背景下,经济社会需要既具有更多的理论知识和熟练掌握多种类型的岗位技能,又掌握更广泛的知识与技能的复合型技术技能人才。

为了满足经济社会对人才的需求,2014年6月,《国务院关于加快发展现代职业教育的决定》中明确指出,今后我国将探索发展本科层次高等职业教育,构建中专、专、本、研一体的现代职业教育体系。2019年2月,《国家职业教育改革实施方案》印发,提出开展本科层次职业教育试点。国家一系列的改革举措,极大地促进了构建与现代产业发展相适应的现代职业教育体系制度进程,同时也促使职业教育内部必须进行供给侧结构性改革。一是根据经济社会发展研究制定行业人才需求规划,优化调整专业结构、招生数量和人才培养规格;二是要改革职业教育管理体制,要提升专业教学质量,多元评价学生技能是否满足社会需求;三是要瞄准高层次人才企业行业技术技能需要,立足高质量、高标准,系统谋划,校企共同基于先进的产业链和高端岗位群职业能力构建课程体系,培养掌握一定的专业理论知识、具有较强的复杂技能操作和高级技术应用能力、能迅速适应工作岗位并具有发展潜力的高层次技术技能人才。

(三)探索新时代高等职业教育高质量发展必须实施供给侧结构性改革

当今世界,综合国力的竞争归根到底是人才的竞争、劳动者素质的竞争。构建新发展格局,提升我国创新能力、竞争力和综合实力,重塑我国参与国际合作和竞争的新优势,必须增强职业技术教育人才培养的适配性,为建设制造强国、质量强国、网络强国和数字中国,开创我国社会主义现代化建设新征程提供强大的支撑。

1. 构建职业教育高质量发展新格局,必须深化职业教育供给侧结构性改革

一是提升产业链、供应链竞争力和现代化水平,迫切要求培养大批掌握精湛技能的高技能人才;二是加快产业数字化、智能化转型,迫切要求强化数字技术人才的有效供给与超前储备;三是加快发展战略性新兴产业,迫切要求建设宏大的知识型、技术型、创新型劳动者大军;四是促进国内、国际双循环相互融合,迫切要求对标国际标杆,提高职业技术教育现代化水平。

2. 新时代职业教育高质量发展,必须实施数字化、智能化转型

这是新时代是在新一轮国际竞争中赢得主动的关键。产业的数字化、智能化转型,促进创新链、产业链代际跃升,正在改变传统的产业生态,迫切要求职业技术教育对接产业数字化、智能化转型的发展需要,推动职业技术教育教学与产业数字化转型相衔接,加快职业技术教育数字化改造,全面提升教师的数字化能力,培养适应数字化、智能化转型所需的技术人才。特别是"十四五"时期,将迎来工业互联网的发展浪潮,迫切要求培养工业互联网的应用性和技术技能人才,强化数字技术人才的有效供给,增强与市场需求的适配性,为产业数字化、智能化转型提供强大的支撑。

3. 新时代职业教育高质量发展,必须坚持开放合作

只有对标国际上高水平的职业教育,向国际一流水平看齐,加强与国际职业教育先进国家的交流,推动人才培养模式、教育教学方式和教学内容变革,以开放合作提升我国职业教育现代化水平,才能走出一条有中国特色的职业教育的新路子。

(四)助推职业教育精准扶贫必须要实施供给侧结构性改革

党的十九大把精准脱贫作为决胜建成小康社会必须打好的三大攻坚战之一。习近平总书记关于精准扶贫的指示,更是指导我们打赢脱贫攻坚战的强大思想武器。职业教育在精准扶贫中作用独特、不可或缺,是造血式扶贫的重要主体,是脱贫攻坚的有生力量。

1. 职业教育能精准阻断贫困代际传递

职业教育是培养产业所需技术技能人才的教育,是能满足产业、行业、企业人才需求的教育,也是能够提升就业、服务民生的教育。因此,职业教育在精准阻断贫困代际传递中,发挥着极其重要的作用。一是职业教育承担了绝大部分贫困家庭子女的教育任务。调查数据显示:91%的高等职业院校毕业生是其家庭的第一代大学生。由此可见,职业教育对象与我国精准扶贫对象高度契合。二是职业教育能使贫困家庭学生直接掌握就业本领。职业教育是以就业为导向的教育,让学生获得就业本领是职业教育的主要培养目标。职业院校学生通过学习后,基本上能掌握从事某一职业的技术技能。贫困家庭学生普遍具有刻苦学习的特点,专业技能合格率高于其他学生,同时,这一特殊群体能吃苦耐劳,具有较高的职业素养,这为他们顺利就业打下了坚实的基础。三是职业教育能有效帮助贫困家庭学生实现高质量就业。职业教育是直接为企业培养人才的教育,校企合作是职业教育最突出的办学特征,这为培养对象顺利就业创造了条件,加之职业院校均积极采取有效措施帮助贫困家庭学生就业创业,从而使就读职业院校的贫困生保持较高的就业率。

2. 职业教育能精准帮扶贫困人群脱贫

职业教育具有其他教育不能替代的特殊功能,在精准帮扶贫困人群脱贫中发挥着独特作用。一是能给贫困人群植入脱贫致富"基因"。贫困人群中绝大多数缺乏脱贫致富信心,思想观念落后,这是他们致贫的重要原因之一。职业教育能通过相关培训,帮助贫困人群增强脱贫致富信心。二是能让贫困人群掌握脱贫致富技能。缺技术是贫困人群致贫的主要原因,要帮助贫困人群脱贫致富,就要授之以渔,帮助他们斩断贫穷之根。职业教育是以技术培养为主的教育类型,面向社会开展各类职业技术培训是其重要任务,能够有效帮助贫困人群快速掌握一技之长。三是能为贫困人群生产经营提供指导与服务。贫困人群致贫的另一重要原因是缺生产经营能力,职业教育不仅能帮助贫困人群掌握脱贫致富本领,还能有针对性地开展技术咨询与服务,帮助他们提高生产经营能力。

3. 职业教育能精准助力贫困地区脱贫

帮助贫困地区精准脱贫,职业教育发挥着不可或缺的重要作用。一是能为贫困地区产业发展提供技术技能人才支撑。职业教育是与地方经济发展联系最为紧密的教育,能为地方产业发展培养"留得住、用得上"的技术技能人才。贫困地区技术技能人才主要来源于职业教育。二是能为贫困地区产业发展提供技术服务。职业院校是技术技能积累的高地,聚集了众多的专业师资和技术人员,可组建强大的产业扶贫专家团队和技术团队,为贫困地区产业发展提供强有力的技术支持。三是能帮助贫困地区开发脱贫致富项目。贫困地区要实现长期稳定脱贫,必须开发有效的脱贫致富项目。职业教育具有区域性很强的特点,能根据当地实际开发适合当地经济发展的项目,为贫困地区实现整体永久脱贫作出贡献。

三、高等职业教育供给侧结构性改革的顶层设计

《国家职业教育改革实施方案》开宗明义指出:职业教育与普通教育是两种不同教育类型,具有同等重要地位。进入新时代,职业教育摆在教育改革创新和经济社会发展中更加突出的位置。职业教育的核心无疑是产教融合,痛点则是企业参与职业教育的积极性不够,对此,《国家职业教育改革实施方案》拿出了分量很重的激励措施,鼓励大企业举办高质量职业教育,其中很重要的举措就是围绕新常态经济结构来调整高等职业教育供给结构,主要从以下几方面进行。

(一)国家顶层设计,系列政策加大支持力度

国家制度方面,出台了《国务院关于加快发展现代职业教育的决定》《现代职业教育体系建设规划(2014—2020年)》《引导部分地方普通本科高校向应用型转变的指导意见》《国家职业教育改革实施方案》《职业技能提升行动方案2019-2021年》。内涵培养方面,出台了《高等职业教育创新发展行动计划(2015—2018年)》《关于深化职业教育教学改革全面提高人才培养质量的若干意见》《职业教育提质培优行动计划(2020—2023年)》。产教融合方面,出台了《关于深化产教融合的若干意见》《关于深入推进职业教育集团化办学的意见》《关于开展现代学徒制试点工作的意见》。终身学习方面,出台了《关于推进职业院校服务经济转型升级面向行业企业开展职工继续教育的意见》。一系列文件快马加鞭助力职业教育供给侧结构性改革。

(二)多部门共同发力,改善区域高等职业教育供给结构

高等职业教育供给侧结构性改革的前提是优化和调整高等职业教育的区域供给结构,破解高等职业教育领域的不平衡、不充分问题。2020年,我国高职院校已经达到1468多所,但是分布不均,东部、西部差距大。一个地区的高职院校的数量与这个地区的经济发达程度是高

度匹配的,高职院校数量多的地区往往是经济发达地区。所以,应该通过政策扶持、制度供给、经费保障等,改善区域高等职业教育供给结构不均衡的现象,扩大供给规模,缓解疫情和经济下行下的就业压力,赋能精准脱贫,助力乡村振兴。

1. 省部共建职业教育高地

教育部和省政府合力共建"国家职业教育创新发展高地",建立新时代中国特色职业教育制度和模式,推动高等职业教育高质量发展,打造职业教育高地,解决招工难、就业难的问题。教育部目前已与山东、甘肃、江西、江苏共建国家职业教育创新发展高地,标志着我国职业教育高地建设基本形成东中西联动之势。省属本科高校转型为应用型本科高校,支持符合条件的独立学院单独转设或与省内优质高等职业院校合并组建为职业教育本科院校、本科层次职业学校21所。支持新设由大型企业集团举办的非营利性本科层次职业院校,优化职业教育区域布局,打通职业教育层次类型结构上升通道,提升职业教育学历层次,"标志着改革重心由'层次'提升转向'类型'内涵建设。"

2. 高职院校扩招加码

2019年高职院校首次扩招100万人后,2020—2021年高职院校扩招200万人。针对"四类人员"扩招出台政策,即退役军人、下岗失业人员、农民工和新型职业农民免文化考试,并采取调整思路、简化报名流程、调整测试重点等措施,提升了"四类人员"报考率,让更多"四类人员"享受到高职扩招红利,有机会接受高等职业教育,实现更高质量更充分就业。

3. 发挥职教扶贫作用

全面实施资助政策和攻坚计划,保障贫困地区和贫困家庭的孩子有学上,上好学,掌握脱贫致富真本领;实施特色专业体系建设计划、技能人才定向培养、"一户一产业工人"培训计划。通过高等职业教育或者培训实现了家庭脱贫,增强了高等职业教育服务区域发展发展能力。

(三)爬坡过坎提质培优,高职院校高质量发展齐奋进

为了更加有效地推进高职领域的供给侧结构性改革,发挥高职院校的主体作用,调动广大高职院校参与改革的积极性,需要从人才培养的供给层面出发,使人才培养的数量、结构和质量与经济社会发展对人才的需求相适应。"十四五"时期,高等职业教育面临着爬坡过坎打硬仗、提质培优谋发展的关键时期,在构建新发展格局、提升现代职业教育适应性、构建高质量职业教育体系方面,要在人才培养目标定位、专业设置与专业建设、人才培养模式改革、师资队伍建设、课程建设、实验实训和社会服务能力等方面提质培优、增值赋能。

1. 专业建设要优化

对接国家战略、区域产业发展需求,引导专业设置集聚相关专业,有效对接产业链或岗位群需求,主动适应新兴产业、现代服务业、数字经济的新业态,增设新兴专业、创造新供给,以"信息技术+"升级传统专业,发展数字经济催生的新兴专业。发挥专业群的聚集效应,以专业群建设带动教育资源优化配置。

2. 课程体系要适配

加强适配性课程供给,打造与技术创新、企业发展需求相匹配的课程体系。大数据、云计算、区块链、5G 等信息技术的不断应用,新材料、新能源等交叉融合,技术创新催生了许多新兴职业,这不仅要求职业教育在专业的供给上适应科技的发展,还要求在课程体系的建设上加强适应性,打造与技术创新、企业发展需求相匹配的课程体系。深化高等职业教育课程改革,从企业的发展需求和学生职业发展出发,科学制定多样化和个性化相结合的课程体系。立德树人,培养学生的大国工匠精神,重视人文类通识课程的开发和设置,将职业精神、职业素养的培养摆到更加重要的位置上来,核心课程对接产业、行业技术技能要点,建立起精准化的课程教学模块。

3. 社会服务要赋能

承接产业结构转型升级带来的下岗、转岗职工的职业再教育需求,主动承担起"乡村振兴"的重任,面对产业急需的专业,区域产业、行业发展状况和劳动者个人意愿,开发针对性、差异化的培训课程和培训内容,开展技术培训服务和技术支持,满足个性化需求,提供教育服务的精准化供给。

4. "双师队伍"要提质

以师德高尚、技艺精湛、专兼结合、充满活力的高素质"双师型"教师队伍为目标,完善"双师型"教师队伍结构,打破"双师型"教师队伍建设的体制障碍,制定专门针对"双师型"教师的认定标准和管理办法,加强重点专业领域的高素质、专业化、创新型"工匠之师",聚焦"三教"改革,加强企业实践基地和产业导师库建设,为职业教育提供更加强大的专业师资力量支撑。

教育的结构是由基础教育、职业教育、高等教育和成人教育的各种不同类型和层次的教育组合而成的,其中职业教育作为整个国民教育体系的重要组成部分,是与经济发展结合最为紧密的教育类型,职业教育承担着为国家经济社会发展提供大批技术技能人才的重要任务。从党的十八大报告提出"推动高等教育内涵式发展"到党的十九大明确要求"实现高等教育内涵式的发展",这对于全面提高高等教育、推动高等教育科学的发展具有重要的意义。高等职业教育兼具职业教育和高等教育的社会属性,这也决定了合理的高等职业教育供给体系结构对于解决当前经济社会发展、经济结构合理化及转型升级对技术技能型人才需求问题,起着非常重要的作用。既要实现高校人才培养、科学研究、社会服务、文化传承创新的我国新时期高等教育的四大功能,又要实现职业教育对于个体的育人功能和对于社会的政治功能、社会功能、经济功能、文化功能,必须坚定不移走以质量提升为核心的内涵式发展道路。

供给侧结构性改革不仅是我国发展模式的重大调整,也是解决我国经济进入新常态所面临的结构性有效供给不足、有效供给不到位等问题的有效途径。高等职业教育作为推动经济社会发展的重要核心力量之一,从供给侧结构性改革出发,探寻高等职业教育改革的目标和方向,才能有效破解制约高等职业教育科学发展的瓶颈,提升高等教育人才培养、科学研究和社会服务的全面发展能力。

四、高等职业教育供给侧结构性改革理论基础

(一)人力资源理论

20世纪60年代,美国经济学家舒尔茨在《教育的经济价值》中首次提出教育活动提高了人的生产能力、产生了个人经济效益的观点,对经济"增长剩余"的现象进行了有效解释。舒尔茨对1929—1957年美国在教育方面的投资和国民经济增长的关系进行了定量分析,得出教育投资的平均收益为17%左右,但占GDP增长的33%左右。他通过对影响经济增长的各生产要素分析指出,人力资本比物质资本对经济增长的贡献率更大,一个国家或地区的人力资本质量越高,该国或地区的劳动生产率越高,经济越发达。舒尔茨认为,人力资本是蕴藏在人身上的各种生产知识、劳动技能、管理素养的总和,是对生产者进行系统教育、专业培训等投资而形成的,其中,政府对公民知识技能的投资被视为公益事业,是维持经济社会发展的重要保障。这进一步证明了马克思"劳动是价值的唯一源泉、在生产力中人是最具有活力的要素"论断的正确性。

美国经济学家舒尔茨的人力资本理论认为,人的知识和技能都属于人力资本。人力资本投资包括教育、提升健康、在职培训、迁移等方式。加大人力资本投资不仅能带来个人收入的增加,而且对促进经济的增长有重要的作用。

(二)全科发展理念

"全科"一词主要用于师范生和医生的培养,针对我国广大农村师资和基层医生匮乏的现状,亟须全科师范生和全科医生而提出。全科理念最早被运用在全科医生领域,注重整体医学的研究,以系统性思维看待问题,有别于专科医生的门类。2011年《国务院关于建立全科医生制度的指导意见》中指出,全科医生是综合程度较高的医学人才,主要在基层承担预防保健、常见病多发病诊疗和转诊、病人康复和慢性病管理、健康管理等一体化服务,被称为居民健康的"守门人"。2018年,国务院办公厅发布了《关于改革完善全科医生培养与使用激励机制的意见》,强调全科医生在基本医疗卫生服务中发挥着重要作用,这是落实《"健康中国2030"规划纲要》要求,"到2030年,……城乡每万名居民拥有5名合格的全科医生,全科医生队伍基本满足健康中国建设需求。"教育部2014年12月颁布《关于实施卓越教师培养计划的意见》,针对乡村小学教育发展,提出"重点探寻小学全科教师的培养模式,培养知识广博、能力全面、能胜任小学阶段多学科教育教学需求的卓越教师",提出了小学全科教师的概念。2018年教育部出台了《卓越教师培养计划2.0》,指出:"培养造就一批教育情怀深厚、专业基础扎实、勇于创新教学、善于综合育人和具有终身学习发展能力的高素质专业化创新型中小学教师。"

全科师范生和全科医生人才培养集成了高等教育基层人才培养的基础性、综合性、创新性、有情怀的特点。

继全科医生、小学全科教师之后,广西水利电力职业技术学院将全科理念运用工科类高职院校,在高职水利院校率先提出了"全科融通育全人"理念。"全科融通"指适应基层水利工作所需的全面多科知识和多岗位能力融通。"全人"是指扎根基层、"能文能武"之人才。肩负着民族地区水电基层脱贫攻坚和乡村振兴重任的基层水电建设行业,也亟须这样一批强基础、重综合、能融通、高技能、有情怀的水电"全科融通"基层人才。

（三）全人教育理论

全人教育(Holistic Education)思想是20世纪六七十年代在美国兴起的一种教育思潮。美国的隆·米勒(Ron Miller)是提出现代意义上"全人教育"的第一人,创办了《全人教育评论》（即后来的《交锋:寻求生命意义与社会公正的教育》）,提出了全人范式。西方的全人教育思想受到两种教育思想的影响,一是社会本位观,二是人本观。全人教育整合了以往"以社会为本"与"以人为本"的两种教育观点,形成既重视社会价值又重视人的价值的教育新理念。2000年后,全人教育理论进入中国。全人教育是当代教育发展的一种新的趋势,它旨在培养博雅通达、全面发展的"完整的人",即所谓的"全人"。从内涵来看,培养完整意义的人具体包括四个方面:一是追求人从身体到心灵与精神再到灵魂的整合;二是激发人的情意与灵性、直觉与灵感;三是注重多元智能的开发,如创造力等;四是注意人与社会、自然及自身的和谐相处,注重多元共同发展。全人教育思想有其深厚的渊源,是古希腊和谐教育传统和欧美的博雅教育以及中国传统教育观念"君子不器"通才教育思想的接续、碰撞、交融的结晶。全人教育在当代也有明确的诉求,在习近平新时代中国特色社会主义思想指引下,借鉴西方全人教育的主要观点,结合中国的政治、经济和历史文化发展,结合中华民族伟大复兴的时代使命,塑造全人就是中国教育的不懈追求。

高等职业教育作为高等教育的一个类型,在将以人的全面发展为主导的全人教育和以就业为导向的我国高等职业教育相结合上做了积极的探索和实践。广西水利电力职业技术学院把全人教育理念与高等职业教育相结合,针对水利行业基层岗位工作的艰苦性和复杂性,率先在高职水利院校提出了"全科融通育全人"理念,培养了大批扎根基层、"能义能武"之"全人"。该理念的"全人"是指既具备独立承担基层水利工作的工程意识、创新能力、解决工程实际"一岗精通"的高技能,又具备基层水利工作建设与管理能力、适应行业岗位要求"一岗多能"的高适应性,既有德、智、体、美、劳全面发展的高素质,又有扎根乡镇、厚植乡土、忠诚担当、工匠精神、家国情怀的高情怀的技术技能人才。

第三节　高等职业教育供给侧结构性改革的目标和方向

一、高等职业教育供给侧结构性改革的目标

高等职业教育供给侧结构性改革的实质是教育体系、专业布局、课程设立、师资培养、国际合作和信息资源的改革优化、重组、转型、升级，就是要实现高等职业教育的实用性、厚重性。在我国正处在产业转型升级的关键时期的背景下，高等职业教育供给侧结构性改革的目标就是要密切结合经济社会发展需要，准确把握国家产业转型升级的阶段性特征和要求，及时转变人才培养观念，实现高等职业教育功能的有机统一与协调发展，实现与经济社会的协同发展。

（一）形成中国特色的现代职业教育体系

现代职业教育是以经济社会发展为导向，培养面向经济社会发展和生产服务一线的高素质劳动者和技术技能人才，促进全体劳动者终身学习的教育。因此，现代职业教育作为一个教育类型而非教育层次，是以就业导向、产教融合为前提的教育，并非简单以升学为目的；它体现了终身教育理念，搭建了职业可持续发展的"立交桥"，教育、就业、再教育、再就业，是受教育者成长最普遍的路径，体现了终身教育；现代职业教育体系要建立的有效机制，是促进职业教育人才培养与经济社会、与产业相融合的机制，是与产业发展和产业升值协同发展的教育机制，同时也是因材施教的教育。

根据加快经济发展方式转变的要求，高等职业教育要适应、服务和引领新常态，深化体制机制改革和职业教育结构性调整，通过发挥市场调节和政府引导作用，构建现代职业教育体系框架、运行机制和深化结构布局，适应经济供给侧结构性改革，推动经济高质量发展，推动职业教育体制改革和机制创新，为经济社会发展提供人才支撑。通过高等职业教育供给侧结性的改革，形成教育结构合理的现代化的职业教育体系。

（二）形成科学的高职院校专业结构

职业院校要形成合理的专业布局结构。专业建设应服务国家重大发展战略，围绕职业院校区位优势和经济主导产业，注重职业标准、行业岗位工作标准的对接，调整专业布局，重点建设优质专业。以政行企校深度融合为支撑，产学研为引导，对接区域经济和社会发展，优化专业组群布局；以行业企业和岗位技能需求为导向，整合现有专业资源，实施企业项目服务，提升专业组群和产业组群的匹配度；推行现代学徒制的培养，实现校企双主体协同育人；专业建设衔接产业发展，聚合产业链上、中、下游企业与学校高度融合构建利益共同体，共建产业学院，创建了一套"服务—累积—孕育—优化"的专业组群建设模式；以国际合作为依托，探索海外人才培育与输出模式，探索将国际通用的职业证书融入专业人才培养方案，输出国际通用职业标准,开发教学资源,融入专业建设,提高职业院校专业组群服务高端应用型技术技能人才需求的能力;贴近社会需求,提升高职院校服务社会的服务质量,构建产教融合平台,开展技术服务研究,加快培养急需的新型高端技术技能人才。对接"一带一路"建设和中国—东盟自由贸易区、粤港澳大湾区等国家发展战略,建设特色鲜明、适应性强、成效显著的专业群。

(三)形成中国特色的现代高等职业教育课程体系

社会主义核心价值观教育、课程思政教育、职业素养培养教育、优秀传统文化教育越来越成为以坚持立德树人为根本任务的职业教育课程体系中的重要组成部分。探索文化基础课与专业课间的相互融通和配合,强化学生文化素质、科学素养、综合职业能力以及可持续发展能力培养。注重学生职业素质、科学素养、职业能力的培养,注重开设优秀传统文化方面的通识课和选修课,注重将职业精神培育实现常态化,强化诚实守信、求真务实精神;加强学生对职业、责任、使命的认识与理解,引导学生立足岗位、增强本领、服务社会的职业理想,增强学生安全意识、职业意识、守纪意识、环保意识。专业核心课程及时完善、调整课程结构,更新课程内容,深化课程改革,与产业需求、技术需求紧密贴合,与新工艺、新标准、新规范紧密对接,与岗位真实的工作过程紧密衔接。突出以育人为目标,以职业导向为实习考核评价标准,推行专业认识实习、过程跟岗实习、毕业顶岗实习等更有效的实践性教学,加强对培养学生创新意识、创业能力的实践活动的设计与支持。

实践课程资源建设要体现案例的典型性、技术的新颖性、设计创新性、内容的可操作性、软硬结合的紧密性、虚拟仿真的真实性、过程的互动性、人才培养的适度性,综合开发实践类教学资源。

(四)形成健全的"双师型"教师培育体系

对职业院校新教师的培养须经历三个阶段,即"入岗训练"阶段、"试岗锻炼"阶段和"胜利历练"阶段,它是一名新教师"融入—投身—从事"职业教育的必经阶段,是培养一名合格的职业院校"双师型"教师必不可少的过程。要培养出具有"提升自我为己任"的岗位意识、职业视野和事业精神的新教师,在培养过程中就要有校企参与、国际多元合作、教学综合能力打造、教育复合能力培养等多方面的配合。形成健全的"双师型"教师培育体系的重大命题就是培养出具有国际视野和交流能力、校企合作和实施能力、工程实践和现场经历、专业理论知识和技术技能水平高、专业技术和信息化应用能力强、教学组织科学和方式灵活多样、职业道德和文化素养好的职业教师。打造"双师"素质教师队伍是职业教育"工学结合"的培养模式的必然选择,所以探索行之有效的"双师"队伍培养模式是职业院校发展的重大课题。以专业教学能力和工程实践能力的"双师"能力提高为目标,以工学结合的项目驱动为动力源,打造一批德技双馨、教学创新能力强的高水平"双师型"教师队伍;强化专业骨干教师的培养,鼓励专业骨干教师同时成为企业培训师,驾驭学校、企业"两个讲台";重视公共基础课教师、实习实训指导教师、职业指导教师和兼职教师培训;支持兼职教师或合作企业牵头教学研究项目、组织实施教学改革。

（五）实现职业教育国际化

引进国外优质资源，探索国际合作办学新模式。加强与国际信誉良好的组织、跨国企业及职业教育发展领先的国家开展交流合作。面向"一带一路"沿线国家的人才需求，引入国际化技术标准和规范，在人才培养、教材编写、精品资源共享课建设、师资培训等方面开展一系列内涵建设，探索将国际通用的职业证书课程融入专业人才培养方案，建立教师交流、学生交换、学分互认等合作关系。

扩大与"一带一路"沿线国家的职业教育合作，推动优质产能走出去，助力国家"一带一路"建设。培养通晓国际规则、具有国际视野的技能技术人才和适用于中国企业在海外生产经营的本土人才，深度服务"走出去"企业的需求。教学内容引入国际先进的工艺流程、产品标准、技术标准、服务标准和管理办法；与"走出去"企业共建国际化人才培养基地，实现联合办学；探索在海外设立"鲁班工坊"，充分挖掘发挥职业院校的国际化专业、双语课程以及"双师型"教师的优势，配合"走出去"企业面向当地员工举办开展技术技能培训和学历提升教育；建设国际化的全国职业院校技能大赛环境，将大赛作为国际交流合作的重要载体、新工艺新技术新技能新设备的体验中心、职业院校教学成果的展示中心，从而提升大赛的国际影响力。

（六）实现高等职业教育信息化和智慧化

将信息化、智慧化作为现代职业教育体系建设的重要基础，推进信息化、智慧化平台体系建设，加快数字化专业课程体系建设。实施职业院校信息化、智慧化基础设施建设计划，打造智慧校园，加强职业教育决策支持、质量诊改、智慧管理、智慧服务的信息化、数字化平台的建设。

顺应"互联网+"的发展趋势，应用信息技术改造传统教学，实施学生信息化素养培育行动，完善课程方案和课程标准，加强学生使用信息技术综合应用训练，提高各专业学生信息化职业能力、数字化学习能力和综合信息素养，推广教学过程与生产过程实时互动的远程教学。

建设智慧管理系统平台，完善学校"人、财、物、事"业务管理系统，推进管理方式变革，提升职能部门管理效能和水平。构建"一站式"智慧服务平台，汇聚多种服务事项，提供个性化办事服务，优化流程数据管理。

建设数字教育资源共建共享体系。完善职业院校数字化建设标准，强化优质数字资源在教育教学中的普惠共享。探索建立高效率低成本的资源可持续开发、应用、共享、交易服务模式和运作机制，探索"互联网+"在职业教育教学、实训、科研、管理、服务等方面的全方位应用，使中国职业教育的信息技术应用达到世界先进水平。

二、高等职业教育供给侧结构性改革的实施方向

要实现高等职业教育供给侧的升级转型，解决当前高等职业教育有效供给不足的问题，就要优化高等职业教育体系、办学理念和运行模式,有效发挥高等职业教育培养人才、科学研究和服务社会的功能,提升人力资源、教育资本投入、教育创新和知识生产等要素效率,进而实现有效的、精准的、创新的教育,推动高等职业教育供给侧结构性改革。

(一)强化顶层设计

1. 构建多元主体、权责明晰、统筹优化的管理体制

高等职业教育的管理体制受多种因素影响,如随时代发展的高等职业教育理念、教育使命等。因此,一是要构建一种从重权力、重审批、重管理、重数量、重监管到重责任、重监督、重服务、重质量、重治理的全新体制,针对解决当前高等职业教育发展不够科学,结构不尽合理,人才培养质量不高和供需关系错位的问题。二是政府要实现从管制政府到服务政府的转变,逐步实现一元治理到多元治理,从集权到分权、从命令到协商、从人治到法治,在高等职业教育的供给侧结构性改革中,引导高校、社会和市场既要立足于高等职业教育的全局长远,又要科学规范地推进高等职业教育的分类管理。三是建立多元办学、权责明晰、政府主导、社会参与、制度分配及权利分配合理的统筹协调管理体制,更科学地界定国家与地方、学术与行政的职责权限,立足于规则和教育法治,建立社会参与并独立于服务提供者的监管机制,强化政府依法依规对高等职业教育的监管。

2. 建立供需均衡、服务高效和灵活多样的办学体制

首先要调整多主体办学的权力结构,即以政府办学权力为主体逐步转化为社会办学、高校办学协同发展的办学权力结构。其次是要形成办学主体多元、制度环境公平、激励机制健全和经费投入及融资渠道多样的办学格局,引入社会办学力量,对现行公立高等职业教育进行分层办学、分类管理、分类发展和评估指导。最后是高职院校要确立以学术权力为核心的资源配置机制,遵循学术和市场逻辑,优化高等职业教育资源组合配置,推动高等职业教育资源市场化和多元化。

3. 构建纵横联动、协作共赢的和谐创新运行机制

高等职业教育运行机制是高职教育系统的各个构成要素之间以及与高职教育系统运行密切相关的其他社会经济因素之间相互联系和相互作用的工作方式。推动高等职业教育供给侧结构性改革需注意以下几个方面:一是校内加强专业设置与课程设置的科学灵活性,加大高等职业教育办学的自主权,合理配置政行企校各方参与办学的办学权力。校外借助政策调整,资源合理配置,构建新型政行企校四方关系,共同推动高等职业教育能引领带动社会发展、构建多方共赢的机制。二是构建多方协同、资源合理配置的机制。促进市场在财政政策、学术资源和知识生产等要素自由合理流动,脱离原有依靠政府行政命令配置资源的模式。三是实现校园各方利益主体间权利配置的法制化和规范化。以现有的高职院校为主体,建立学校内外动态协调机制,科学建立内部权力制衡的机制和政行企共同参与协调的工作机制。四是通过多元主体参与的分层分类评价、多元科学的评价方法与动态调整结合的绩效评估方式,建立科学高效的评估调整机制。

(二)追寻教育真谛

1. 人才培养为本,为供给侧结构性改革提供智力支撑

推动社会发展的第一资源是人力资源,人才培养是高等职业教育赖以生存和发展的决定性因素,是供给侧结构性改革的智力供给要素,是所有工作的出发点和落脚点。持续推动供给侧结构性改革关键要回归到人才培养上来。所以,第一要坚持以师为本,充分尊重教师,促进教师的学科发展和激发教师的职业热情,使教师充分认识到育人工作是无比崇高和神圣的,同时将培养理性、自由全面发展的人作为一切工作的出发点和落脚点。第二是坚持以需求为导向,以需求促发展的理念,培养出能满足社会发展需求的人才,同时能促进学生在德智体美劳等方面成长成才。第三是重塑教学的价值和效用,转变以知识传授为中心的课程体系和教学方式,强化以教学为中心、教学以学生为中心、学生以能力为中心、能力以创新为中心的人才培养教学价值取向。

2. 科研创新为本,为供给侧结构性改革提供动力源

高等职业教育科学研究产生的成果和新思想,不断地影响和促进人类文明和社会的进步,高等职业教育如果没有科学研究,社会文化、科技进步和人类理性认知进步就永久失去了动力源。所以,在逐步推进高等职业教育以社会需求为导向的供给侧结构性改革的背景下,一要确立以科研为动力的理念,即高等职业教育要在以社会需求为导向的实用教育的前提下,同时兼顾"为社会需求而科研"以及"为国家需求而科研"。二是要探索模块化教学,适应生产主体多样性的特点,实现多学科跨学科协同教学模式,在科学研究过程中要强化多主体协同互动研究、组建跨学科研究组织,以动态和更加开放的方式进行科研创新。三是变革科研评价和管理模式。科研的管理应遵循独立自由的研究精神,形成自由、理性、开放和协同的创新管理体制,逐步淡化以学科为中心的管理模式。

3. 社会服务为本,为供给侧结构性改革强化社会责任

我国高等职业教育从诞生之日起就具有强烈社会服务功能。因此,要强化高等职业教育的社会服务职责,理性审视和强化社会服务职责既是高等职业教育人才培养功能的衍生职能,又是其重要本体职能。高等职业教育人才培养的功能最终一定是通过科学研究和社会服务功能得到体现。因此,第一要明确社会服务职责既是高等职业教育培养人才的衍生职能,又是其本体职能。第二要遵循教育规律,构筑政、产、学、研一体化的协同办学机制,探索多元合作、加强人才培养和科学研究与产业发展联动的模式,促进新知识、新技术的转化和应用,推动社会经济产业发展。第三要构筑社会服务创新平台,完善技术应用转移及社会服务体系,实现平台作为高深知识生产地、协同创新和经济转型升级的推进器,以及文化传承创新中心的职能。第四要建立以第三方评价为主导、社会组织参与、高等职业教育自我评价为基础的多元评价体系,健全高等职业教育在教育教学和科研服务方面的成果转化激励机制。

(三) 提升供给要素的配置效率和效益

1. 构建以人为本的高等职业教育人力资源要素配置模式

人力资源是高等职业教育发展的核心要素之一,只有充分发挥人力资源的作用,才能真正有效推动供给侧结构性改革。因此,第一要深入实施人才优先发展战略,坚决破除制约人才发展的思想障碍、制度藩篱与政策壁垒,把各类人才用到最需要的地方、最需要的岗位,全面释放人才红利,从而在激烈的竞争中积累起人才优势,进而转化为创新优势、科技优势和产业优势,点燃创新驱动的强大引擎。第二要构建以人为本的高等职业教育系统人员管理模式。以充分发展学生潜质、培养自由而全面发展的学生为目标,建立尊重教师职业和知识创造的师资队伍建设模式,变革现行的事业编制管理模式,通过合同制、自由职业管理模式等方式加速人才流动。第三是完善事业发展和个人成长晋升及工作激励机制、体面的工作保障等机制,创新优化高等职业教育系统内学术科研及管理评价模式,增强高等职业教育对社会优秀人才的吸引力。

2. 构建合理的高等职业教育投入配置机制

要统筹兼顾高等职业教育资本投入和智力支撑。一是要探索构建高等职业教育投入新机制,包括以办学基础经费和内涵建设经费为主的常态化资金投入机制、以教改科研等重大项目为导向的各类专项资金投入机制、以资金支出绩效目标为考核标准的的综合监督评估机制。二是要完善投入渠道,优化投入结构。逐渐扭转以国家投入为主的局面,形成民间资本、社会资本、捐赠及混合所有制等多元主体投入机制;完善体制机制,鼓励和引导民办高职高质量发展,加大对民办高职院校的政策扶持和资金扶持,丰富和改善高等职业教育所有制结构。三是加大人力资本的投入,通过高质量引进和新进人才、丰富在职教育及培训形式,打造高水平双师队伍,持续改善人才结构。四是打造合理的高等职业教育投入配置机制的长效管理模式,强化绩效评价机制,强化人、财、物等资源的管理及监督,为提高资源的使用效益及效率提供坚实的保障。

3. 构建科学的高等职业教育创新环境

高等职业教育需要创新的制度和环境实现其独立探索和追求真理的特点。营造高等职业教育创新环境,一是要塑造以创新为核心的大学文化。培养科学的学习方法,培养创新意识和创新能力,尊重学术科研的独立自由性,培育和创新大学文化。二是就要推进办学体制、管理体制、人才培养体制等各方面的制度创新,以保障高等职业教育的包容性和开放性,以及延续高等职业教育的长久繁荣。三是要形成面向科技前沿、针对产业发展、着力区域经济、弘扬文化传承的新型创新模式。要围绕高等职业教育人才培养及生产核心,通过资源利益共享机制,构建由政府主导的高校、行业、企业、科研机构等多元化的创新联盟,为构建科学的高等职业教育创新环境提供源源不断的内生动力。

4. 构建系统包容的高等职业教育知识生产体系

高等职业教育自身的发展和经济社会发展的关键因子是知识的增长,高等职业教育供给侧结构性改革及发展与知识的生产传播以及知识生产模式的转型密不可分。一是高等职业教育要积极地发挥知识的增长在经济增长中的贡献率,增强高等职业教育对高深知识的产生能力,加强对知识产权的保护能力,提升知识增长要素的配置效率。二是要形成多元主体协同,基于问题和任务驱动的知识生产体系。通过该体系,形成高等职业教育与社会组织机构的多部门、多学科协同发展的知识生产模式。三是构建完备的知识创新系统。知识创新体系是知识的产生、创造和应用的统一体,其中知识的落地应用是知识创新系统能否最终发挥效益和作用的关键一步。在完备的知识创新系统中,科研院所和高等职业教育主要是通过人才培养探求知识增长,行业和企业则是将增长的知识应用到实际当中,政府在其中的作用则是着眼整个战略布局,找准社会发展的知识需求,同时打造有利于知识创新系统健康发展的政策、环境及平台。

第四节　高等职业教育供给侧结构性改革发展的"全科融通"的广西模式

一、全科融通育全人

何谓"全科融通"？适应水利工程设计、建设、运行、管理等基层岗位需求，涵盖水利、电力、机械、经济、管理等文理工兼容、全面多科知识技能谓之"全科融通"。具有"一岗精通"和"一岗多能"、德智体美劳全面发展、能扎根基层、书写水利担当谓之"全人"。

近几年，广西水利电力职业技术学院以"全科融通育全人"的创新理念，精准对接基层水利工作的复合型人才需求开展教育供给侧结构性改革，从源头培养解决基层水利人才紧缺的难题，打破制约基层人才培养的政策瓶颈，培养具备能独立承担基层水利工作的工程意识、创新能力、解决工程实际"一岗精通"的高技能，又具备基层水利工作建设与管理能力、适应行业岗位要求"一岗多能"的高适应性，既要有德、智、体、美、劳全面发展的高素质，又要有扎根乡镇、厚植乡土、忠诚担当、工匠精神、家国情怀的高情怀的基层水利人才。

二、源头培养，适应乡镇水电基层建设发展需要

水利是国民经济的命脉。广西是水利大省，河湖水系复杂，水利工程众多，水资源占全国总量的7.12%，居全国第四位，水电资源居全国第六位，但水电资源的开发率却仅有20%，水利基础脆弱、欠账太多、全面吃紧的问题依然突出。特别是西北、西南集中连片的石漠化片区，既是广西的深度贫困少数民族地区，有壮、汉、瑶、苗、侗、仫佬、毛南、回、彝、京、水、仡佬等12个世居民族，也是水利建设滞后地区。水利建设仍然是制约广西经济社会又好又快发展的主要瓶颈，是扶贫攻坚主战场中的"硬骨头"。奔小康，必须搬开"水资源匮乏"的绊脚石。破解水利基层人才的紧缺的难题需要从源头培养上下功夫，需要打破制约基层人才培养的政策瓶颈。服务水利基层的人才50%是大专学历，创新基层水利人才培养开发是水利职业院校办学的职责和使命，是职业教育服务水利基层人才发展双赢的价值需要，是服务广西经济社会发展的现实需要。

广西水利电力职业技术学院是一所立足西部少数民族地区，具有65年办学历史，以水利电力类专业为主的高职院校，在职业教育大发展的10年中，自觉秉持"与江河为伴，与大山为伍"的水电人的初心，在人才培养中主动贯穿了全科融通发展理念，培养了一批具有扎根基层、勇于奉献、忠诚担当的水电基层人才，为广西水电高质量发展贡献了有"四高"情怀的基层人才。

三、瞄准问题，重构水电基层人才培养模式

针对高等职业教育中长期存在人才培养与产业、职业岗位脱节，专业课程内容与职业标准脱节，教学过程与生产过程脱节，学生学习与实际需要脱节，职业教育与终身学习脱节，导致基层水利人才综合工程素质偏低、适应性较弱等问题，学校提出了全科融通的教学理念。水利基层乡镇人才培养目标是具有高素质（良好的身体、心理素质）、高技能（工程意识、创新能力、解决水利工程实际问题的能力）、高适应性（适应行业企业发展需要、适应水利行业岗位要求）和高情怀（扎根乡镇、厚植乡土、忠诚担当、工匠精神的家国情怀）的"四高"水电基层人才，为此提出了"一核心二聚焦三重置四链贯通"的全科融通水电基层人才育训模式，通过"全科—融通"理念满足水利行业基层乡镇对水利、电力、电气、机械、经管等方面人才"宽口径"的需求。针对民族地区人才供给质量不高，以培养民族地区水电基层"四高"型人才为核心，聚焦民族地区扶贫攻坚，聚焦水电基层人才供需改革，重置水电专业群，重构课程模块，重组教师团队，实施"四链贯通"产教融合模式。

四、明确目标，适应新时代现代水电基层人才需求

立足广西高质量发展背景，深刻把握广西水电新时代发展总要求，以教育供给侧结构性改革为主线推动学校创新发展，以智慧水利、智慧电网建设急需的一线基层全科融通专业管理人员为目标，用全科理念，从整体、综合、文理兼容的视角，以培养民族地区水电基层人才为核心，以课程建设为主阵地，扎实推进培养"技术强、素质高、用得上、下得去、留得住"一专多能，适应多岗切换、甘于奉献、具有上善若水特质的水电基层管理"四高"型人才，提升学校对水利电力行业和区域经济发展的社会贡献力，为打赢脱贫攻坚和乡村振兴战略作出积极的贡献。

五、全科融通，水利高职院校基层"四高"人才培养策略

以全科融通教育理念为指导，从产教融合政校融通、五厅联培实名入编、专业调整课程重构、基地多岗位多工种调换等实施了"多维融通"的教学策略，培养适应基层的全科"四高"基层水电人才。

（一）全科融通专创融合，提高人才的适应性

1. 群链融通，构建对接产业链人才培养体系

群链融通，指专业群对接产业链。围绕广西创新发展"九张名片"、广西现代水利、智慧电网发展的需要，以水利工程专业（全国高等职业教育创新发展行动计划骨干专业、全国水利优质专业）为引领的现代水利群和发电厂及电力系统（全国高等职业教育创新发展行动计划骨干专业）为引领的智慧电网专业群为带动，构建广西水利电力职业技术学院国家示范（骨干）六大专业群，对应现代水利、智慧电网、新一代信息技术、高端装备制造等战略新兴产业链，为

促进新产业、新业态、新模式加速成长提供人才和智力的支撑。强化创新引领,引企入教,将教育从供给侧——"供给—需求"转向企业需求侧——"供给—需求—供给",形成闭环反馈;强化技术技能积累,加强校企技术协同创新中心、创新创业平台等创新驱动发展中的要素资源的协同贯通,深化校企高水平教师创新团队和高水平技术研发团队的协同创新,形成"专业链—产业链—创新链—人才链"的"四链贯通",为推动区域经济发展、新旧动能转换、产业转型升级提供创新技术技能人才(见图1-4-1)。

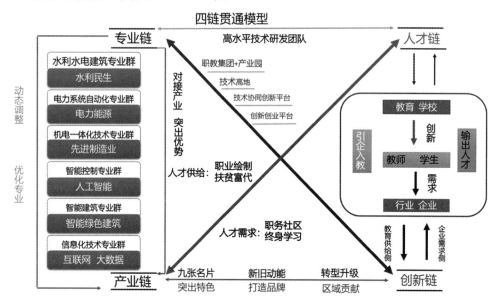

图1-4-1 "四链贯通"人才培养模型

2."岗课赛证"融通,构建岗位适应性人才培养体系

深化职业教育课程体系改革,"岗课赛证"融通,专业群课程对接岗位,按照底层共享、中层分立、高层拓展的逻辑关系,三层分立推进"三教"改革,构建了水利、电力大专业群。智慧水利专业群对应水利水电工程管理、水利工程、水利水电建筑工程、给排水工程技术、工程造价等六大水利基层岗位,通过对智慧水利专业课程体系供给侧结构性改革适应水利行业基层需求侧对人才的渴求。底层共享就是打通专业群的第一年的基础课程平台。中层分立指在第二年学习满足水利行业必备知识,以国家技能大赛标准、国家专业教学标准和行业标准为指引,实施"课证""课赛"融通,与职业鉴定机构、行业企业开展1+X证书试点,把国家技能大赛"水环境监测与治理技术"等赛项内容融入专业群课程模块中去,实现"课赛"融通。按照高层拓展,第2.5学期根据基层乡镇工作的复杂性多元性,设置相关的乡镇水利管理、数字防汛、智慧水生态保护、水利机电设备运行与经济管理等方面的知识,校企共同开发并实施课程标准,与行业协会、大型企业共建基地和技能大师工作室,对准行业企业标准,校企合编立体化教材,满足水利基层乡镇人才"样样都懂一点"的宽口径基本需求和学生个性化发展需求,建成以企业典型工作任务引领、模块化课程为主体的"岗课赛证"融通的专业群课程体系。

3. 专创融合,创新水电特色人才开发体系

学校主动适应产业链和人才供需链的新常态,大力推进创新创业教育改革,实施"以专业驱动创新创业教育"工程,专创融合开设水电特色创新班,利用第二课堂实施专业+双创(创新创业)模式,以互联网+水利+电力为主题,形成多层次的创新创业教育实践基地(中心),包括经营实战创业园区、水利节水灌溉特色创新创业实践基地、8个系部学生自主创新中心(苗圃孵化区)、校外创业实践基地等,占地总面积达3000平方米。把项目化教学引入实践教学,把"互联网 + 智慧生态庭院"、无土栽培杯及杯式小管流装置设计、菠萝采摘仿形机械手、净化水质的农田排水系统、节水灌溉、光伏发电等水利专业方面的新科技、新理念、新运用融入水利项目中,把创新思维、创新精神、创业故事、创业模式植入专业的学习之中,培养学生的创新创业精神、创业能力。联合南宁智源科技企业共建"广西东盟 TRIZ 研究应用中心",构建融合 TRIZ、电商+知识产权、综合服务、旅游四大主题元素的特色众创空间,以学分激励的方式吸引学生加入研发或见习,提供学生实战机会,创新水电特色人才开发体系,获得广西高校"大学生创业示范基地"称号。

(二)精准对接多维培养,构建全科高素质基层人才

1. 产教融合"一体五翼",从顶层设计推进体制机制创新

以教育供给侧改革为背景推动学校创新发展,依托学校牵头的广西水利电力职教集团以及学校处在国家级开发区——广西—东盟经济技术开发区办学的区位优势,建立了校企合作理事会、混合所有制、中国特色现代学徒制和产业学院等产教融合机制,推进职业教育高地建设,提质培优,服务新旧动能转换。

广西水利电力职业技术学院作为广西水电职教集团理事长单位,历时10年经过共商、共建、共融三个阶段,目前集团理事单位达到243家,构建了融行业企业、中高职学校、政府、社会团体为一体的创新育人共同体。利用学校在产业园区办学的优势,依托广西水利电力职教集团的平台,建设了以混合所有制为主的中锐汽车产业学院、厚溥软件产业学院,以中国特色现代学徒制为主的宝鹰建筑产业学院,以及以高水平专业群为核心、密切对接产业链的八桂水利产业学院和百越电力产业学院。

以广西水电职教集团(一体)和八桂水利、百越电力等五大产业学院(五翼)为组合的"一体五翼"协同创新平台,聚合政行企校优质资源,开展培训鉴定、技术服务和订单培养,搭建上下贯通、供需有效对接的服务载体,形成了符合民族地区、聚各方优质资源、行业主导多元主体合作办学的产教融合长效机制,有效实现政行企校供需精准对接,畅通了民族地区基层人才匮乏的通道(见图1-4-2)。

图1-4-2 "一体五翼"协同创新平台

2. 班企融通对接企业,从学生到企业员工无缝对接

班级对接企业,开设企业订单班,创新企业需求型水利施工管理人才培养模式。针对龙头企业需求,与水利施工龙头企业广西建工集团海河水利建设有限责任公司开设海河订单班,解决海河公司在承接"十三五"国家"172项目"中的节水改造工程急需的施工现场管理、工程质量检测岗位人才。订单班打破学生身份的障碍,为企业量身定制人才,缩短"学生"到"员工"身份转变的过渡期。"海河订单班"实施校企共同制定人才培养方案,工学交替,无缝对接到企业开展实习,毕业后到用人单位就业,直接满足上岗要求,实现真正意义上的为企业量身定制人才,有效促进了毕业生就业率和就业质量的提高。

3. 五厅联培实名入编,特色培养精准对接政府企业人才需求

广西作为西部民族贫困地区,基层水利人才引不进、留不住是突出难题。为解决基层治理工作环境艰苦、学历人才总量偏少、专业技术力量薄弱等问题,供需对接开设"基层水利人才定向班"。广西水利厅和教育厅、编办、人社厅、财政厅联合开展基层水利人才定向培养工作,制定了五年详细的实施方案。学生培养的经费由自治区层面统一解决,免除了订单班学生三年学费、住宿费和教材费,按期毕业后直接分配到基层水利部门工作,纳入事业编制实名制管理。水利治理能力主要问题在基层,关键也在基层,此举创新了广西水利基层人才培养模式。

4. 多岗融通集群共享,实施校企联合育人

为扩大有效供给,提高供给结构对需求变化的适应性和灵活性,围绕人才培养的关键点,适应多岗位、多工种的流动变化,依托专业群与行业企业共建共享"岗课证"融通、多岗通用、集群共享的高水平生产性教学工场。如与广西农投集团等企业建成西南五省区同类院校中集电站、变电站、火电、风光发电于一体,与电力生产现场接轨、全环节物理仿真和虚拟仿真双耦合,总占地面积18000平方米,总投资超过4000万元,教学仪器设备总值达3100万元,实训工位1902个的电力教学工场(自治区级优秀示范特色专业及实训基地),可开展低压电工证、高处作业证、高压电工证、无人机驾驶证、传感应用开发证等技能培训考证,实施电气运行与维护、电气试验与机车、安装调试、电力工程管理、配电网设计、电力营销、风光发电等不同工种、教学实践实训,适应电力行业多岗位的调换,承接企业培训、社会培训、行业竞赛、技能鉴定、科研生产等工作,实现"产教研一体化",校企共育一专多能的"多岗通用型"高技能型人才。

(三)多点融通云上云下,构建终身学习长效模式

育训一体成效突出。电力教学工场现已成为广西农村投资集团有限公司等多家电力龙头企业员工培训、企业员工技术比武、企业间合作交流的重要场地,近3年基地外培电力系统员工年超4000人次,为黔西南民族职业学院连续6年培训电力类专业学生590人,为广西大学行健文理学院和南宁学院电力类专业培训学生341人,基地培养了14名全国劳模和广西电力工匠。

送培下乡社会服务见真功。充分发挥学校教师专业优势,鼓励和引导教师为社会、行业企业服务,为边远地区水利水资源利用、农村饮水工程及扶贫服务,提升专业服务产业、社会服务能力。联合广西水利厅举办技术定向培训、专题培训、"送培下乡"等形式,开展县市水利局长、基层水利站所长、基层水利业务等培训,大力开展水利工程基本知识、节水灌溉技术、农业水利工程、水库管理、水资源保护等专业技能培训,为金城江6个贫困村争取642.5万元项目资金进行修缮道路,建设农田水利基础设施等,为助力全面提升水利人才队伍素质服务,承担广西水利和电力系统职工培训达20000多人次,为服务民族地区水电基层人才做出了积极的贡献。

中柬云上培训谱新篇。促进职业教育"走出去",与广西福沃得农业技术国际合作有限公司合作成立"中国—柬埔寨农业促进中心"和"现代农业节水灌溉技术试验示范区"实训基地,东盟国家水利人才培训基地落户学校。2018年、2019年成功举办了柬埔寨农业灌溉技术培训班及供排水技术培训班,培训柬埔寨农业官员和技术人员100人。2020年疫情期间举办了云上农业技术境外远程培训班,柬埔寨王国西哈莫尼国王技术学校副校长Notiflcations和30名师生参加了触电急救技能、滴灌系统组成等远程培训,广西水利电力职业技术学院充分利用优势技术服务"一带一路"沿线国家,合作共赢促发展。

(四)培土浇水,培养"上善若水"特质的"四维一体"水电基层全科人才

广西水利电力职业技术学院将新时代水利人的精神、电网工匠精神以及学校"上善若水、自强不息"的校训精神等融入办学理念和培养目标之中,涵养学生"上善若水"扎根基层的家国情怀,秉持"滴水穿石"坚守基层的初心使命,学悟"行云流水"的融会贯通全科知识,习得"如鱼得水"的一专多能全科技能,从"情怀、意志、知识、技能"等方面构建"四维一体"具有"水之美德"特质的水电基层全科人才(见图1-4-3)。

六、全科融通成效显著,助力"双高"长风破浪

经过近10年的发展,广西水利电力职业技术学院以全科融通的"一核心二聚焦三重置四链贯通"发展理念贯穿人才培养、社会服务的全过程,全科融通瞄准了水电类基层人才培养的

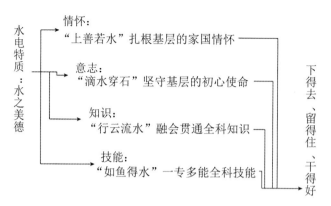

图1-4-3 "上善若水"特质的"四维一体"水电基层全科人才

短板,补短板接长板,抓特色促融合,强化立德树人专业能力的融通,强化专业课程、理论实践的融通,强化校企合作、育训一体的融通,培养学生扎根基层、矢志不渝、不忘初心的家国情怀,培养学生实践能力、创新能力、应用能力、解决复杂问题能力的文理兼容的高素质高技能,为广西水电建设的大发展输送了6万多名基层人才,涌现了"全国劳动模范"、"全国五一劳动奖章"、广西工匠等领军人物共计14人,在2020年全国教师教学能力大赛中获得二等奖2项、三等奖1项的好成绩。学校获得了国家示范(骨干)校、全国水利职业教育示范校、全国水利优质校、教育部现代学徒制试点院校、广西双高建设校等称号,在全国高职院校中排名第五,在广西高职院校中排名第一。现在,学校在广西"双高"建设征程中砥砺前行,全科融通的理念助力学校乘长风破万里浪,奋勇争先创新局!

第二章 以立德树人为根本任务推进高等职业教育供给侧结构性改革

第一节 新时代"三全育人"综合改革的时代意蕴、内涵、特征

"三全育人"是新时代高校落实立德树人根本任务的必然要求,是构建新时代高校思想政治工作格局的重要途径。习近平总书记在全国高校思想政治工作会议上指出,要坚持把立德树人作为中心环节,把思想政治工作贯穿教育教学全过程,实现全程育人、全方位育人,努力开创我国高等教育事业发展新局面。这为新时代加强和改进高校思想政治工作提供了基本遵循。当前,我国高校思想政治工作正处于提质增效、内涵发展的改革攻坚期,新的形势要求高校以供给侧结构性改革的思维推进"三全育人"综合改革的创新发展。

一、"三全育人"综合改革的时代意蕴

(一)"三全育人"综合改革是落实立德树人根本任务,为党为国培养社会主义建设者和接班人的必然要求

党的十八大以来,习近平总书记多次强调"高校立身之本在于立德树人""坚持把立德树人作为中心环节,腰杆硬、底气足地把思想政治工作贯穿教育教学全过程""实现全员全程全方位育人"。这是习近平总书记对新时代教育改革发展的重大理论创新和战略部署,要义在于将立德树人置于教育教学的中心环节,上升为检验衡量学校一切工作的根本标准。推进"三全育人"综合改革,归根结底是把立德树人融入思想道德教育、文化知识教育、社会实践教育各环节,体现在学科体系、教学体系、教材体系、管理体系各方面,全员全过程全方位地培养社会主义建设者和接班人。新时代新形势,聚焦供给侧改革,"三全育人"更要顺应教书育人

和学生成长的特征和规律,通过增加有效育人资源的供给,切实提升思想政治教育供给水平和质量,加大思想政治工作保障力度,为党为国锻造堪当民族复兴大任的时代新人。

(二)"三全育人"综合改革是顺应人才培养发展趋势,切实推动社会发展进步的必然要求

习近平总书记在全国教育大会上指出,新时代新形势,促进人的全面发展和社会全面进步对教育和学习提出了新的更高的要求。以大数据、人工智能等前沿技术突破为标志的经济社会发展新形势,正在深刻改变高校教育的格局、人才需求的结构和未来学习的模式,"三全育人"顺应了高校人才培养的发展变革。党中央、国务院和有关部委就加强高校思想政治工作、推动"三全育人"综合改革出台了一系列重要文件,作出一系列重要部署。教育部于2018年5月、2019年1月两次进行了"三全育人"综合试点遴选,在全国范围内开展了以"三全育人"改革为核心的思想政治工作质量提升实践探索。这一系列举措,深刻把握了新时代教育之变、人才需求和办学要求之变,只有在高校思想政治教育供给质量显著提高的前提下,才能源源不断地培养更多德才兼备、全面发展的高素质人才,才能在经济、政治、科技、文化等各个领域更好地引领和推动社会的发展进步。

二、"三全育人"综合改革的内涵特征

所谓"三全育人"指的是全员育人、全过程育人、全方位育人。"三全育人"落脚点在"人",而关键在"全",需要从育人主体、育人时间、育人空间三个维度高度协调,实现"由个体到共同体、由单向度到多维度、由德育提升到全面发展"的转变,成功培育德智体美劳全面发展的"全人"。

"全员育人"是就育人主体而言的,强调所有在大学生成长中发挥作用的人,包括办学者、管理者、全体教师,也包括校园中所有与学生密切接触的职工、服务保障人员,同时也应涵盖校外人士,都要树立育人意识、担负育人责任,都要立足岗位发挥育人职能,形成全学校、家庭、社会"三位一体"的育人共同体。"全过程育人"是从时间维度,强调立德树人要覆盖学生在校学习全过程、融入教育教学全过程,育人成果要着眼学生成长发展全过程,从学生不同阶段的实际出发,实施有计划、有针对性的教育,建立学生从入学到毕业、就业的全过程育人环节。"全方位育人"是从空间维度,打通校内校外、课内课外、线上线下等通道,统筹办学治校各领域、教育教学各环节、人才培养各方面的育人资源和育人力量,将思想政治教育渗透到课堂教学、科学研究、学生管理和社会实践等各方面,实现育人工作的协同联动。从逻辑关系来看,"全员""全过程""全方位"三者的关系密不可分,缺一不可,共同构成了高校一体化育人体系,充分体现出党的教育方针政策中关于"努力构建德智体美劳全面培养的教育体系,形成更高水平的人才培养体系"的基本要求。

三、"三全育人"综合改革的实践原则

聚焦高职教育供给侧结构性改革,将"三全育人"综合改革进一步引向深入,必须主动适

应新时代新形势受教育者、教育过程、教育环境的新特点、新变化,积极构建思想政治工作实施体系,促进育人资源最大化整合、育人方式最优化创新、育人效果最大化提升。

(一)坚持高位推进,强化"三全育人"的协同性

要站在"为党育人、为国育才"的高度持续深入推进"三全育人"综合改革,将其纳入学校教育教学全面深化改革的整体布局中,以"三全育人"综合改革释放"大思政"综合效应,从体制机制完善、项目带动引领、队伍配齐建强、组织条件保障等方面进行系统设计,从宏观、中观、微观各个层面构建一体化育人工作体系,融入人才培养各环节,实现课程育人、科研育人、实践育人、文化育人、网络育人、心理育人、管理育人、服务育人、资助育人、组织育人等"十大育人"的协同协作、同向同行、互联互通。聚焦供给侧结构性改革,要着力实现"需求侧"和"供给侧"协同联动。着眼学生"关心什么",不断增强以社会热点难点问题为导向的答疑解惑能力;聚焦学生"需要什么",不断提高精准满足学生成长成才需要的供给能力;主动适应经济社会发展的时代特征,增强思想政治工作的时代感和吸引力,不断提升人才培养的针对性和实效性。

(二)坚持标准建设,提升"三全育人"的品牌性

教育部在《高校思想政治工作质量提升工程实施纲要》中提出构建"十大育人"体系,目的是要一体化构建内容完善、标准健全、运行科学、保障有力、成效显著的高校思想政治工作质量体系,同时在"三全育人"综合改革各项试点项目中也明确了建设标准,意在探索形成高校"三全育人"标准体系,形成可复制、可推广、可借鉴的工作模式。高校"三全育人"综合改革在对标对表教育部"十大育人"体系建设标准的同时,必须结合学校发展历程、办学特色,坚持全科融通创新人才培养理念,挖掘本校育人资源,做好校内"三全育人"试点项目的培育建设,边培育、边推广、边提升,形成各具特色的育人品牌。

(三)坚持问题导向,增强"三全育人"的实效性

新时代高校"三全育人"综合改革要坚持问题意识,把破解高校思想政治工作不平衡不充分问题作为目标指向。当前学校"三全育人"综合改革还存在一些问题。比如在供给侧改革视域下,与高职学生的特点与期望相比,学校传统的思想政治教育工作受需求侧思维方式的影响,存在着供给主体结构单一、育人协同力不足,供给内容偏于理论与供给方式途径狭窄、育人感染力不足,供给机制不够完善,育人渗透力不足。又如在一些关键问题上,全员育人如何形成系统合力、全过程育人如何实现有效衔接、全方位育人如何实现有机联动等还有待突破,尚未形成"人人都是德育工作者,时时事事处处都育人"的良好氛围。"三全育人"综合改革必须推动解决这些问题,坚持立德树人正确导向,建立健全长效机制,不断开创新时代高校思想政治工作新局面。

第二节 "三全育人"综合改革育人体系的构建

一、"三全育人"综合改革的总体目标

以习近平新时代中国特色社会主义思想为指导,坚持和加强党对高校的全面领导,紧紧围绕立德树人根本任务,以理想信念教育为核心,以社会主义核心价值观为引领,在供给侧结构性改革的社会背景下,以全面提高人才培养能力为关键,切实提高工作亲和力和针对性,强化基础、突出重点、建立规范、落实责任,一体化构建内容完善、标准健全、运行科学、保障有力、成效显著的高校思想政治工作体系,使思想政治工作体系贯通学科体系、教学体系、教材体系、管理体系,形成全员全过程全方位育人格局。

二、"三全育人"综合改革的实施途径

按照《普通高等学校"三全育人"综合改革试点建设标准》和《普通高等学校院(系)"三全育人"综合改革试点建设标准》总体要求,以课程、科研、实践、文化、网络、心理、管理、服务、资助、组织等"十大育人"体系为基础,全面统筹办学治校各领域、教育教学各环节、人才培养各方面的育人资源和育人力量,推动全体教职员工把工作的重音和目标落在育人成效上,推动将高校思想政治工作融入人才培养各环节,推动实现知识教育与价值塑造、能力培养有机结合,构建一体化育人体系。

(一)构建"全环节全覆盖"的课程育人体系

①构建课程思政工作体系。成立以学校党委书记、校长为组长的领导小组,出台学校《课程思政工作方案》《全面推进课程思政建设工作方案》,实施全员覆盖的课程思政专项培训计划,将课程思政育人成效融入教师的常态化评价体系,形成一把手亲自抓、上下合力共同全面推进学校课程育人的工作格局。

②深化教学全过程育人改革。修订完善学校《教材管理规定》,成立教材编审委员会,规范教材编写和选用,从源头上保证课程育人质量。深挖教育教学各环节、各课程蕴含的与学校特色行业相关的红色文化、大国重器、时代楷模和杰出校友先进事迹等思想政治教育元素,作为重要内容、必要章节和关键知识融入教学标准、课题教学和学生考核,将思想政治教育贯穿于人才培养方案、课程标准、课程教案、授课过程、教学评价等教育教学全过程。

③以点带面、以赛促教丰富课程育人内涵。从重点专业、骨干专业、特色专业中遴选一批思政基础较好、有着丰富育人元素的课程,立项试点建设课程思政示范专业、课程和教学团队;以课程思政教学设计、创新课程思政教学方法、改革素质与技能并重的教学评价等为抓手,每年举办课程思政教学比赛,以先进典型案例带动各课程实现价值引领、知识传授和能力培养相

统一、教学与育人相统一、思想政治教育与技术技能培养相统一。

（二）构建"教研学"融通的科研育人体系

①修订完善《学术委员会章程》《横向项目及经费管理办法》《教改科研工作绩效管理办法》等科研制度，明确学校学术道德行为规范，构建学术诚信教育和约束机制。

②成立学校科学技术协会、高水平创新团队等科研组织团体，以团队带动师生开展科技研发、技术创新；拨付专项资金，支持师生共同申报立项创意设计、创新设计、创新创业等专题项目，选聘优秀学生担任科研助理，以项目驱动实施科研育人。

③邀请院士团队专家、高水平科研专家到校举行学术报告和学术诚信专题讲座，开设TRIZ创新方法与专利申请特训班，开展学术交流，开展科学道德和学风建设宣讲教育活动，培养师生忠诚报国的理想追求、敢为人先的科学精神、开拓创新的进取意识和严谨求实的科研作风，聚力锻造具有浓厚家国情怀的高素质技术技能人才。

（三）构建"思践合一"实践育人体系

①构建社会实践长效机制。整合实践资源，拓展实践平台，依托学校创新创业学院、校企合作单位等，建设共建共享、互利共赢的实践育人基地。丰富实践内容，创新实践形式，组织学生广泛开展社会调查、社会公益、志愿服务、勤工助学等社会实践活动，深入开展大学生暑期"三下乡""志愿服务西部计划"等实践。加强实践育人教育教学体系建设，实施"第二课堂成绩单"制度，分类制定和完善实践教学标准，建立思想成长、实践实习、志愿公益、创新创业、文体活动、技能特长及其他等方面学分积累转换制度，适度增加实践教学比重。

②加强创新创业教育。紧扣新时代高等职业教育供给侧结构性改革，瞄准行业需求，加强创新创业教育。一是构建"三段四模块"创新创业课程体系。根据在校生的不同阶段学习任务和培养目标，将职业生涯规划、就业与创业指导、创新创业基础、创新创业实践四个模块课程分配到大一至大三的三个阶段，并纳入学分管理。二是搭建"专创融合"创新创业实践基地。以"专创融合"为建设着力点，打造"专业技术＋创业孵化""自主学习中心＋创新中心"相互贯通的创新创业基地，全面推动学生创新创业及自主学习。三是通过"以赛促学、赛课联动"提升创新创业能力。举办"挑战杯""创青春""互联网＋"等大学生创新创业比赛，组织学生参加各级各类高水平创新创业赛事，以实践训练提升学生创新创业能力。多措并举打造"起航"梦想课堂、"扬帆"实验室、"乘风"培育计划、"破浪"创业营四步走创新创业教育实践体系。

（四）构建"润德润心"文化育人体系

①加强校园文化环境建设，科学规划建设有特色、有品位的校园自然景观、人文景观，营造良好育人环境。通过建设"校史展览馆""文化长廊""校友风采录""企业文化长廊"等文化景观建设，建设特色化的学校形象标识体系，营造浓郁的人文气息和文化氛围。

②深入挖掘和弘扬中华优秀传统文化蕴含的思想观念、人文精神、道德规范，充分利用

"学术讲堂""道德讲堂"等平台,开展"优秀文化进校园""戏曲进校园""中华经典诵读"等文化建设活动,引导高雅艺术、非物质文化、民族民间优秀文化走近师生。

③加强革命传统文化教育,培养学生爱国主义精神。利用重大历史事件、国家公祭仪式、烈士纪念日、"五四"青年节等重要纪念日和纪念活动开展革命文化教育,组织开展主题宣传教育活动,组织创作以革命文化为内涵的文化作品。

④开展社会主义核心价值观主题教育活动,推广展示一批社会主义核心价值观教育典型案例,选树宣传一批践行社会主义核心价值观先进典型,促进学生树立和践行社会主义核心价值观。

⑤打造校园文化特色品牌,突显学校特色文化,提升校园文化品位。结合职业教育特色,融合工匠精神等职业精神,开展"一校一品"等系列校园文化建设活动,打造一批校园文化建设优秀成果。

(五)构建"四彩融合"网络育人体系

①构筑"金色"网络育人新阵地。一方面,以传统网站的建设为基石,打造学校官方网站群,形成集学校主页、学院网站和各职能部门网站于一体的网络平台,充分发挥其在教育教学管理和人才培养中的功能。另一方面,以新兴媒体平台的开发为重点,利用易班、微信、微博、QQ、抖音、钉钉等平台,打造一批集思想性、教育性、艺术性、互动性、安全性、服务性于一体的微平台系统,潜移默化地进行思想政治教育。

②加强"红色"在线思想文化教育。通过打造数字化全媒体的网络思想政治展馆、新媒体文创展厅、在线思政学习测试平台、在线远程思政教育平台、在线榜样教育引领平台、主题教育在线活动平台等媒介,围绕践行社会主义核心价值观、弘扬中华优秀传统文化等"红色"主题内容加强思想政治教育,用"红色"主旋律占领网络阵地。

③培养"绿色"文明用网习惯。加大网络文明宣传教育力度,组织开展"大学生网络文化节""网络文明进校园"等网络文化建设活动,引导师生增强网络安全意识,遵守网络行为规范,养成文明网络生活方式。

④培育"蓝色"职教特征的网络产品。结合高等职业教育特征,培育出一批具有职业教育文化特征的网络产品。建设网上校史馆、网上书屋等,实现公共文化设施全媒体呈现;实施网络文化学生创作计划,举办大学生公益广告大赛、DV 大赛等,生产出一系列精品网文、微视频、公益广告、创意设计等网络文化产品;举办网络文化艺术节,开展年度网络文化育人优秀成果评选,丰富正面舆论供给。

(六)构建"355一体化"心理育人体系

①实施 HOPE 育心工程,构建心理咨询、素质拓展和团体辅导"三位一体"心理健康教育体系,培养学生的阳光心理状态(H - Happy),塑造职业心理素质(O - Occupation),开发积极心理品质(P - Positive)。开设大学生心理健康教育公共必修课,实现心理健康教育全覆盖,全

面提升学生心理健康水平。组建专兼结合的师资团队,负责学生日常的心理健康教育宣传和咨询辅导工作。

②强化"五心"并育,铸建"一理念、两机制、三通道、四平台、五培育"的心理育人模式。秉承积极心理学理念,构建发展性教育与存在性教育并重两机制,启动教师引领、朋辈互助、自我成长三通道,铸造课程、活动、互助、信息四个平台,培育学生的"五心"——爱心(爱岗敬业、乐于奉献)、恒心(持之以恒、坚韧不拔)、信心(相信自我、追求卓越)、匠心(精益求精、专心致志)、忠心(精忠报国、以诚相待)。

③加强五级预防干预体系建设。构建"学校心理中心—二级院系心理辅导站—二级院系学生会心理部—班级心理委员—宿舍联络员"五级防控体系,建立"以教育为基础、以预警为重点、以干预促转化、以跟踪固成效"的大学生心理危机干预机制,采取教育、辅导、咨询、治疗(转介)等全方位的干预措施,对问题学生实行分类管理、精准施策、实时跟踪,实现全方位、全过程、全员参与的心理育人格局。完善工作保障,建设集素质拓展、个体咨询、团体辅导、沙盘游戏、智能情绪调节、身心反馈训练等功能于一体的心理健康教育基地。

(七)构建"硬约束+软激励"管理育人体系

①健全现代高等职业教育制度体系。以学校章程为龙头,构建"六位一体"(顶层制度体系、党建制度体系、管理制度体系、学术制度体系、群团制度体系和部门内部制度体系)的学校制度体系,以制度治校、以规范育人,不断提高治理体系和治理能力现代化水平。

②推行"一页纸"特色化管理育人模式。以"一页纸"项目管理为抓手开发管理育人平台,全面推行适切学校自身发展的特色化管理育人模式。实行年初部署重点工作目标、年中开展各部门管理育人工作汇报、年终总结管理育人工作成效,以信息化手段实施三段式管理育人过程监控,将管理育人成效与年终绩效考核紧密挂钩,培育一批"管理育人示范岗"。

③健全师德师风长效机制。注重加强师德教育,将师德教育纳入教师岗位培训范畴,组织教师签署师德承诺书;注重完善师德考核,在人才评价制度上,加大对教育教学质量的评价权重,突显在人才培养质量提升、课程思政建设方面的成绩,把育人成效作为评奖评优条件;注重加强师德宣传,立标杆树典型,以点带面激发全体教职工育人育才的积极性。

(八)构建"师生为本"服务育人体系

①明确服务目标责任。研究梳理学校各类服务岗位所承载的育人功能,细化职责要求,完善考核体系,把服务质量和育人效果作为评价服务岗位效能的主要依据和标准。

②加强服务能力建设。组织学生管理、教学管理、后勤管理、图书馆、医疗卫生和安全保卫等服务岗位人员服务意识、服务能力建设线上线下专题培训,积极营造全员参与、自觉育人的"大格局"。

③优化服务育人内容。大力推进智慧校园建设,为学生提供更精准化、个性化、智能化服务。持续优化后勤管理系统,建设和上线在线报修服务平台、一站式服务平台、宿舍管理服务

平台应用系统,不断提升后勤服务的标准和水平。持续实施校园"一卡通"、利用超星网络教学平台,对学生出入、办事、活动、消费和上课情况实施有效管理,提升各服务岗位人员监控、引导、促进学生成长的能力,全方位做好学生服务工作。

④加强服务事迹宣传。开展服务满意度调研,实施"服务之星"评选,编发先进事迹材料,通过示范引领,在校园营造浓厚的服务育人氛围。

(九)构建"扶困+扶智+扶志"资助育人体系

①搭建"扶困1+8"资困体系。搭建一个专业化资助队伍+八个维度"奖、助、贷、补、勤、减、免、偿"的资助体系,建立资助管理规范,给予家庭经济困难学生经济资助。

②打造"扶智1+3"强能体系,打造"学校助学计划"一个总项目,推出"名师辅导站——培养学生掌握一技之长""创新创业工作坊——培养学生科研创新能力""精英交流访学计划——激发学生勇争上游意识"三个子项目,培养学生自强不息、创新创业的进取精神。

③构建"扶志1+N"价值体系,构建多位一体的价值引领体系,通过"资助活动月系列活动""志愿者服务""勤工助学""心灵契约活动""励志宣讲堂""学生社区文化活动"等实践载体,诚信教育、励志教育、感恩教育等辅导体系,培养学生契约理念、奋斗精神和感恩意识。

(十)构建"党建领航"组织育人体系

①加强党组织建设。构建"学校党委班子—院(系)党组织班子—基层党支部"三级联动机制,明确领导机构职责,强化目标责任考核,确保学校党的建设各项任务落到实处、取得实效。实施教师党支部书记"双带头人"培育工程,充分调动广大党员教师在人才培养、科学研究和社会服务等各项工作中创先争优的积极性;加强学生党支部建设,充分发挥学生党员在学习小组、竞赛团队、实践团队等学生群体中的"火车头效应"。培育建设一批先进基层党组织,培养选树一批优秀共产党员、优秀党务工作者,创建网上党建园地,推选展示党的建设优秀工作案例。

②加强群团组织建设。持续深化群团改革,推动工会、共青团、学生会等群团组织创新组织动员,更好地代表师生、团结师生、服务师生。实施"团学队伍提质工程",通过"青马工程""团校"系统化地强化理论培训、政治训练和实践锻炼,加强学生骨干能力培养和素质提升;实施"社团五个一工程",制定一项发展目标、出台一则管理制度、配强一名指导老师、落实一个指导单位、举办一次年度特色活动,充分发挥凝聚、引导、服务师生的作用;培育建设一批文明社团、文明班级、文明宿舍。

三、"三全育人"综合改革的探索与实践

(一)广西水利电力职业技术学院水利工程系"厚德若水—三全五有六贯通"育人模式

1. 基本思路

水利工程系以习近平新时代中国特色社会主义思想为指导,围绕立德树人根本任务,贯彻

落实习近平总书记关于广西工作"四个新"的总要求和广西"三大定位"新使命,秉承"上善若水,自强不息"校训,传承"厚德、求实、创新"系训,以"十大育人"体系为基础,加强组织领导,提高服务和保障能力,形成具有水利特色的"三全育人"格局。

按照"一理念、二建设、三全面、四平台、十育人"育人机制,构建涵盖"十大育人"体系的"三全五有"一体化育人格局,依托具有鲜明水利专业特色的育人"五大品牌",实施"六贯通"工程,培养学生成为践行新时代水利精神"忠诚、干净、担当,科学、求实、创新"的水利技术精英,"三全育人"成效在水利行业中具有特色鲜明、示范引领作用,为全面建设社会主义现代化国家提供水利人才支撑(见图2-2-1)。

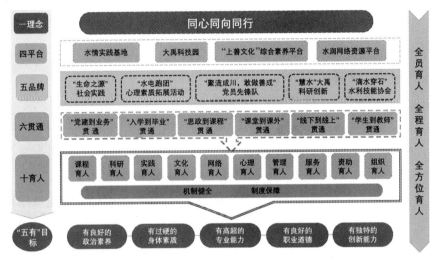

图2-2-1 水利工程系"三全五有六贯通"育人模式总体规划图

实施全员、全过程、全方位"三全育人"人才培育工程,实现培养学生达到"有良好的政治素养、有过硬的身体素质、有高超的专业能力、有良好的职业道德、有独特的创新能力"的"五有"能力人才培养目标。

依托水情实践基地、大禹科技园、"上善文化"综合素养平台、水润网络资源中心四大平台,实施"党建到业务""入学到毕业""思政到课程""课堂到课外""线下到线上""学生到教师"六大贯通工程,实现全员、全过程、全方位育人。

以基层水利定向班为抓手,以"八桂水利产业学院"为载体,破解水利人才发展难题,推进广西水利事业的发展建设。

2. 特色做法

水利工程系在心理育人方面成效显著,构建了"上善文化"综合素养平台,实现了"若水"心理育人(见图2-2-2)。

(1)打造"一站、一品、一刊、十活动"工作体系,实现"若水"育人全覆盖

一是做好心理育人工作延伸,即贯穿入学前、入学后、毕业后的心理育人服务,促进育人全过程的有效衔接。将心理育人纳入人才培养方案,针对水利行业的工作条件艰苦、工作地点偏

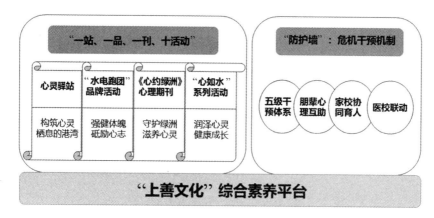

图 2-2-2 水利工程系"上善文化"综合素养平台

远、工作任务繁重的特点,结合新时代水利精神,培养学生坚忍不拔、不怕艰难、身心健康的良好素养,达成专业育人的精准性。

二是创新"一站、一品、一刊、十活动"心理育人工作体系。一驿站:心灵驿站,站内设有个体咨询区、心理阅览区、情绪宣泄区、档案区、素质拓展设备区等,构筑学生心灵栖息的港湾。一品牌:结合水利专业培养规格要求,打造"水电跑团"素质拓展品牌活动,引导学生走下网络、走出宿舍、走向操场,使学生具有健康体魄、坚韧意志、使命担当的职业素养。一刊物:编印《心约绿洲》心理期刊,推出静湖心语、心约你我、水利二三事等内容版块,滋养学生心灵的绿洲。十活动:结合"3·25""5·25"、"10·10"心理健康教育主题,开展"心如水"系列心理活动,增强学生心理健康意识、奉献服务意识、自立自强意识,提升学生自我认知、自我调节、自我教育的能力和团结协作能力(见图 2-2-3)。

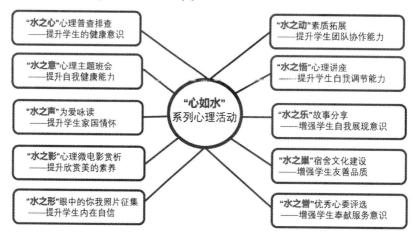

图 2-2-3 水利工程系"心如水"系列心理活动

(2)形成"四线"危机干预机制,筑牢心理健康"防护墙"

一线即加强系部心理工作组织领导,建设全方位、立体化的心理安全防护网,构建"学校、水利工程系、班级、宿舍、家庭及个人"六级预警干预体系。

二线即搭建朋辈心理互助平台,促进学生自我成长,实现"助人自助"。

三线即筑建家校沟通平台,共育学生健康成长。定期发放《致家长的一封信》,进行全员心理电访,建立由班主任、辅导员、家长组成的家校危机干预联盟,精准提升家校协同育人。

四线即学校与南宁市第五人民医院签订校医合作协议,开设心理转介绿色通道,打通心理育人最后一公里。

3. 建设成效

通过创新探索水利特色育人模式,充分发挥课程、科研、实践、文化、网络、心理、管理、服务、资助、组织育人等方面的育人功能,建成区内一流的"三全育人"思想政治教育基地和平台,构建一体化思想政治教育体系,形成全员全过程全方位育人格局,着力培养德智体美劳全面发展的社会主义建设者和接班人,形成具有水利特色的"三全育人"创新格局,为全国水利特色院校"三全育人"提供广西方案。

(二)广西水利电力职业技术学院电力工程系多维一体"三全育人"工作体系

1. 基本思路

电力工程系坚持以习近平新时代中国特色社会主义思想为指导,全面贯彻落实党的教育方针,以立德树人为根本任务,秉承"上善若水 自强不息"校训精神,以"明德 弘毅 敏行"系训为理念,构建"一主线、三平台、五融通、六品牌、十联动"多维一体"三全育人"工作体系,为实现广西三大产业振兴、助力新时代广西发展"四个新"总要求的新目标培养大量高素质技术技能型人才(见图2-2-4)。

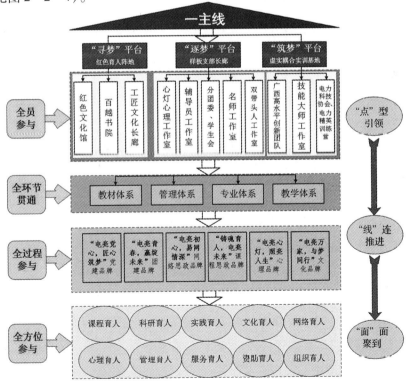

图2-2-4 "一主线、三平台、五融通、六品牌、十联动"多维一体育人总体框架

(1)"点"型引领,发挥示范效应

"点"即全员、全方位、全过程中的重点群体、重点任务、重点环节、重点领域、重点区域。全员的"点":抓师生骨干、思政队伍重点群体,典型示范,带动全体,推动全员育人。全过程的"点":抓课程、实践、就业重点环节,精准施策,推动全程育人。全方位的"点":抓第一课堂、第二课堂、网络课堂重点领域,推动全方位育人。通过各群体各环节各领域的"点"型引领,发挥示范效应。

(2)"线"连推进,发挥辐射效应

"线"即将全员、全方位、全过程中的重点群体、重点环节、重点领域连接推进。如朋辈教育和导师引领相结合、课内与课外相结合、线上与线下互动、校内与校外联合,集聚多方资源,共同打造育人新格局,"线"连推进,发挥辐射效应。

(3)"面"面聚到,发挥引擎效能

"面"即十大育人工程。以十大育人项目为内容,以"点"的引领,"线"的推进,构成课程育人、科研育人、实践育人、文化育人、网络育人、心理育人、管理育人、服务育人、资助育人、组织育人十个面,通过"面"的聚能,发挥引擎效应。关注各工程之间的联动效应,高效全面推进十育人工程。

(4)"点、线、面"多维一体,构建系部"三全育人"新格局

"体"即"三全育人"联动体系。通过十大育人工程交织联动,基于全员、全过程、全方位育人的视角,研究以育人品牌、育人平台、育人基地、育人体系等构建"三全育人"体系,通过十大育人体系,将育人工作落实到全员、关注到全方位、贯穿到全过程,致力建成高职电力特色的二级院系"三全育人"新格局。

2. 特色做法

电力工程系在组织育人方面成效显著,构建了"二一六"组织育人体系,实现了党建引领示范好、模范带头作用好、组织合力发挥好(见图2-2-5)。

电力工程系抓好基层党组织、群团组织建设,通过一个"头雁计划",建设"电亮党心,匠心筑梦"党建品牌等六个品牌,形成组织合力,建成"二一六"组织育人体系,教育引导教师党员努力成为"四有好老师""四个引路人"和"四个相统一"的表率,学生党员努力成为"爱国、励志、求真、力行""勤学、修德、明辨、笃行""六有大学生"的表率,促进师生全面发展。

(1)完善评议考核制度,稳步推进党建业务工作

坚持将"三全育人"成效作为基层党支部书记素质评议考核的重要内容之一。总支书记及党支部书记充分发挥"火车头"作用,打造争创"五星支部"为目标的两个支部"五个样板打造"和"五个好建设"的"五五五"党建框架,稳步推进党建业务工作发展(见图2-2-6)。

(2)实施"双带头人"培育工程,选优配强党支部书记

实施"头雁计划"等双带头人培育工程,压责任、配政策,实现教师党支部书记党建与业务双肩挑。教师党支部书记切实履行"双带头人"职责,深入推进"三全育人"工作,带领支部党

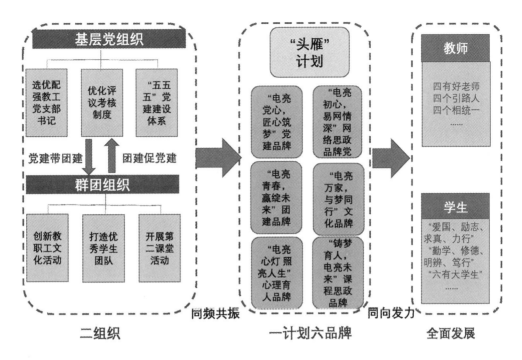

图 2-2-5 电力工程系"二一六"组织育人体系

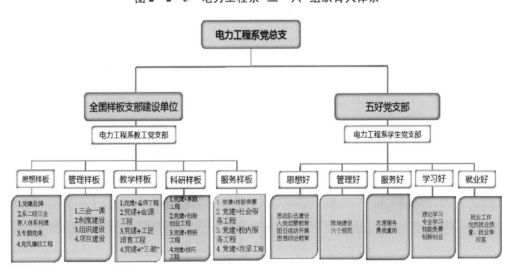

图 2-2-6 电力工程系"五五五"党建建设框架

员创建"全国高校党建工作样板支部",带领党员教师投身教育事业,在党建、教学、科研、服务等方面取得诸多荣誉。支部获评第二批"全国高校党建工作样板支部"培育创建单位、首批新时代广西高校"双带头人"教师党支部书记工作室培育创建单位、自治区先进基层党组织,连续三年获自治区党委教育工委"五星党支部",水利厅"一流党支部"等荣誉称号。支部党建品牌获人民网报道和推介。

(3)抓好群团组织建设,形成育人组织合力

坚持"党建带团建,团建促党建",结合专业特色和学生特征,打造"电亮党心,匠心筑梦"

"电亮青春,赢绽未来"等六大品牌活动,分工会、共青团、学生会积极配合协调,形成组织合力,充分发挥在师生成长中"凝聚、引导"作用,共同推进组织育人。

3. 建设成效

通过创新探索电力特色育人模式,大力实施课程、科研、实践、文化、网络、心理、管理、服务、资助、组织等十大育人工程,搭建出符合育人规律的"寻梦""逐梦""筑梦"三大平台,打造电力工程系"三全育人"实践中心,从宏观、中观、微观各个层面一体化构建育人工作体系,实现各项工作的协同协作、同向同行、互联互通,最终形成一体化内容完善、标准健全、运行科学、保障有力、成效显著的电力工程系思想政治工作体系,为广西乃至西部地区电力事业发展培养了大量思想政治素质过硬的高素质技术技能人才。

第三节 "三全育人"理念下推进课程思政的建设内涵

一、新时代推进课程思政的时代背景

"课程思政"一词首现于2014年,由上海市委、市政府在推进教育综合改革过程中提出,是思想政治教育在高等教育领域实践探索的创新。与此同时,课程思政相应制度和工作体系也逐渐建立,其示范辐射效应引起全国许多高校争相学习借鉴。

2016年10月,习近平总书记在全国高校思想政治工作会议上指出:"要用好课堂教学这个主渠道,思想政治理论课要坚持在改进中加强,提升思想政治教育亲和力和针对性,满足学生成长发展需求和期待,其他各门课都要守好一段渠、种好责任田,使各类课程与思想政治理论课同向同行,形成协同效应。"

2018年5月4日,习近平总书记在马克思诞辰200周年大会上的讲话指出:"当前,改革发展稳定任务之重、矛盾风险挑战之多、治国理政考验之大都是前所未有的。我们要赢得优势、赢得主动、赢得未来,必须不断提高运用马克思主义分析和解决实际问题的能力,不断提高运用科学理论指导我们应对重大挑战、抵御重大风险、克服重大阻力、化解重大矛盾、解决重大问题的能力,以更宽广的视野、更长远的眼光来思考把握未来发展面临的一系列重大问题,不断坚定马克思主义信仰和共产主义理想。"

思想政治教育作为一种培育精神信仰、塑造完善人格、养成道德化生活方式的教育活动,涵盖并渗透在教育和实践的各个层面,迫切需要把思想政治教育融入学生专业学习的各个环节,深入挖掘各类课程的思想政治教育资源,在传授专业知识过程中加强思想政治教育,使学生在学习科学文化知识过程中,自觉加强思想道德修养,提高政治觉悟。

单纯依靠"孤岛式"思政课很难实现立德树人的目标,迫切需要深入挖掘各门课程的思政教育资源,将思想政治教育贯穿在整个教育教学过程,构建全员育人、全方位育人的大思政创新格局。由于对专业分化的错误理解和不当回应,各专业教师之间出现价值性疏离和场域疏离,由此产生的互信缺失、观点抵牾、效果抵消是思想政治教学危机的根源。只有各专业和任课老师深刻认识教育的本质和育人的终极目的,充分意识到每门课程所具有的隐形教育资源,建立良性的共生、共轭和共振机制,才能促进教育共同体的有效运行,充分实现"共效应"。

二、课程思政的含义

课程思政指以构建全员、全程、全课程育人格局的形式将各类课程与思想政治理论课同向同行,形成协同效应,把立德树人作为教育根本任务的一种综合教育理念。

课程思政实质是一种课程观,不是增开一门课,也不是增设一项活动,而是将高校思想政

治教育融入课程教学和改革的各环节、各方面,实现立德树人润物无声。围绕"知识传授与价值引领相结合"的课程目标,将高校课程分为显性思政和隐性思政两大类别,其中显性思政课程指高校思想政治理论课,隐性思政课程包含综合素养课程(通识教育课程、公共基础课程)和专业教育课程,既要牢牢把握思想政治理论课在社会主义核心价值观教育中的核心地位,又充分发挥其他所有课程育人价值,构建思想政治理论课、综合素养课程、专业课程三位一体的高校思想政治理论教育课程体系,突出显性教育和隐性教育相融通。

课程思政就是挖掘所有课程的隐形教育资源,传授有温度、有厚度的知识,这种知识传授不纠缠于学科的单向度、线性知识进化论思想,而是引入人文情节和思考,在课程的学习中体验和感知科学的魅力,通过各种课程教育教学挖掘知识的育人功能,从而实现课程工具理性和价值理性的统一。

课程思政就是在科学和人文之间搭建的桥梁,使其融通,相互促进,通过挖掘其他课程的伦理资源、道德话题,理想境界,在真理性、求用性、审美性基础上实现真善美的统一,最终实现人类幸福生活的终极目标。

三、新时代推进课程思政的价值意义

课程思政是新时代背景下党中央加强高校思想政治工作的新要求,是对课程德育的政治提升。高校承载立德树人的根本任务,课程思政能够充分挖掘各类课程思想政治资源,发挥每门课程的育人作用,全面提高人才培养质量。新时代推进课程思政的目的,就是实现各类课程与思想政治理论课的同向同行,同频共振,实现"三全育人"。

(一)课程思政是全新的教育理念

课程思政基于对教育规律、思想政治教育规律、人的成长成才规律的揭示与把握,从"育人"本质要求出发,进一步强化"以人为本"的思想,是新时代教育课程理念的创新和升华。课程思政不是一门具体的课程,它是把高校思政教育的功能贯穿到所有的课程教学活动中,实现专业课的知识教育和思想政治教育的融合,既教书又育人,在日常教学中对学生进行世界观、人生观和价值观的教育。

(二)课程思政是一种思维方式

课程思政突出体现以人的全面发展为根本目的,以思想道德素质为核心和灵魂。在专业课程教学过程中要有目的、有计划、有实效地对学生进行思想政治教育,设计课程教学时,教书育人的中心目标有所变化,把育人作为课程教学的目标放在首位,并与专业发展教育相结合。在不改变专业课程的本来属性的情况下,充分发挥课程的德育功能,运用德育的学科思维,提炼专业课程中德育基因和文化元素,在日常的知识学习中融入更高层次精神指引,将立德树人渗透到知识传授、技能学习和活动过程中。

(三)课程思政是一种德育载体

课程思政是学生思想道德修养的一种载体,教师在传授课程知识的同时,引导学生将所学

的知识德育元素转化为内在德行,转化为自己精神系统的组成部分,转化为自己的内在素质和能力,用来认识和改变世界,提高参加社会实践和服务社会的能力。即所有课程的知识体系都体现思政德育元素,所有教学活动都肩负起立德树人的功能,全体教师都承担起立德树人的职责,通过课程思政达到把学生培养成为社会主义事业合格接班人的目的。

第四节 全国高校课程思政改革典型案例

课程思政建设探索最早在上海市开始,上海高校先人一步,取得了不少宝贵的经验。随着课程思政理念的不断深入推进,全国各大高校探索课程思政建设的实践也取得了很多成果,涌现出了一批国家级课程思政示范课程、教学团队和教学名师。相对于普通本科院校,高职院校办学的专业、行业特点比较突出,其课程思政建设的专业性也比较明显,不同学校不同专业的课程思政的专业性差别很大,各有千秋,下面摘取全国高校课程思政建设探索的典型案例供大家借鉴。

一、各高校课程思政改革典型案例

(一)湖南水利水电职业技术学院课程思政改革:将思政元素融入专业课教学,看这所学校是怎样做的

1. 做法

湖南水利水电职业技术学院将思政教学元素融入专业课程之中,使各类课程与思想政治理论课同向同行,形成协同效应。湖南水利水电职业技术学院课程思政教育教学改革进入第三年,课程纷纷融入思政内涵,已经从面上必修的思想政治理论课,走到"中国水文化,道桥中国"等中国系列类型的思政选修课程以及"劳动、花艺、陶笛"等综合素养课程,并无差别深入遍及"水利、电力、土木建筑"等专业的专业课,覆盖了全课程体系。

"《楚辞·渔父》中,你是支持宁为玉碎不为瓦全的屈原还是支持随遇而安、与世推移的渔父?"在双双老师的"大学语文"课堂上,学生们在一阵唇枪舌剑的辩论中,各抒己见:支持屈原的,认为人应该是非分明,坚守原则,人类的进步离不开这些舍生取义的英雄;支持渔父的,认为留得青山在,不怕没柴烧,生命高于一切。最后老师总结:"上善若水,方圆适宜。我们既要坚守原则与底线,又要灵活变通,懂得曲线救国。"

再走进刘妍老师的"水利工程管理"课,她将潘季驯、林则徐等历史治水名人的故事,融入水利工程养护、除险加固等知识要点中,培养学生在做事层面上要有科学、求实、创新的精神;结合余元君、杨善勇等水利工作者的事迹,讲解水利工程检查、防洪抢险等知识要点,培养学生在做人层面上要有忠诚、干净、担当的新时代水利精神。

"抢红包啦!"走进赵楠老师的"可编程控制系统分析及应用"课堂,还以为走进了福利派送现场,学生都在"抢红包",原来呀,红包里装的都是赵老师精心准备的各种技能卡。例如期末进步10名的"加油卡",帮助学生解决接线环节遇到难题的"好人卡"等,学生在学习的过程中通过解锁各种技能完成自我提升。赵老师在讲到定时器知识点时,还通过展示一张时间都

去哪儿了的亲情账单,计算余生陪伴父母的时间,加深对定时器的印象和理解,同时也让一堂严肃的理论课有了温情。通过开展班级趣味知识抢答赛的方式,让学生全程参与,从自主设计抢答器,到最后实际应用,学生的主角地位让他们实实在在刷了一把存在感!

2. 成效和经验

聚焦职业教育大有作为,李娟老师告诉学生三百六十行行行出状元。她将职业精神教育贯穿"职业生涯规划"课程教学始终,通过邀请专业带头人、优秀校友、管理人员参与课堂教学,分享职业发展心得与感悟,潜移默化之中培养学生的信心和决心,树立职业目标,引导学生成长为德智体美劳全面发展的新时代祖国建设的有用之才,为实现中国梦奉献智慧和力量。

该校从 2017 级起,在顶层设计时就对专业培养方案作出相应调整,并制定了课程思政实施工作方案,立项了 10 门课程思政试点课程,对专任教师开展课程思政专题培训。教师评价和课程评价的标准和机制强调了不仅知识传授到位,更应价值引导到位,课程思政工作已经由点到面,整建制地在全校进行持续渗透。

(二)温州职业技术学院探索课程思政教学改革

1. 做法

一是专业课上出"思政味"。在建筑设计课程中阐述"两山理论"、在鞋类工艺课程上培养"工匠精神"、在酒店管理课程中融入"创新理念"。如今,像这样的专业课课程思政方案,在温州职业技术学院已有 145 份。自 2017 年 1 月以来,学校党委书记王靖高挂帅,逐一调研二级教学单位,逐批组织思政理论课教师、专业教师、学工人员座谈交流,召开全校思政工作大会,全面深化该校思想政治工作,大胆探索课程思政教学改革。

二是思政元素融入课堂。在管理经济学的课堂上,学校副教授周晓敏以"完全竞争市场中的企业决策"为主题进行课程思政授课,共享单车、高铁盒饭等社会热词成为课堂互动的切入点。在讲到完全竞争市场的形成条件时,周晓敏通过"全国统一市场准入负面清单制度2018 年起实行"视频观摩,组织学生讨论"党的十九大报告中为什么有市场准入负面清单以外的行业、领域、业务等,各类市场主体皆可依法平等进入的论述",课堂气氛融洽,师生互动良好。"党的十九大报告内容的引入,能使学生进一步理解促进公平竞争、防止市场垄断、完善社会主义市场经济体制的含义。既加深了学生对知识技能点的理解掌握,又将党的十九大精神学懂弄通、入深入细,教学效果明显。"一位教师在全程观摩后,在听课记录本上写下这样的评语。国际贸易理论与实务课堂一开始,屏幕上就出现了有关丝绸之路的名词。专业教师陈国雄一边解释,一边鼓励学生:"'一带一路'是我们外贸人的时代机遇。各位若能抓住机遇,就一定能在奉献祖国发展的过程中成就自己的事业。"随后,陈国雄与学生开始探讨跨境电商的具体实施、贸易产品选择等。此类课堂如今在温州职业技术学院随处可见,思政元素已成为学校课堂的必备要素。

三是德育元素贯穿教学。从学校各专业的人才培养方案,到各课程的教学整体设计,德育成为一条主线贯穿其中。不同专业根据其专业特点和毕业生就业方向,科学梳理各自专业的德育要求。电气电子工程系主任苏绍兴在日常工作中不仅指导专业教师做好专业建设,同时还指导教师如何将德育与课堂教学无缝对接。他认为:"课堂是大学生专业技术培养、人格培育的主阵地。在课堂教学中融入思政教育极为必要。比如,我们与温州中车四方轨道车辆有限公司合作的现代学徒制,培养的是温州市域轨道交通人才,因此将对社会高度的责任感以及严谨的作风作为人才培养的主要目标,并在课堂教学中予以实施。"电气电子工程系学生蔡显志表示:"我们在课堂上不仅学到了技术,更多的是学到了做人的道理。有一次在电路分析基础课上,老师以'大学生寝室盗电'的案例教育我们学做人,让我印象深刻,感触颇多。"

2. 经验

2018年学校推出的专业课课程思政第一批改革试点项目,要求每个二级教学单位限报两项,总计立项10门课程。申报通知得到了专业教师的积极响应,教师参与热情远超预期,8个二级教学单位合计收到申报材料50余份。

参与课改申报的机械工程系专业教师赵战锋,以"爱上中国造"思政情怀教育探索重新架构了他的专业课:机电产品造型设计。"在今后的课堂教学中,我们将更有意识地融入爱国主义、民族自信等元素。"赵战锋说,"工科类专业教师在授课过程中,难免会被学生问及国内外相关技术的对比。随着我国科学技术的长足发展,我们教师在回答此类问题时,越来越自信。"

高校思想政治工作关系到"培养什么样的人、怎么培养人和为谁培养人"这一根本性问题,作为一所国家示范性高职院校,学校党委将继续聚力推进课程思政,从专人开展思政教育转变为人人参与思政工作,从人才培养方案的顶层设计到教师每堂课的具体实施均贯穿思政教育主线,努力让每门课程都育人、每位教师都承担育人责任,让专业课上出"思政味",合力打造课程思政与思政课程同向同行、协同发声的课堂教育体系。

(三)上海大学做强做大"大国方略"通识课

1. 做法

"大国方略"课程主要是培养学生运用中国的话语体系来讲好中国故事,传播好中国声音。"大国方略"课程教学以"问题"为导向,主要采用问题解析式的教学方式,通过"问题意识"的培养让学生更容易接受中国道路、中国模式、中国话语。采用"2+1"师资搭配模式,1名授课者为来自非限定领域的学者、企业家、工程师,讲述个人科研感想、服务国计民生的历程,2名课程主持人负责串场、点评,把握课堂的主流方向。

2. 经验

一是"用故事说清道理,用道理赢得认同。"大国方略"课程主要是培养学生运用中国的话语体系来讲好中国故事,传播好中国声音。该课程已开设6学期,受益学生超过1000人。课程还产生带动效应,采用相同模式的第二季"创新中国"也已开设3学期,第三季"创业人生"即将启动。

二是采取问题导向的教学方法。"大国方略"课程教学以"问题"为导向,主要采用问题解析式的教学方式,通过"问题意识"的培养让学生更容易接受中国道路、中国模式、中国话语。

三是量身打造教学团队。主讲教师有十多位,均为来自哲学社会科学等多个学科领域内有影响力的学者和"会上课"的名师。每节课教师并不只停留在对现象的描述,而是带有很强的分析性;在教学形式上,教师每堂课都想方设法鼓励学生独立思考并发表自己的观点。"大国方略"课程对高校思想政治教育话语权具有重要的启示意义,通过"大国方略"课程的开设,可牢牢抓住高校思想政治教育理论课的话语权,从而使当代大学生对实现中华民族伟大复兴的中国梦和中国道路具有坚定的信心。

(四)上海中医药大学将专业课教师也作为育人队伍主要力量

1. 做法

上海中医药大学把做人做事的道理、把社会主义核心价值观的要求、把实现民族复兴的理想和责任融入各类课程教学之中,找准思想政治教育的三类切入点:一是结合学生关注的社会热点问题,从专业的角度阐明道理,提升学生的价值判断和理性思维;二是从被学生忽视的重要问题入手,通过专业解读其价值和意义;三是根据职业岗位要求。

具体的课程思政设计路径是:第一步,发现问题,形成教学目标(现实、具体)。如怎样缓解医患关系?怎样兼顾爱岗敬业与爱护自己?第二步,发掘专业知识中的思政元素。如秉持医者仁心,把对病患的关爱和人文关怀运用于治病的全过程。第三步,研究思政元素融入方法,形成教学策略。第四步,将思政元素和教学策略应用于相关章节,落实于教学过程。第五步,完成教学成效评价。

2. 经验

注意挖掘专业知识体系本身所蕴含的德育内容,同时坚持融入性原则,帮助学生理解个人与团体、个人与社会的问题,即理解认得成长的规律问题。"人体解剖学"任课教师带领学生走进遗体捐献者家庭,与家属座谈,感受捐献者们"宁可医学生在我身上千刀万剐、不希望他们成为医生后在病人身上割错一刀"的奉献情怀。"急救医学"课采用团队合作与角色实践教学模式,在培训急救能力的同时增加医患沟通、换位思考、人文关怀等教学元素。

二、广西水利电力职业技术学院课程思政建设探索与实践

广西水利电力职业技术学院针对以前专业课教学不够重视德育的状况,在训练学生专业技能的同时加强大学生思想政治教育,凸显课堂主渠道的教育功能。思政课教师与专业课教师团结协作,共同推进课程思政建设,构建全体教师、全部课程参与的"全覆盖全环节"育人体系,培养德技并修的水电人才。

1. 做法

广西水利电力职业技术学院构建"全环节全覆盖"的课程育人体系,实现师师育人、课课育人。学校通过构建课程思政工作体系,形成了课程育人长效机制;深化教学全过程育人改革,实现了课程育人常态化全覆盖;以点带面、以赛促教,全面丰富课程育人内涵。依托思政课

程与课程思政教学资源共享平台,强化思政课程与课程思政一体化建设,持续深挖各专业课程、第二课堂的育人元素,完善覆盖全校所有专业的课程思政教学资源库,优化学校课程育人系统整体设计,全面融入习近平新时代中国特色社会主义思想的核心要义、精神实质和科学内涵,深化"三教"育人改革,深化覆盖教学全环节的师师育人、课课育人,全面增强课程铸魂育人功能。

水利工程系紧紧围绕学校水利行业办学特色,服务区域经济发展,助力乡村振兴战略,确立本课程思政建设目标为:以习近平总书记关于治水工作"节水优先、空间均衡、系统治理、两手发力"的重要论述"穿针",以"忠诚、干净、担当,科学、求实、创新"新时代水利精神"引线",构建"三依托、四融入、一服务"的课程思政建设长效机制(依托"信息技术+"、行企校合作、学生节水社团,融入爱国主义教育、敬业精神、诚信和友善品质,"服务"现代水利人才培养),创新"多维并进、多元协同、多项目贯穿、多情景体验"的"四多"教学模式,培养具备新时代水利精神的、掌握现代水利工程技术的高素质技术技能人才(见图2-4-1)。通过明确知识、技能、思政素养、多维并进的教学目标,组建"专业+思政+行企专家"校行企多元协同共育的教师团队,采用分工协作式模块化教学,深挖古今灌排工程项目及水利行业工匠、劳模等先进事迹中所蕴含的思政元素,融入课程教学内容,拓展课程的广度、深度和温度。充分利用红色文化教育馆开展社会主义核心价值观教育,利用水情馆开展中华民族治水优秀传统文化教育,利用校内外节水灌溉实训基地培养学生精益求精的大国工匠精神,利用"信息技术+"教学培养学生的新时代水利精神,全面达成课程思政建设目标。

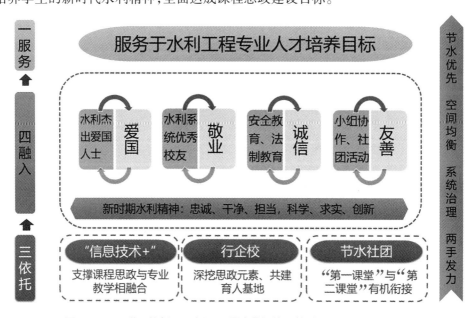

图2-4-1 "三依托、四融入、一服务"长效可持续课程思政建设机制

电力工程系通过角色互换和观念认同来提升学生思想觉悟,将国学精髓、思政教育、工匠精神三元素融入教学课堂(第一课堂)、实践课堂(第二课堂)、网络课堂(第三课堂)的"三

堂"教学全过程,培养具备思"仁礼"、思"创新"、思"匠心"的"三思"品质的未来"电力人",创新"三堂三思"的课程教学育人实践模式(见图2-4-2)。思"仁礼"包含诚实守信等国学精髓,思"创新"包含爱国主义等思政教育内涵,思"匠心"包含精益求精等工匠精神。以"电力红色基因"浸染、杰出校友"进"课堂、分享中华"2M1H"——即多种途径查找我国电力行业"最大的(Maxinmum)""最多的(Most)""最高的(Highest)"辉煌成就等思政教育活动为载体,结合线上线下教学、教学做一体化等方法,在"三堂"教学中潜移默化培养学生的"三思"品质。实施亦师亦友般"访谈式"评价和潜意识"行为习惯"评价,检验"三思"培养的达成与成效。

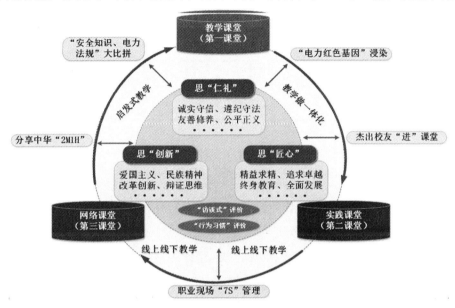

图2-4-2 "三堂三思"教学模式总体设计

机电工程系紧紧围绕学校水利机电设备行业办学特色,服务区域经济发展,确立本课程思政建设目标为:以"中国制造2025"国家行动纲领的"创新驱动、质量为先、绿色发展、结构优化、人才为本"的五个基本方针为"主轴",以"敬业、精益、专注、创新"新时代工匠精神内涵为套环,串成"一平台、三中心"的课程思政建设长效机制(依托"专业资源库"软平台+机电技术协同创新中心,机电创新中心、学生自主学习中心,融入爱国教育、敬业精神、创新意识、工匠品质),创新"多维发力、全员参与、多元素相融、多场景实践"的教学模式,培养具备新时代工匠精神的现代机电一体化专业高素质技术技能人才(见图2-4-3)。通过明确知识、技能、思政素养的教学目标,组建"专业教师+思政教师"并联合协同中心成员形成校行企共育的教师团队,采用技能递进式模块化教学,深挖民族企业品牌及机电行业工匠、劳模等先进事迹中所蕴含的思政元素,融入课程教学内容,传承新时代工匠精神,拓展课程的广度、深度和温度。充分利用广西民族地区红色文化资源、校内红色文化教育馆开展社会主义核心价值观教育,利用校内外机电一体化示范实训基地"一平台、三中心",传承中华优秀传统文化,培养学生精益求精的新时代工匠精神,全面达成课程思政建设目标。

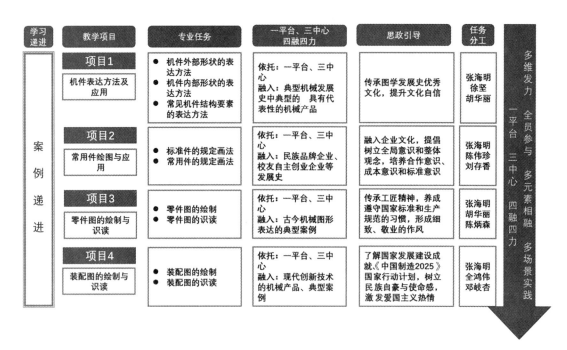

图2-4-3 "机械制图"课程思政整体设计

建筑工程系坚持立德树人根本任务,紧密结合建筑行业和区域经济发展,以高水平院校建设为重点,立足广西,辐射东盟,服务广西"南向、北联、东融、西合"和乡村振兴战略,确立课程思政建设目标为:以社会主义核心价值观为主线"穿针",以国家级现代学徒制试点项目为抓手,以"传承规矩、创新创造、专注专研、精益求精"新时代鲁班精神为"引线",构建"四沉浸、四融入、四协同"的课程思政建设长效机制(见图2-4-4)。构建"八实四有"教学模式,通过实景实感、实例实操、实岗实做、实体实创"八实",营造项目浸润、角色浸润、岗位浸润和思维浸润的教学氛围,促进思想有高度、职业有态度、技能有广度、创新有深度的"四有"育人目标不断达成,增强学生的"四个自信"。明确思政、知识、能力、素养四维并进的教学目标,组建"专业+思政+行企专家"校行企多元共育的教师团队,深挖著名建筑及行业工匠、劳模中所蕴含的思政元素,有机融入课程教学内容。利用广西民族地区红色文化资源、红色文化教育馆传承红色基因、赓续红色血脉,利用木构建筑非遗大师工作室开展中华民族优秀建筑传统文化教育,利用校内外实训基地开展精益求精的鲁班精神教育,利用"信息技术+"教学开展现代信息技术助力专业技术提高的教育,培养传承民族传统优秀文化的新时代"鲁班式"建筑人才。

经济管理系紧紧围绕学校为基层水电行业培养高技术技能型人才的目标,结合财会专业与水电等各行业发展的密切关系,立足于培养有技术又具备诚信等优良品质的服务基层的会计人才,确立本课程思政建设目标为:以贯彻落实会计法、提高会计信息质量为着力点,坚持会计法制教育与会计诚信教育相结合,构建"四方协同、四个融入"的课程思政建设长效机制(四方协同:专业教师、企业导师、思政教师、优秀校友;四个融入:爱国、诚信、法治、公正),创新"三轮并进、信息助力"(三轮:财会职业能力养成中心、真账训练营、学生诚信会计协会;信

图 2-4-4 "建筑工程质量与安全管理"课程思政总体设计

息:信息技术)的教学模式,培养具备爱国、诚信、法治、公正等社会主义核心价值观、掌握会计核算技能的高素质技术技能人才(见图 2-4-5)。依托 VR 红色文化教育馆、财会职业能力养成中心、诚信会计协会进行家国情怀、守法意识、公正、团结协作等品质的培养;依托现代学徒制项目试点、"校企党建共建、共育经纬之才"的真账训练营项目,通过师带徒的方式,提高追求卓越、精益求精的工匠精神;依托双创,让学生利用所学为创业项目提供财务分析、财务管理等知识,学以致用,培养解决实际问题的能力;利用信息化技术助力全面达成知识技能、思政品质共育的教书育人目标。

2. 成效

广西水利电力职业技术学院课程思政建设取得了良好效果:创新了长效可持续课程思政建设机制;探索了适合专业特点的课程思政教学模式;营造了"三全育人"的浓厚氛围;拓展了思政教育的渠道,增强了学生教育效果;促进了课程思政资源库与思政课资源库有机衔接。在原有的红色文化资源基础上,不断增加灵渠 VR 虚拟仿真、大禹书院等水文化资源,增强了水文化的思政元素。

一是创新性地提出"三依托、四融入、一服务""三维融合、四阶递进"等长效可持续课程思政建设机制。利用机制,使"信息技术+课程思政"的教学手段更加多样,使校行企分工协同挖掘思政元素更加丰富,课程思政实践教学情景更加多元,专业知识与思政融合更加紧密,服务行业特色更加鲜明,不断培养优秀水利工匠和杰出行业劳模,反哺课程思政取得更多成效。

二是创新了课程思政教学模式,构建了"多维并进、多元协同、多项目贯穿、多情景体验""三堂三思"等教学模式,贯穿课程学习的全过程。通过组建校行企协同的课程思政团队,深

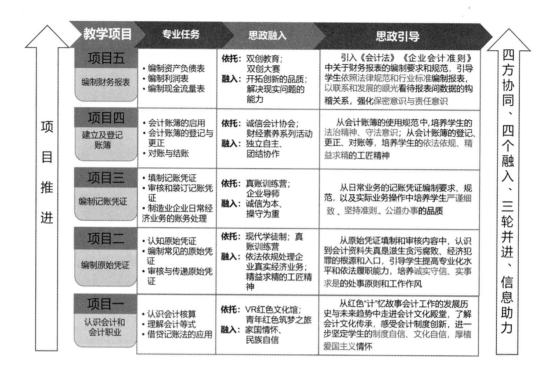

图 2-4-5 "基础会计"课程思政总体设计

挖行业工匠、劳模等先进事迹思政元素,充分利用红色文化教育馆等校内外育人基地开展课程思政教学改革,解决了课程思政资源和教学方法单一、传统的学生课程思政教育获得感不强的问题,激发学生参与教学活动的热情,提升了课程思政的教学效果。

结合新时代电力新技术、新方法、新工艺的发展,以思"仁礼"、思"创新"、思"匠心"的"三思"品质为职业教育课程思政内核,贯穿于教学课堂、实践课堂、网络课堂,深入开展课程思政研究与实践,创新了课程"三堂三思"教学育人实践模式。

最直接的成效就是灌溉排水工程技术、机械制图、基础会计、建筑工程质量与安全管理、水利工程材料检测与应用获广西高校课程思政示范课程,其中灌溉排水工程技术获得全国课程思政示范课程,所在团队获课程思政示范团队、名师。

三是营造了"全员""全课程"育人的良好氛围。专业课教师注重考虑课程思政教育,教学设计时自然切合教学目标,讲技能与育人相结合。听课发现,教师对课程思政的认同感上升,大都注入了思政教育。比如,工程测量技术课程的教学,第一节课首先导入"珠穆朗玛峰的测量"的视频,自然而然地引入爱国主义教育、职业精神和爱岗敬业的教育。这样的课程思政教育做到自然融入、不牵强,不喧宾夺主,让学生不知不觉中接受思政教育,育人的效果更为明显。在课程实施思政教育的实践中,专业课教师提高课堂语言的逻辑性、深刻性和说服力,肯定会提升课堂教学氛围和效果,增强课堂师生互动的思想性,促使学生从不同视角思考问题,使课堂教学的育人功能更加突显。如此一来,专业课教学更有温度、更有人文情怀。

3. 经验

一是以国家级课程思政示范课程资源为基础,建设水利电力行业特色、各专业课程互通共用、课程思政元素系统化的课程思政教学资源库,构建全面覆盖、类型丰富、层次递进、相互支撑的课程思政体系,打造课程思政教学的人才高地。

二是依托"八桂水利""百越电力"等产业学院,政行企校长效推进课程思政建设,进一步优化教学模式,与时俱进深挖思政元素,建设课程思政教育资源库并持续更新,适应生源多样化的发展需要。

"育人"先"育德",注重传道授业解惑、育人育才的有机统一,一直是我国教育的优良传统。对水电类高职院校而言,只要全体教师齐心立足基层水电人才培养,结合民族地区特色,构建"师师育人、课课育人"的育人体系,就能培养热爱家乡、扎根基层水电、具有工匠精神、服务群众的一线全科式人才,为广西经济社会发展提供高素质技能人才支撑。

第三章 以"四链贯通"重聚产教资源为发力点推进高等职业教育供给侧结构性改革

第一节 理事会制度助推高职院校制度建设

一、校企合作理事会制度概述

(一)校企合作理事会制度建设背景

产教融合、校企合作是职业教育培养高素质技术技能人才的根本要求,也是提高人才培养质量的主要着力点和工作主线。职业教育的生命力在于培养市场所需的人才,它必须与行业企业的发展紧密结合、深度合作。脱离了生产生活实际,离开了行业企业支持,职业教育就成了无源之水无本之木。

《中华人民共和国职业教育法》规定:"职业学校、职业培训机构实施职业教育应当实行产教结合,为本地区经济建设服务,与企业密切联系,培养实用人才和熟练劳动者。职业学校、职业培训机构可以举办与职业教育有关的企业或者实习场所。"

《国家中长期教育改革和发展规划纲要(2010—2020年)》提出:"探索建立高等学校理事会或董事会,健全社会支持和监督学校发展的长效机制。探索高等学校与行业、企业密切合作共建的模式,推进高等学校与科研院所、社会团体的资源共享,形成协调合作的有效机制,提高服务经济建设和社会发展的能力。"

2005年,《国务院关于大力发展职业教育的决定》要求"大力推行工学结合、校企合作的培养模式,改革以学校和课堂为中心的传统人才培养模式"。2010年,《国家中长期教育改革和发展规划纲要(2010—2020年)》提出:"建立健全政府主导、行业指导、企业参与的办学机制"。2014年,国务院《关于加快发展现代职业教育的决定》提出"研究制定促进校企合作办学有关法规和激励政策"。2015年,教育部印发的《高等职业教育创新发展行动计划(2015—2018年)》提出:"鼓励中央企业和行业龙头企业、行业部门、高等职业院校等,围绕区域经济发展对人才的需求,牵头组建职业教育集团。"

2017年,党的十九大提出"深化产教融合,校企合作"。2018年,教育部等六部门印发《职业学校校企合作促进办法》,要求"职业学校应当吸纳合作关系紧密、稳定的企业代表加入理事会(董事会),参与学校重大事项的审议"。2019年,国务院印发《国家职业教育改革实施方案》提出"推动校企全面加强深度合作"。2020年,教育部等九部门印发《职业教育提质培优行动计划(2020—2023年)》,要求"深化校企合作协同育人模式改革"。2021年,中共中央办公厅、国务院办公厅印发《关于推动现代职业教育高质量发展的意见》,提出"创新校企合作办学机制,丰富职业学校办学形态,拓展校企合作形式内容,优化校企合作政策环境"。

从职业教育发展的征程上来看,产教融合、校企合作一直是职业教育的基础,也是职业院校服务企业的纽带。国家十分重视产教融合、校企合作的规范化、制度化,从"健全办学机制"到"组建职业教育集团",再到"企业代表加入理事会",一直引导产教融合、校企合作向规范化、制度化方向发展。

(二)校企合作理事会制度建设的内涵

纵观我国职业院校校企合作组织的形式演进过程,基本上经历了从专业建设指导委员会向产学研合作委员会过渡,然后发展成为校企合作理事会三个阶段。随着校企合作组织形式的变迁,其内涵、特征和功能也发生了重大变化。

一般认为,校企合作理事会是我国当前大学制度下校企合作的最高级组织形式。校企合作理事会是为协商、征求意见、讨论校企合作事务,由高校和企事业单位、行业协会等相关利益者共同组成的咨询管理机构。校企合作理事会制度的核心特征是高校与行业、企业发展需要的适应性,即高校能够主动满足行业企业发展的需要,促进行业企业的发展。

校企合作发展理事会制度是学校与企业建立更加紧密的合作办学机制,是深化产教融合、促进校企有效沟通、培养技术技能人才、推动我国职业教育发展的重要保障制度。校企合作发展理事会制度是校企双方发挥各自在产业规划、经费筹措、先进技术应用、课程开发、兼职教师聘任、实习实训基地建设和吸纳学生就业等方面的优势,在订单培养、引企入校、科研领域、文化共建等方面开展合作,形成人才共育、过程共管、成果共享、责任共担的紧密型合作办学体制机制。

校企合作发展理事会是经选举或任命成立的具有行政、管理、司法等功能,对整个团体涉及的战略事项进行监督和指导的组织。理事会产生的动因主要是各方的内在需求,通过理事会议,各方都能表达自己的意愿和想法,经过表决后将利益最大化,使各个成员都能共享资源。

理事会制度的本质就是重大决策表决制,是保证理事会有效运作的、所有成员都能遵循的行动准则。

(三)校企合作理事会建设的原则

1. 公益性原则

校企合作理事会是为建立社会支持和监督高校发展的长效机制,根本目的是保证和提高人才培养质量,所以校企合作理事会必须立足于为教育服务,将公益性原则作为首要原则。只有认同这一原则,所有成员在具体运行中才能确保按照人才培养规律协同合作。

2. 互利共赢原则

校企合作理事会作为校企资源共享的平台,资源共享贯穿于人才培养全程。既然人才培养是为社会发展、为行业和企业服务的,企业成员自然有权利通过参与合作,优先参与和分享人才培养的过程和成果以及相关的产品和服务。再者,企业是按市场机制配置资源、承担义务和享有权利的市场主体,单纯地追求公益性有悖其天然属性。同时,人才培养、科学研究、服务经济社会发展、文化传承创新是高校的功能,校企合作理事会制度下的校企合作为实现高校的四大功能、满足企业和行业需求提供更有效的机制保障。

3. 平等协商原则

通常校企合作理事会的各位成员具有平等的地位,通过协商与民主投票来确定校企合作各项事务。校企合作理事会议事方式应以协商为主,依照章程和相关制度、业务流程等协商一致的事项应共同遵守并相互监督。

二、各高校校企合作理事会办学模式典型案例

(一)江苏畜牧兽医职业技术学院校企合作联盟理事会

1. 理事会概况

江苏畜牧兽医职业技术学院立足经济创新实践校企合作体制机制,为使校企合作进一步深度融合,在江苏农业委员会指导下,联合地方政府、龙头企业,牵头成立了江苏现代畜牧业校企合作联盟理事会,设立了由理事长、常务副理事长、副理事长、秘书长、副秘书长组成的常务理事会,下设秘书处(与校企合作办公室合署办公),成立项目建设办公室、资产管理办公室、5个专业指导委员会,制定了理事会章程,规范了理事会机构的运行,保障了江苏现代畜牧业校企合作联盟项目的顺利实施。

2. 主要做法

一是校中建厂,构建生产性校内标准化养殖基地。根据现代畜牧企业发展生态健康养殖的要求,江苏畜牧兽医职业技术学院充分利用自身人才培养优势和企业技术培训资源,与相关合作单位共建了优势互补、资源共享的"校中厂"标准化养殖基地。与江苏高邮鸭集团正式注册成立了江苏高邮鸭集团泰州育种分公司,建成了覆盖繁育技术、养殖技术、性能测定等领域

的标准化示范推广体系。由高邮鸭集团负责基地的生产运行管理,由企业技师和学院教师共同组织实施专业教学和学生管理。目前,该公司已经建成了"校中厂"——生产性校内标准化养殖基地,一次性可容纳50名学生的生产实训,年接收学生生产性实训20000人次以上,并可接收数名学院教师进行锻炼。

二是厂中建校,共建工学结合校外教学基地。在理事会的推动下,江苏畜牧兽医职业技术学院在专业设置、课程设置及人才培养等方面,积极寻求与企业合作,共建两个典型的"厂中校"工学结合校外教学基地,进一步促进了校企合作的深度融合。根据正大集团南通正大有限公司的种鸡生产和高技能人才的需求,与南通正大有限公司共建了一个资源共享、教学设施完善的养鸡教学基地。该基地的生产管理由企业运作,学生的教学与实训由企业技师和学院教师共同负责实施,教学课程与企业的生产过程紧密结合,实现了企业技术人员与学院教师共同实施人才培养和技术开发。

三是校企联动,共筑双师互换交流工作平台。在联盟理事会的推动下,江苏畜牧兽医职业技术学院在校内组建了畜牧兽医、动物防疫与检疫、兽药生产与营销和食品营养与检测4个以企业技师为主体、学院教师参与的企业技师工作站;在企业组建了正大集团南通正大有限公司、南京雨润食品产业集团等4个以学院教师为主体、企业技师参与的教师工作站。根据要求,技师在学院工作年均120个工作日以上、承担不少于160学时的专业课教学任务,制定人才培养方案,开发基于工作过程的核心课程等。

四是共享共管,构筑校企合作育人的信息化桥梁。为加强理事会成员单位的信息交流与资源共享,构筑校企合作育人的信息化桥梁,理事会成员单位初步合作共建了集校企合作门户网站、合作项目管理、学生顶岗实习管理、教学资源库建设、网络教学实施等功能于一体的校企合作联盟信息平台,完善合作企业的教学场所信息化建设。

五是完善制度,保障校企合作深层次发展。校企双方在联盟理事会指导下,撬动政府出台制定了合作企业物耗能耗补助、安全责任分担、企业兼职教师职称评比、顶岗实习工伤保险制度等实施办法,鼓励企业参与人才培养,优化合作发展环境。加大对学院兼职教师队伍的建设,指派全省畜牧兽医系统实践经验丰富的技术专家和操作能手到学院任教,对承担年学时在160课时以上的人员给予6000元奖励。优先支持理事会单位申报"三新"农业工程项目,引导行业企业积极参与人才培养。

(二)青岛港湾职业技术学院校企合作理事会

1. 理事会概况

青岛港湾职业技术学院发挥青岛港企业办学优势,2011年成立了由青岛港集团、政府相关部门、行业协会、企业、有关科研院所和学校共同组成的校企合作理事会,搭建"多元融合"的办学平台,从而形成了"校港一体、多元融合、相互补充、相互促进、双线并行"的办学体制。学院理事会下设专业建设指导委员会,形成学院校企合作理事会、系部专业建设指导委员会"两级管理、垂直运作"的治理结构。

2. 主要做法

（1）是建立管理机制，规范理事会运行

首先，建立理事会年会制度和不定期的专项工作会议制度，促进理事会工作的规范化、制度化。通过年会和不定期的专项工作会议对学院的发展规划、校企合作、人才培养等重大事项进行决策指导，协调成员单位合作事宜，促进企业、行业、政府"多元融合"。其次，完善制定了《校企合作理事会章程》《校企合作工作方案》和《项目管理办法》，与各理事会成员单位签订《校企战略合作框架协议》，明确双方职责，规范工作流程，畅通合作渠道，确保校企合作理事会规范有序运行。

（2）创新理事会多渠道信息畅通机制

融入企业管理模式，建立理事会多渠道信息畅通机制。首先，建立深入企业走访调研制度，定期深入企业走访调研，了解对专业设置和人才培养质量的意见和建议；了解企业职工培训和技术服务的需求信息，并结合区域经济发展数据的分析研究，按照"四个合作"的指导思想，创新思维、大胆尝试。在互利共赢的基础上开展与企业多种形式、多元组成、多方参与的全方位合作。其次，建立企业联络员沟通制度。设立企业信息联络员，了解行业企业发展现状、人才培养需求状况和人才需求信息，进行校企信息交流，为学院根据产业结构变化调整专业设置、制订招生计划提供信息。再次，建立企业及学院资源信息库、企业人才需求及学院人才供应数据库、企业兼职教师信息库、顶岗实习学生及毕业生就业数据库。最后，利用"互联网＋"，构建起多方位、立体化校企合作信息网络，动态掌握企业需求，为理事会成员单位提供个性化人才培养、技术服务、员工培训等服务，形成稳固的多元融合、校企共赢的战略合作关系。多措并举，增强双方信息的及时性、有效性和针对性，打造理事会有效运行的基石。

（3）以企业利益为出发点，建立互利共赢的动力机制

站在企业的角度，寻求企业校企合作利益的对接点。为确保理事会成员单位优先选择企业所需的技能人才，学院建立了理事成员单位优先选聘毕业生和定向培养相结合的机制，理事成员单位可以作为第一批次到学院推介，优先选择学院毕业生；同时根据理事会成员单位的个性化需求，校企采用订单培养、就业前置等多种方式有针对性地为企业培养人才，为企业人才培养节省成本。发挥学院作为青岛港员工教育培训中心的作用，建立健全校企合作新机制，整合社会培训资源优先为理事会成员单位进行员工培训，为企业快速转型升级提高企业竞争力提供智力支撑。通过动力机制保障理事会成员的优越性，构建校企良性运行的校企合作体系。

（4）建立激励和淘汰机制

为确保校企合作的实效性，学院积极探索寻求持续不断的外部推动力，建立了校企合作的激励和淘汰机制。理事会每年评选在实习实训基地建设、社会培训、技术攻关、学生实习就业等方面贡献突出的合作企业，并给予表彰奖励，充分调动企业参与校企合作工作的积极性。按照理事会章程，规范理事会会员入会程序，严格审核理事成员单位的资格。每年至少新增3家成员单位，拓展理事会的广度和深度。对于不履行理事会章程中所规定的义务和责任的成员单位,经常务理事会讨论决定终止其会员资格。

(5)建立保障机制

为保证理事会运作的合法化、规范化,学院在当地民政局对理事会进行了注册,设立了理事会专项资金账号,并出台了专项资金管理办法,专款专用,为校企合作理事会运行提供经济支撑。

三、广西水利电力职业技术学院校企合作发展理事会

广西水利电力职业技术学院以"合作办学、合作育人、合作就业、合作发展"为目标,主动对接区域产业发展需求,聚集各方优质资源,组建了"广西水利电力职业技术学院合作与发展理事会"(以下简称"合作发展理事会")。合作发展理事会是政、行、企、校四方联动办学体制机制的核心,对学院的战略导向、资源整合、发展规划进行宏观决策。合作发展理事会聘请中国水利水电科学研究院王浩院士为理事会高级顾问,学院院长担任理事长,副理事长包括广西水利电力建设集团有限公司董事长、广西电网公司副总经理、广西水利学会秘书长,广西水利电业集团公司党委书记、中锐教育集团总经理、深圳宝鹰建设集团股份有限公司副总裁等行业企业精英。来自与学院专业密切相关的行业企业的人员占理事会成员的45%,是合作发展理事会的主力军。合作发展理事会制定了《合作与发展理事会章程》《合作与发展理事会议事制度》等制度,明确政、行、企、校四方的权利和义务。

合作发展理事会下设发展规划委员会、教育发展基金委员会、产学研合作委员会和学院专业建设指导委员会等四个分委员会和各系的专业建设委员会,形成三级贯通工作机构(见图3-1-1)。四个分委员会是理事会决策的贯彻层。学院专业建设指导委员会下设的各系专业建设委员会是具体执行层,负责落实人才培养、师资队伍建设、实训基地建设、社会服务、招生就业和质量评价等具体事事务的实施和操作。三级组织架构实现产教、校企之间的战略合作、协同育人、资源整合、信息共享、合作共建等决策机制。

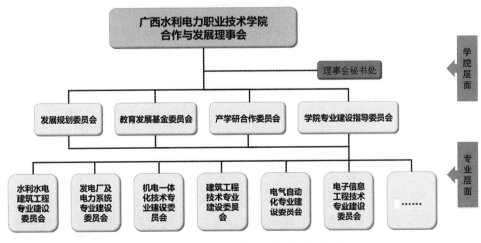

图3-1-1　合作发展理事会组织架构

合作发展理事会指导下的四个委员会参与研讨、制定了《广西水利电力职业技术学院发展定位规划(2014—2020)》《广西水利电力职业技术学院章程》《广西水利电力职业技术学院教育发展基金章程》《广西水利电力职业技术学院科研项目管理办法》等重大制度,对学院发展战略的制定、办学经费渠道的拓宽、科技创新体系的推动、专业发展规划等重大事务进行了宏观决策,增强了学院办学活力,在政行企校联合育人创新办学体制与长效运行机制等方面发挥积极的作用。

专业是校企合作的落脚点。在理事会指导下,校企紧密合作,建立了学院专业建设指导委员会和系专业建设委员会组成"行业—学校—企业—专业"协同工作机制,在专业层面落实人才共育、过程共管、成果共享、责任共担的产教融合、校企合作。各系专业建设委员会全程参与人才培养方案的制定、课程开发和实施、人才培养目标和模式的设计、实习实训条件建设、推荐兼职教师、接收学生顶岗实习、参与教学质量评价、合作开展技术服务培训等。

四、广西水利电力职业技术学院广西—东盟经济技术开发区协同发展理事会

广西水利电力职业技术学院新校区坐落于广西—东盟经济技术开发区,依托开发区深入开展职业教育和社会服务。

广西—东盟经济技术开发区(以下简称开发区)是国家级经济技术开发区,也是全国最大的华侨农场,还是广西北部湾经济区核心工业区,集中了一批世界500强企业,集中了印尼、越南、缅甸等9个东盟国家的归侨侨眷12000多人。在中国与东盟日渐紧密合作的大背景下,开发区(华侨农场)正经历从农业种植农场向现代化华侨城转变。

为了更深度地融入开发区,更好地服务开发区,进一步深化区校协同、校地合作,助推开发区经济转型升级,广西水利电力职业技术学院与开发区共同成立校区协同发展理事会。由学院院长、开发区主任担任校区协同发展理事会理事长,开发区管委会等各职能部门领导担任副理事长,定期召开联席会议和理事会议,研究开发区产业结构调整和升级对学院办学提出的要求,落实学校与开发区双方的工作职责和义务。协同发展理事会下设联络部、职业教育基地建设部、创新创业园建设部、社区服务事务部、技术研发与应用中心建设等5个部门,以及广西—东盟华侨社区学院、东盟经济技术开发区技术支持和响应中心2个机构(见图3-1-2),制定了《广西水利电力职业技术学院加强社区服务建设合作育人管理法》《学院与广西—东盟经济技术开发区协同发展重大项目奖励办法(试行)》《广西水利电力职业技术学院社区服务管理办法》》等制度文件,建立了校地共建的合作机制。

广西—东盟华侨社区学院在开发区设社区服务工作站,配备工作人员,配置了笔记本电脑,职能是承接公共服务,组织公益服务,指导社区服务,负责与东盟经开区的社区、农场、中小

学、机关单位等开展培训、文化艺术等方面的交流活动。

东盟经济技术开发区技术支持和响应中心的职能是承接开发区企业的各级各类技术改造、升级服务等,从企事业单位层面落实具体合作机制。

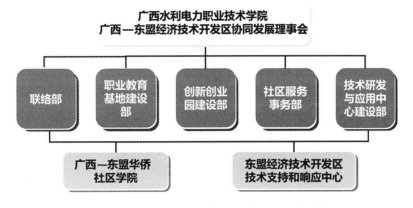

图3-1-2 协同发展理事会组织结构

第二节 集团化办学是发展特色职业教育的重要举措

一、职业教育集团的发展概述

职业教育集团是职业院校、行业企业等组织为实现资源共享、优势互补、合作发展而组织的教育团体,是近年来我国加快职业教育办学机制改革、促进优质资源开放共享的重要模式。推进职业教育集团化办学,有利于整合多方力量,推动现代职业教育体系建设;有利于建立健全政府主导、行业指导、企业参与的职业教育办学机制;有利于深化职业教育校企合作,系统培养技能型、高端技能型、应用型人才,提高人才培养质量。职业教育集团的组成主体包括政府机构、行业组织、企(事)业单位、职业院校、研究机构和社会组织等六类。通过组建职业教育集团,不同主体可以充分发挥支持和参与职业教育发展的重要作用。按照组建形式的区别,职业教育集团可分为围绕区域发展规划和产业结构特点,面向地区支柱产业、特色产业的区域型职业教育集团;围绕行业人才需求,由行业组织牵头组建的行业型职业教育集团;跨区域或跨行业的复合型职业教育集团;以招生就业、劳动力转移培训等为合作内容的特色型职业教育集团和涉外型职业教育集团等。

我国职业教育多元化办学体制从 20 世纪 80 年代开始萌芽,90 年代以职业教育集团化运作的方式开始发展。21 世纪以来,职业教育集团的发展进入了迅速提升的阶段,数量和质量都有大幅度的增加。纵观职业教育集团化办学的发展历程,可分为四个阶段。

(一)萌芽阶段

1986 年 7 月,第一次全国职业技术教育工作会议在北京召开,会上提出:"要广泛发动和依靠社会力量办学,逐步形成多渠道、多层次、多形式的办学体制,采取中央和地方、教育部门和行业部门分级、分工的管理体制。"而在 1993 年颁布的《中国教育改革和发展纲要》(中发〔1993〕3 号)中,明确提出:"职业教育应面向社会需要,在政府统筹管理下,主要依靠行业、企事业单位、社会团体和公民个人举办,鼓励社会各方面联合举办。""职业教育要走产教融合的路子,增强学校自身发展的能力。"职业教育的相关发展改革为联合办学、校企合作的方式提供了政策导向,在这个时期,北京西城区率先探索出集团化办学的路子,于 1992—1993 年率先相继成立了西城区新技术职业教育集团、西城区旅游职业教育集团和北京蒙妮坦美容美发职业教育集团。随后,在上海、天津、江苏等经济、工业较为发达的地区,也逐渐开始出现一些局部区域内的或行业性的职业教育集团。

(二)探索阶段

21 世纪,国家开始逐渐大力发展职业教育,并颁布了一系列政策文件。《国务院关于大力推进职业教育改革与发展的决定》（国发〔2002〕16号）中提出："深化职业教育办学体制改革，形成政府主导、依靠企业、充分发挥行业作业、社会力量积极参与的多元办学格局。"2004年《教育部等七部门关于进一步加强职业教育工作的若干意见》（教职成〔2004〕12号）提出"要充分发挥骨干职业院校的带动作用，探索以骨干职业院校为龙头，带动其他职业学校和培训机构参加的规模化、集团化、连锁式发展模式"。而《教育部关于以就业为导向深化高等职业教育改革的若干意见》（教高〔2004〕1号）也提出："要重视地方政府在高等职业教育规划和发展中的统筹、协调等作用，有条件的地区可以根据需要组建机械、电子等不同类别、各具特色的'职教集团'，探索产学研结合发展高等职业教育的新道路。"这一系列出台的政策文件，标志着政府加大了引导和支持力度，在这个时期，部分省市政府、教育或行业主管部门开始参与协调管理，并逐渐有组织、有统筹地推动组建职教集团，职业教育集团办学化办学开始进入了积极探索阶段。

（三）发展阶段

2005年，国务院进一步颁发了《关于大力发展职业教育的决定》（国发〔2005〕35号），再次提出："推动公办职业学校与企业合作办学，形成前校后厂（场）、校企合一的办学实体。推动公办职业学校资源整合和重组，走规模化、集团化、连锁化办学的路子。要发挥公办职业学校在职业教育中的主力军作用。"职业教育集团化办学在这一时期进入了快速发展阶段，基本已覆盖全国各地区，数量、规模、质量都得到了大幅提升。在政府及相关主管部门的引导下，集团化办学以区域化、行业化、政行企校合作等形式组建，也逐渐更为有组织性、规范性，对行业、企业、社会经济等方面的服务性也更为凸显。2015年，教育部发布《关于深入推进职业教育集团化办学的意见》（教职成〔2015〕4号），提出"加快发展现代职业教育，要把深入推进集团化办学作为重要方向"，这在很大程度上对职业教育及多元化办学的发展起到了促进作用，职业教育集团化办学已成为职业教育发展的重要途径之一。

（四）提质阶段

2019年，国务院颁布《国家职业教育改革实施方案》（国发〔2019〕4号），提出"推动企业和社会力量举办高质量职业教育。各级政府部门要深化'放管服'改革，加快推进职能转变，由注重'办'职业教育向'管理与服务'过渡"。2020年，教育部发布《职业教育提质培优行动计划（2020—2023年）》（教职成〔2020〕7号），提出："支持行业领军企业主导建设全国性职教集团，分领域建设服务产业高端的技术技能人才标准和培养高地。"2020年10月，教育部首次认定了150个全国第一批示范性职业教育集团培育单位，标志着我国职业教育集团化办学开始进入了提质培优的阶段。这对职业教育集团进一步推进管理及运行机制改革、实体化运作，促进职业教育的发展起到了极大的激励作用，以联合办学、校企合作的职业教育集团化办学模式将会进入蓬勃发展阶段，也将更深层次地挖掘探索出更多元化的职业教育集团化办学模式。

二、各地职业教育集团化办学典型案例

(一)浙江省建设职业教育集团

1. 集团概况

浙江省建设职业教育集团于2008年3月经浙江省住房和城乡建设厅批准正式成立,由浙江建设职业技术学院牵头组建,成员单位覆盖全省11个地市,涵盖行业协会、职业院校、科研院所、企业及其他组织等共计188家,涉及施工、设计、监理、咨询等领域,已成为集政府之职、行业之势、企业之力、学校之术的职业教育联盟。集团成立以来,主动服务"建筑强省"战略,积极适应建设行业转型升级的要求,不断推进产教融合,深化技能人才供给侧结构性改革,持续助力建设行业工匠培育。集团以产教融合、校企合作、工学结合、知行合一为原则,积极探索集团化办学的长效机制和科学发展机制,构建了"政府引导、三层架构、一体多元、开放融通"的校企合作新模式,在人才共育、项目共研、基地共建、文化共融、资源共享等方面进行了一定的创新与实践,取得了一系列的成绩。集团2017年入选浙江省首批示范性职业教育集团,2020年入选全国第一批示范性职业教育集团(联盟)培育单位。

2. 主要做法

(1)构建"四层次三融合"的校企合作组织体系

集团立足于人才培养,通过深度校企合作,构建了"四层次三融合"的校企合作组织体系(见图3-2-1)。

图3-2-1 "四层次三融合"校企合作组织体系

一是"1+1"企业专业学院。建立亚厦学院、五洲学院、绿城学院、金都学院等企业专业学院,校企合作开展"七个共同"协同育人,建立"场中校"培养项目管理人才,开展现代学徒制培养技能型人才,面向全体学生培养专业技能与理念。

二是"1+1+X"行业联合学院。在建设主管部门指导下,以建设行业协会为主体、学院主导、协会下属企业参与组成办学联合体,建立运行机制,充分发挥行业优势,服务中小型企业,

为校企合作长效、健康发展提供了保证。

三是"1+X"专业发展联盟。以专业为基点，学校协同"X"家同行业企业、科研院所等共建专业合作联盟。

四是中外合作办学。引进国外优质教育资源，与美国华盛顿州贝茨技术学院合作开办建筑设计技术专业，此外，还与我国的台湾铭传大学、台湾"中国科技大学"等台湾高校开展学生互访交流。同时积极推进德国、英国、加拿大等国家与地区合作办学。

（2）深度开展合作项目，资源共享

学校先后成立22支产学研教师社会服务队伍，为地方企业提供技术服务，与企业共同研究课题。与浙江省岩土工程研究所、建筑经济研究所、城乡规划研究所、减灾防灾研究所、人文素质研究所等五大研究所共建14个研发中心，参与多项行业标准的制定，共同研发专利及示范项目。与企业共建校内外实习基地，并对口援建中高职衔接实训基地，在师资培育、基地建设、信息资源等方面实现共建共享。集团还建立了浙江省建设职业教育集团网站、学院学生产学研工作联盟网站、建设职业教育集团简报、微信公众平台、新浪微博等多个宣传平台，进一步提升集团的影响力。

3. 建设成效

（1）人才共育显成效

依托职教集团，结合行业企业发展需要和自身专业特点，不断深化企业合作职教集团办学特色，创新办学模式。在完善面向企业进行"订单"培养、牵手中职学校实现中高职一体化办学的基础上，着重探索富有创造性的办学路子。集团以浙江省建筑装饰协会为主导，以学校特色专业为基础，通过"四层次三融合"的校企合作组织体系共同开展育人工作，模式成熟，成效明显。

（2）集团品牌得提升

以职教集团为平台，通过人才共育、项目共研、基地共建、文化共融、资源共享等方式，促进职教集团各成员单位间的紧密联系，深度开展校企合作，提升校企参与度，逐渐打造出"绿色建筑科技文化节"等特色品牌活动，逐渐提升集团的影响力。

（3）社会服务见成果

职教集团依托"建设行业促进学院发展理事会"，坚持产教融合、校企合作、工学结合、知行合一，积极寻求建设行业企业参与支持职教集团的人才培养与专业建设，集聚建设行业优质资源，不断创新校企合作体制机制建设，已形成政府引导、三层架构、一体多元、开放融通的校企合作体制机制新格局，在校企人才培养、科学研究、社会服务等方面成效显著。

（二）陕西国防工业职业教育集团

1. 集团简介

陕西国防工业职业教育集团是以陕西省国防科技工业办公室为主导，以陕西国防工业职业技术学院为主要理事单位,由国防军工企事业单位、科研院所、职业院校、行业协会等共同组建的非营利性组织,于2011年正式批复成立。集团实行理事会管理体制,在省教育厅、省发改委、省财政厅、省人社厅等政府部门的指导下,秉承"合作双赢、共同发展"的理念,按照"优势互补、资源共享"的原则,校企合作开展人才培养、科技开发、社会服务等工作,为国防科技工业培养"专、精、特"高端技能人才,为区域经济社会发展培养高素质技能型专门人才。集团2020年入选全国第一批示范性职业教育集团(联盟)培育单位。

集团实行理事会负责制,下设秘书处、办学指导委员会、质量监控中心、校企合作办公室、职工培训中心等机构(见图3-2-2)。

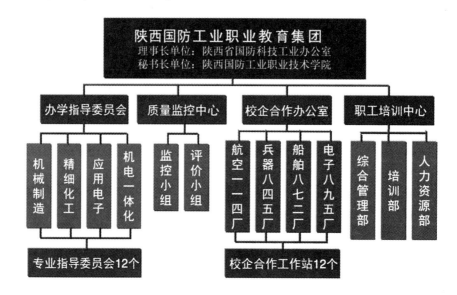

图3-2-2 陕西国防工业职业教育集团组织架构

2. 主要做法

(1)建立管理共同体领导机制

集团成立两级指导委员会,建立管理共同体领导机制。集团跨陕西、甘肃两省军工单位、政府部门和院校,组建有权威性的集团工作指导委员会,成员由省教育厅、发改委、财政厅、人社厅、科工办及工程院院士专家等组成,指导集团开展生产、科研实际工作,指导"政府指导、行业指导、企业参与、学校主动"的职教机制创新发展,指导集团宏观性办学和社会服务的业务工作。

而在院校企共同体的理事会结构下,成立集团办学指导委员会。办学指导委员会是集团内部的运行机构,成员主要由集团理事单位、高校、科研单位、咨询服务机构人员组成,实行企业、学校双主任负责制。办学指导委员会把握集团院校办学定位和办学方向,提供产业发展、行业动向、技术进步及人才需求等信息,对学校人才培养规格、专业结构调整、人才培养目标进行指导、咨询。

(2) 共建校企合作工作站

集团立足于校企合作,加强院校与企业成员单位间的紧密联系,提倡按专业群人才培养需要,建立了"航空一一四厂""兵器八四五厂""电子八九五厂""船舶八七二厂""康佳集团"等12个工作站,通过工作站的形式形成了有效的校企共建机制。

通过校企合作工作站模式,发挥"厂中校"作用,企业优秀技术人员、技术能手进站任教,实施工学交替;利用工作站平台校企共同制定人才培养方案,开发课程和教学资源库;学校教师到企业挂职锻炼,开展技术培训和成人教育等服务;发挥企校各自的优势,合作进行技术革新的产品研发。

(3) 建设集团制度体系

一是建立了互利互补、良性循环、共同发展的多元合作机制。陕西省国防科技工业办公室发挥主导功能,对集团建设进行宏观调控、统筹;国防行业发挥指导功能,制定行业专业人才职业资格标准,提供经济和技术发展信息等;国防企业发挥参与功能,提供岗位需求信息、员工培训信息,投入经费,参与实施等;集团院校发挥主体功能,负责职教集团各项工作的协调、规划、投入、实施。

二是形成了互惠共赢机制。企业通过集团获取人力支持和技术支持,通过学校实施员工培训,结合学生顶岗实习创造一定价值;学校与企业开展"七个共同",进一步提升教育教学质量。

三是建立了集团共同遵守的多元化主体办学监控机制和质量体系。集团坚持社会公益性的价值导向,建立定期、不定期接受社会、家长评价机制,对行业、企业、学校明确相关的制度,保障对形成行业特色的集团化办学质量、合作办学、教育质量进行监控。

3. 建设成效

(1) "四位一体"的集团化办学模式凸显了育人的作用

通过体系及制度的建设,初步形成政府、行业、企业、学校人才共育、责任共担、利益共享、共同发展的"四位一体"的职业教育集团化办学模式(见图3-2-3)。

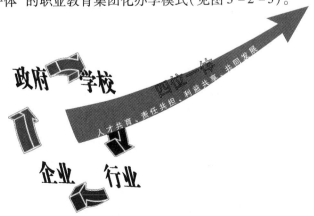

图3-2-3 "四位一体"集团化办学模式

(2)"校企合作工作站"模式,实现了校企深度合作

一是学校和企业共建共享资源。企业投入场地、设备、设施、技术管理人员等,学校投入资金、设备、仪器、教师技术人员等,政府提供项目、政策支持,在校内外建立多个工作站一体化教室、车间、工作站报告厅,编制驻站实操手册、学习任务书、学习档案等,开展岗位培训及工作站一体化教学。

二是不限于作为主体的一所学校,而是高职、本科、中专、技校等多所学校共同使用;也不限于工作站所在的一家企业,而是将其形成为区域职工培训中心、检测中心、鉴定中心等。工作站设立教学部、培训部、学生工作部、技术研发部、社会服务部等部门,全面开展共同育人、共同就业、技术研发及社会服务。

(3)"校企联动、工学耦合",促进了军工特色人才培养

一是形成了"校企三联动、工学七耦合"的特色人才培养模式,校企联动办学、联动培训、联动研发,在课程体系与专业岗位、课程内容与岗位能力、专业教师与能工巧匠、实习作品与企业产品、实训基地与生产车间、学校评价与社会评价、校园文化与军工文化实现"工学七耦合"。

二是集团以科学发展观为指导,坚持以发展为主题、以改革为动力,按照《国家中长期教育改革和发展规划纲要》,积极探索多元合作办学的体制机制,实现职业院校与国防科技工业企业的联动发展,提高集团成员单位的核心竞争力,通过教育资源整合建设,形成政府、行业、企业及学校的联动合力,为陕西省国防科技工业和陕西乃至西部地方经济社会发展起到强大的推动作用,也为职业教育体制改革与创新发展起到引领示范作用。

三、广西水利电力职业教育集团多元化办学模式实践

(一)集团简介

广西水利电力职业技术学院发挥行业办学特色,深化行业主导集团化办学体制。2010年8月,学校经广西壮族自治区水利厅批复,牵头组建了广西水利电力职业教育集团,目前成员达243家。集团水电行业特色鲜明,从资源共建、技术服务、职工培训、质量评价等方面进一步对接行业办学,搭建了职业教育信息汇集平台、校企技术服务平台、校企资源配置优化平台、校企成果服务共享平台、中高职行企校有效衔接共享平台,促进校企合作,校校合作,初步构建起职业教育集团化办学管理体制,实现服务行业和社会的目的。

多元化办学作为一种办学体制形式,涉及谁是办学主体以及怎么办学的问题,所以多元办学即指办学主体的多元化以及由此带来的办学形式的多样化。在我国,实现多元化办学首先要确立以政府为主导、社会广泛参与、办学主体多元化、办学形式多样化的办学体制。集团在发展过程中积极推行校校合作、校企合作、混合所有制学院、产业学院等多种办学主体及办学形式,从教育体制改革、人才需求供给、教育质量提升等方面,不断开展实践,探索出符合广西行业特色的多元化办学模式。

（二）具体做法

经过多年的多元化集团化办学实践，集团成为广西壮族自治区首批示范性职教集团、国家首批示范性职业教育集团（联盟）培育单位。主要经验做法有：

1. 创新"一体两翼"产教融合体制机制

创新构建了以集团为"一体"、学院校企合作与发展理事会、学院与广西—东盟经济技术开发区协同发展理事会为"两翼"的产教融合发展体制，形成了"政行企校联动、产教深度融合"的集团化办学特色。

科学高效的运行机制把243家集团成员紧密合作构成利益共同体，协同开展人才培养、职工培训、工程建设、产品研发和技术合作等，共建了4个混合所有制学院（中锐汽车学院、宝鹰建筑学院、厚溥软件学院、华为网络学院）、4个校企合作实体（水利灌溉技术产学研基地、电力技术综合培训基地、沃源工程机械研发中心、航空遥感测量实训中心）、2个国家级现代学徒制试点专业、4个1+X证书制度试点、110个订单班。

2. 依托产业学院打造产教融合主阵地

集团紧抓职业教育发展新时代机遇，积极主动对接行业协会、工业园区，以及水利、电力等产业链的上、中、下游龙头企业，政、行、企、校四方结成同频共振、互利共赢的命运共同体，共建八桂水利产业学院、百越电力产业学院等5个产业学院。产业学院致力于办学各主体共同搭建科技研发平台、成果孵化和产品推广基地，同时共同梳理明确全产业链岗位标准，制定各类专业人才培养标准，为高端产业和产业高端培养高素质技术技能型人才，全方位服务产业链高质量发展。

3. 服务社会经济发展成绩卓著

（1）聚合集团优势资源，服务东盟，输出中国标准

校企联合举办了越南水电站综合自动化、柬埔寨农业高效节水灌溉技术等境内5期、境外2期国际技术技能培训班，培训国际技术技能人才140多人。在柬埔寨的金边、暹粒和磅湛建立柬埔寨"互联网+"农业高效节水灌溉产学研示范基地，输出中国节水灌溉技术标准。1000多优秀毕业生服务集团成员企业"走出去"发展战略，参与越南、巴基斯坦等"一带一路"沿线国家水利电力工程建设，输出中国水电技术标准。

（2）立足水利电力事业，产教深度融合，助推区域经济发展

以集团为纽带，以水利电力为优势特色，学院与南方电网、广西水利电业集团等成员企业产教深度融合，共谋发展，共建了2个国家级生产性实训基地、11个国家级协同创新中心；开展项目技术咨询、项目设计等35项；为社会开展施工员、安全员等岗位培训4000人次，为水利基层技术人员开展培训10000余人次，为现役军人开展水电技能培训300余人；开展水利"精准扶贫"，解决5000多人贫困山区饮水安全问题。

（三）建设成效

集团成立多年来，为广西水利水电事业培养了大量高素质技术技能型人才，助推了广西水

利水电事业的发展,在区域形成了强大影响力,成就了"广西水电黄埔军校""水电人才摇篮"等美誉。近年来,集团内院校毕业生就业率稳居全区同类院校前列,连续多年获得"全区普通高校毕业生就业创业工作突出单位"称号。

1. 推动职业教育集团化发展

"一体两翼"的产教融合发展体制和"政行企校联动、产教深度融合"的集团化办学特色,促进了集团内中职、高职院校共同合作发展,服务于企业、行业组织,通过订单培养、现代学徒制等多元化手段,实现校企合作、校校合作协同育人,不断深化职教集团化办学理论研究与实践探索。

2. 集约化办学引领中高职协同发展

集团以国家骨干高职院校——广西水利电力职业技术学院为龙头,引领北海职业学院、贵州黔西南民族职业技术学院等21所中高职院校集约化办学,创新了"七个衔接"(人才培养目标衔接、专业设置衔接、课程设置衔接、工学结合比例衔接、教学内容衔接、教学方式方法衔接、教学资源配置衔接)协同发展实践模式,共同提升了人才培养与社会服务能力,在区教育厅中职综合改革中连续三年获"高职帮扶贡献奖"。

第三节 混合所有制增强高职院校办学活力

一、混合所有制概述

混合所有制概念的提出来自经济领域,它是指由各种不同所有制经济,按照一定原则实行联合生产或经营的所有制形式。混合所有制经济是指在同一经济组织中,不同的产权主体多元投资、互相渗透、互相贯通、互相融合而形成的新的产权配置结构和经济形式,从本质上说是一种股份制经济或以股份制为基础的经济。从微观上讲,是指一个企业或公司,其出资人有不同的所有制投资主体。这里说的不同所有制投资主体,包括国有、集体、个体、私营、外资等投资主体,只要不是单一的所有制都是混合所有制经济。

要深入理解混合所有制经济的内涵,需要厘清两组概念。第一组是关于股份制经济与混合所有制经济。这两个概念既有联系又有区别,往往容易混淆。混合所有制经济一定是股份制经济,但并不是所有的股份制经济都是混合所有制经济。西方国家的合伙制和股份制经济一般都不是混合所有制经济,我国也有一些由若干国有企业共同成立或由私人资本合伙经营的股份制企业,也不属于混合所有制经济。我国提出的混合所有制经济,指的是"国有资本、集体资本、非公有资本等交叉持股、相互融合的混合所有制经济"。第二组是关于国外"混合经济"的说法与我国的混合所有制经济。国外一般讲的"混合经济"是指市场机构和政府干预相结合的经济制度。它是一种以私有制为基础的经济运行体制,而不是一种财产制度,并不涉及财产关系混合问题,与我们讲的混合所有制经济没有相通之处。那么,国外有无从财产关系角度讲的混合经济呢?自欧美国家实行"大众持股"计划之后,欧美国家也在实行一定程度的财产混合所有,但与我国的混合所有制不可同日而语。就社会经济基础而言,欧美国家以私有制经济为基础,而我国以公有制经济为主体;就生成机制而言,国外的部分财产混合所有与我国的混合所有制经济特别是国有企业发展混合所有制经济也存在明显区别。

我国的混合所有制经济的根基是社会主义基本经济制度。社会主义基本经济制度是中国特色社会主义制度的重要支柱,也是混合所有制经济的根基,离开了社会主义基本经济制度这个根基,混合所有制经济就无从谈起。我国从20世纪70年代末开始的所有制结构改革,不拘泥于苏联的传统社会主义所有制结构模式,也不同于当代西方发达国家的所有制结构模式,而是探求一种符合中国国情的新的所有制结构,即"公有制为主体、多种所有制经济共同发展"。我们强调公有制经济和非公有制经济都是社会主义市场经济的重要组成部分,都是我国经济社会发展的重要基础,这是符合我国国情和发展实际的科学战略定位;强调"两个毫不动摇",即毫不动摇巩固和发展公有制经济,毫不动摇鼓励、支持、引导非公有制经济发展,这是激发市场主体活力、保持我国经济持续健康发展的科学战略决策。

党的十八届三中全会提出积极发展混合所有制经济,一方面能够更好体现和坚持公有制主体地位,有利于放大国有资本功能,实现保值增值,提高国有经济竞争力;另一方面,把非公有资本引入国有经济内部,有利于国有企业建立现代公司制度,提高活力和竞争力。同时,借助在重要领域和国有企业中引入民营资本,促进多种所有制经济共同发展。混合所有制经济是不同资本在企业或重要领域内的合作或融合,有利于提高资产运营效率、增强创新能力,成为我国社会主义市场经济的一支强大生力军。因此,发展混合所有制经济的目标,是促进国有资本放大功能、保值增值、提高竞争力,促进各种所有制资本取长补短、相互促进、共同发展。

二、高职院校混合所有制的产生和发展

国外职业教育起步比较早,发展较成熟,许多国家根据市场需求引入竞争机制,采用市场运作方式,推动职业教育走市场化道路,并且在多元化办学机制中具有较雄厚的理论基础,并积累了丰富的实践经验。我国随着经济社会的发展,原来存在于经济领域的混合所有制逐渐应用于教育领域,并与教育领域的职业教育携手联姻,催生了混合所有制职业院校。混合所有制职业院校是当前我国鼓励企业和社会力量、调动各种要素参与职业教育的办学形式。我国混合所有制出现在教育领域首先是在《国务院关于加快发展现代职业教育的决定》(国发〔2014〕19号)中,"引导支持社会力量兴办职业教育。创新民办职业教育办学模式,积极支持各类办学主体通过独资、合资、合作等多种形式举办民办职业教育;探索发展股份制、混合所有制职业院校,允许以资本、知识、技术、管理等要素参与办学并享有相应权利。探索公办和社会力量举办的职业院校相互委托管理和购买服务的机制。引导社会力量参与教学过程,共同开发课程和教材等教育资源。社会力量举办的职业院校与公办职业院校具有同等法律地位,依法享受相关教育、财税、土地、金融等政策。健全政府补贴、购买服务、助学贷款、基金奖励、捐资激励等制度,鼓励社会力量参与职业教育办学、管理和评价。"文件中提出混合所有制办学,职业院校混合所有制办学成为职业教育改革的重要内容。

近年来,我国在政策推动下,各地纷纷进行混合所有制高职院校办学尝试,出现了公司制办学、校企共建产业园、共建二级学院、共建实训室等模式,比如海南职业技术学院、苏州工业园区职业技术学院、山东海事职业学院、广西理工职业技术学院以及南通理工学院(原紫琅职业技术学院)等,并形成了许多有益的经验和典型模式,推动了我国高职院校混合所有制办学模式的创新与发展。

从经验层面上看,国内各高职院校的混合所制探讨与实践让各高职院校对混合所有制办学的认识逐步深化。首先,高职院校混合所有制办学有利于创新高职院校办学体制。因为高职院校进行混合所有制办学将会打破其原有单一的所有制形式,有利于高职院校形成"政府、企业和个人的多方投入机制",从根本上解决高职院校投入不足的问题;而且多种所有制资本进入高职院校后能够压缩政府过分干预高职院校办学的权力寻租空间,打破高职院校原有的权益联结网络,从根本上促使高职院校形成"投资多体、产权多元、规范自律、自主高效"的管

理体制。其次,高职院校混合所有制办学将有利于消弭校企合作的体制障碍。高职院校进行混合所有制办学,能够使企业凭借其投入的资本、知识、技术、管理等多种要素拥有学校产权,真正成为高职院校办学主体和治理主体,同时更可使高职院校"依托股份来集聚企业",校企双方凭借"产权、股份和收益"等来建构稳固的校企合作关系。再次,高职院校混合所有制办学有利于提高高职院校人才培养质量。高职院校通过混合所有制办学而与企业形成的以资本关联为特征的"利益捆绑"式的校企合作关系能够真正促使行业企业实质性参与到高职院校的办学当中,推进高职院校培养目标、专业设置、课程内容、教学过程与产业升级、行业标准、企业需求的紧密对接,从而提高高职院校人才培养质量,提升职业教育对产业的服务力。

从实践模式层面,先行高职院校的校企合作模式推动了混合所有制办学模式的创新。

第一种是公办高职院校引入社会资本。这种模式又分为不同的形式:

①公办高职院校吸纳国企资本、民营资本及个体资本等多种形式的社会资本,共建具有混合所有制性质的校企合作共同体,这既有院校层面的混合办学,也有合资共建二级学院、实训基地或重大项目等。

②对于"办学活力不足"的公办高职院校,借鉴国有企业的改制办法,由相关部门对其进行资产清算,将院校的部分股权让渡给院校教师、管理者、政府部门或其他投资主体,并使其享有院校的管理权和相应的收益权。

③对于那些因经营管理不善或生源不足等多种因素造成出现较大办学困难的民办高职院校,可以由当地政府或教育主管部门牵头对其资产进行清算与核查,并按照"就近、从优"原则,交托于同一辖区内办学条件较好的公办高职院校。

第二种是民办高职院校引入国有资本。这种模式也分为不同的形式:

①对所辖范围内的典型民办高职院校,政府或教育主管部门可依据"奖励先进、激励后进"的原则,通过国有资金直接注入或政府购买服务、减免利息等间接方式给予资助,成为民办高职院校股东。

②类似于"公办高职院校接管民办高职院校",对于那些办学活力差、办学效率低或受特定客观因素影响而难以维持有效办学的公办院校,同样可以由当地政府或教育主管部门牵头对其进行院校资产的清算核查,按照"就近、从优"原则,托管于同一辖区内运行状态较好的民办高职院校。

③第三种是不同资本合资新办混合所有制高职院校,即不同资本如国有资本、集体资本、民营资本、外资等可共同合资新建一所高职院校。

另外,伴随着实践探索的不断推进和相应支持政策的渐次出台,高职院校混合所有制办学的模式更加丰富和新颖。如实践领域已有地方政府联合当地民办高职院校通过签订项目合同的方式共建高职院校基础设施,进行具有PPP(Public-Private Partnership)意蕴的混合所有制办学探索;再如在教育国际化大背景下,已有高职院校通过多种途径联合国外教育机构及相关行业、企业等创办具有混合所有制办学性质的教育实体,实行中外合作办学等。

同时,高职院校混合所有制办学的探索与实践,在积累办学经验、促进教育体制改革创新的同时,也触及了一些亟待解决的深层次问题,比如"双主体"带来的国有资产侵蚀或流失的风险、公办学校公益性削弱、政府对学校办学掌控力度减弱及相关法律缺失等,这些都需要在不断的探索与实践中慢慢解决。

三、各高校混合所有制办学典型案例

(一)大混合模式——以广西理工职业技术学院为例

1. 实施背景

广西理工职业技术学校是一所公办的中职学校,隶属广西工信委,在2001—2002年陷入了招生低谷,中等职业教育的招生进入了历史上最艰难的时期;由此同时,学生及家长在择校时,都希望能到大专以上的学校学习,这加剧了当时广西理工职业技术学校的办学困难程度。在此情形下,广西理工职业技术学校以创新体制机制为突破口,大胆创新办学理念,开拓办学思路,尝试新的办学模式,面向市场办教育,积极地探索校企联合办学的新路子,进行了公办与民办共同发展的办学新模式。2006年,学校在崇左与广西左江水泥厂、广西信尔房地产投资有限公司、南宁市忠振工贸有限责任公司、南宁驰晨信息科技有限责任公司等6家企业以股份制方式联合成立了民办高职院校——广西理工职业技术学院。

2. 主要做法

(1)构建"多主体"合作模式

作为广西的法人治理结构建设试点单位,广西理工职业技术学院的建立开创了国内中职学校办大专的先河,大胆地探索出了一条公办学校与民办学校集于一身,互为依存、互相促进、共同发展的办学模式。其先后通过"校政合作""校企合作""校村合作""校银合作""校校合作"等多元化方式,引入社会资金参与学校建设,激发多元力量参与学校办学。学校与左江水泥厂拥有50%的股份,其他民企(个人)拥有50%的股份。

(2)构建法人治理结构的管理体制

广西理工职业技术学院建立了法人治理学校的理事会、执委会、监事会,形成了决策权、执行权、监督权既相对分离、相互制约又相互协调的运行体系;制定了学院章程,为法人治理结构建设提供运行规则。章程对学校的办学宗旨、理事会构成及职责、理事的产生和任期、理事的权利和义务、执委会的权利和义务、学校资产的管理和使用等进行明确的规定;同时,章程经理事会审核通过后报相关部门审批,成为法人治理结构建设工作活动开展的依据。

法人治理结构的管理体制是以公司法人为基础,参照公司法人运行管理,最大限度地实现资源优化配置,提高资金使用效率,激发了教职工的积极性,提高了内部管理效率;稳固了校企的利益纽带,增强了企业参与办学的积极性,校企共建专业群,合力打造师资队伍,专业建设成效显著,人才培养质量不断提升;实现了中职办高职,拓展了学校发展空间,扩大了学校规模,为中职学校学生打通了中高职衔接的通道,对扩大中职学校办学及招生规模、增强职业教育吸引力起到了积极促进作用。

(3)构建中高职一体化管理机制

广西理工职业技术学院混合所有制办学中的中职学校——广西理工职业技术学校为工信委所属学校,在业务上接受教育部门指导。在具体管理中,新成立的广西理工职业技术学院接受教育厅下发给高校的所有文件;考核评价方面,由于中职学校——广西理工职业技术学校的领导都在新高职学校——广西理工职业技术学院兼职,因此,广西教育厅在年度考核时只考核这些领导班子成员在中职学校的工作内容。而广西工信委则按照经济管理的思路,参照管理企业的做法对广西理工职业技术学校的领导班子进行业务管理,主要关注广西理工职业技术学校、广西理工职业技术学院这两所学校的国有资产部分是否有增长、是否能够产生效益,每年对学校的增长情况、对领导班子的工作效益进行考核。至于这两所学校的二级机构如何设置、如何运行,主管部门放权给学校,不过多干涉高职办学的具体事务,做到精准把握管辖的职责领域相关的度。

3. 办学成效

目前,广西理工职业技术学校与广西理工职业技术学院两所学校校园占地面积1987亩;学校现有在校生42156人,其中中职在校学生25847人,高职在校学生16309人。教职工总数1334人,专任教师1193人,其中副教授及以上职称教师200多人,"双师型"教师955人。校舍建筑总面积68.46万平方米,教学设备达12484.06万元。广西理工职业技术学院开设有土木工程学院、机械与汽车工程学院、商学院、电子工程与智能化学院、艺术设计学院和继续教育学院等6个二级学院;高职专业45个,其中建筑工程技术、工程造价、物流管理、工程测量技术、工业机器人技术等5个专业先后成为广西高校重点支持建设专业;校内实验实训场所34个,校外实习实训基地68个,其中建筑技术实训基地是自治区示范性高等职业教育实训基地。在2014年揭晓的职业教育国家级教学成果奖中,学校陈良老师主持的"职业院校建筑装饰专业'工地学校'教学模式的研究与实践"获得了国家级教学成果二等奖,并且学校的办学受到广西壮族自治区人民政府的认可。

(二)小混合模式——以山东海事职业学院为例

1. 实施背景

山东海事职业学院是山东省人民政府批准设立,由潍坊市政府主导举办、社会力量参与举办的山东省首所理工类混合所有制普通高职专科院校,坐落于世界风筝之都—潍坊市。2011年潍坊市政府按照新体制、新模式、新机制的办学思想,投入536万元财政资金撬动、引领、整合3.6亿元潍坊当地三家企业社会资本(潍坊交运汽车运输有限公司、潍坊陆洋交通发展有限公司、山东通达国际船舶管理有限公司),组建了以航海、港口、邮轮、机电、物流、航空、电商为特色的混合所有制高职院校——山东海事职业学院。

2. 主要做法

(1)建立混合所有制办学模式

作为全国职业教育混合所有制办学研究联盟发起单位、秘书长单位,山东海事职业学院探索实践了"院校整体、二级学院、公共实训基地"等层面的"大混套小混"混合所有制办学模式,逐步完善了以政府参与引导资源整合、产权变更吸引企业投入、政企共建混合所有制二级学院为重点的"多元主体办学机制",以现代化的法人治理结构、市场化的内部运行机制为重点的"现代法人治理机制",建立了各类资本、师资、课程、文化深度融合的"校企协同育人机制",形成了独特的混合所有制办学"山海模式"。

山东海事职业学院混合所有制办学改革,冲破了当前国家"非公即民"的职业教育办学制度范式,蹚出了一条"职业教育由政府举办为主向政府统筹管理、社会多元办学的格局转变"之路。

(2)构建校企业合作办学机制

①构建多元主体办学机制:

一是政府参与引导资源整合。2011年,潍坊市政府投入536万元财政资金,以混合所有制办学模式整合潍坊交运集团、潍坊陆洋运输公司和山东通达船舶公司三家企业3.6亿元社会资本组建山东海事职业学院。潍坊市政府出资拥有股份1.47%,潍坊交运集团、潍坊陆洋运输公司和山东通达船舶公司三家企业分别持股67.79%、15.37%、15.37%。政府参与引导资源整合,采用公私股份混合方式,形成多元主体办学机制。

二是产权变更吸引企业投入。依托混合所有制灵活的办学体制机制优势,学院采用产权融资的办法吸纳各类资本,加快基础建设。2015年以来,学院以混合所有制模式先后引进企业社会资金9300余万元,共建3个混合所有制二级学院和1个中外合作项目"股份制海洋工程(OPITO)公共实训中心";以产权变更转让形式吸引企业投入3.27亿元扩大基建规模。

②构建现代法人治理机制:

一是完善法人治理结构。在明确产权基础上,充分尊重股本权利,成立了政企校三方代表参加的学院董事会,行使领导和决策职能;成立了由高校教学管理经验人员组成的学院行政班子,实行董事会领导下的院长负责制,推行专家办学和教授治学,行使办学管理职能;成立了政企校三方代表参加的学院监事会,行使监督职能,完善了决策、执行及监督相对独立又良性互动、依法治校、依规制约的法人治理结构,全面提升学院治理能力。

二是构建内部运行机制。遵循市场经济原则,做到"人员能进能出、职位能升能降、薪酬能高能低",构建市场化人事薪酬制度;管办分离,形成法治化政校关系,建立独立自主的学院办学机制;引入行企业质量考核标准,实施校企双轨双向运行的教学质量评价机制。

③构建校企协同育人机制:

一是坚持"市场需求"的人才培养导向。基于行企业岗位需求,通过学院与企业、专业与产业、教学与生产相对接,定制式培养"适任+拓展"高素质技术技能型人才。

二是实施"校企共同体"式的专业建设。组建专业建设共同体,做到校企资源共享、师资共用、课程共建、教学共同实施。

三是创新"混双师"的师资队伍建设。校企双方共建、共用、共管、共享师资队伍,推行企业师资与学院师资、企业导师与学院导员、全职教师与兼职教师"三结合"。

3. 办学成效

山东海事职业学院混合所有制办学模式实现了政府资源与社会资本有效整合,搭建了政策性体制机制平台。原来是三所小而散的院校,在政府资源的引领下有效整合,形成了规模和结构优势的放大,吸引更多的社会资本进入。合作共建了混合制实训中心及二级学院,形成了大混套小混的发展模式,优质资源共享达到校企互利互惠共同发展的目的,实现了职业教育与产业发展无缝对接。学校作为产业人才培训基地,企业作为学生第二课堂,推动职业教育与产业紧密结合,提升了学院人才培养质量,共同培养高质素技术技能型人才,实现了学生就业与市场竞争力有效提升。通过委托培养班、订单培养班等形式,企业与学校共同制定人才培养方案、共同实施教学,在校期间已经完成了企业岗位基础技能学习,提升了学生就业竞争力。

四、广西水利电力职业技术学院混合所有制探索实践

(一)中锐汽车学院

1. 实施背景

进入21世纪,随着国家经济社会的快速发展,一方面,社会对优质职业教育的需求与优质职业教育办学资源相对匮乏的矛盾更加突出;另一方面,经济社会快速发展对高素质技能型人才的需求迅猛增长与职业教育人才培养改革与发展及结构调整相对滞后的矛盾也凸显出来。在此种大环境下,广西水利电力职业技术学院为解决办学资金投入不足的问题,解决办学脱离企业、脱离市场的难题,与中锐教育集团合作办学,共建汽车工程系。

2. 主要做法

(1)合作形式

广西水利电力职业技术学院于2010年6月与中锐教育集团合作办学,引进"华汽教育"项目,成立中锐汽车学院和理事会,建立校企合作理事会章程与有效运行的机制,建立学校、系部、专业三级管理运行制度,形成"人才共育、过程共管、成果共享、责任共担"的紧密型合作办学体制机制(见图3-3-1)。合作的运行模式是学校提供教学用地,企业投入教学设备,并在学校设立合作办学项目部,校企双方共同承担教学任务、招生就业等人才培养过程。企业在安排教学经验丰富的专任教师承担部分专业核心课程的教学工作;同时,企业充分利用其在设备、技术、资源方面的优势和行业的引领作用,实现汽车专业人才培养方向的知识、技能、企业文化、职业素养融入人才培养全过程。

图 3-3-1 合作成立中锐汽车学院

（2）合作内容

广西水利电力职业技术学院与中锐教育集团的合作是以企业为主导、学校为主体,集中部分相关的院校、专业群体和相关企业开展合作办学,形成一种集约式的合作办学模式,行、企、校多方构成的智囊团式的教育合作群体优势互补,打开了校企合作的广泛渠道,使校企双方成为唇齿相依的利益共同体,形成相互依存的生物链关系,在招生、就业、教学、资金投入等方面形成"人才共育、过程共管、成果共享、责任共担"的良好局面。主要体现在以下几个方面：

①专业共建。双方约定的合作专业有汽车检测与维修技术、汽车电子技术和汽车营销与服务共3个专业,学院按照中锐教育集团提供的"华汽教育课程"在校内对合作专业学生进行专业教育和培训,并共同制定各专业的人才培养方案、教学大纲、教学计划以及日常教学管理和考核。针对教学,中锐教育集团派遣专业教师和管理人员到项目部,并承担不低于20%的专业课程的授课任务和重点专业课程的耗材费用。

②基地共建。引进中锐教育集团合作办学的初衷就是解决广西水利电力职业技术学院汽车工程系办学经费不足的问题,所以根据双方的合作协议,由学校提供办学场所和办公场所,中锐教育集团按合作招生人数,投入相应价值的教学设备。另外根据专业建设需要,统筹规划汽车实训中心,协调双方教学设备的布置及实验实训教学区域的划分,共同建设实验实训室,并共同管理与维护（见图3-3-2）。按照合作协议,汽车实训中心建设在中锐汽车实训楼,共有汽车电子技术实训基地、汽车检测维修实训基地和汽车营销仿真实训基地三个基地,包括汽车商务实训区、新能源汽车实训区、汽车整车综合实训场、汽车发动机电控技术实训室、汽车发动拆装运行实训室、汽车底盘拆装实训室及柴油发动机拆装运行实训室等,使用面积6000多平方米,教学仪器设备1975台（套）,总价值约1800多万元。

③人才共育。合作专业的人才培养共同完成,共同制定人才培养方案及课程体系。根据招生规模,中锐教育集团派遣有丰富教学经验的资深教师到合作项目部授课,承担部分专业核心课程的授课任务,指导年轻教师成长。同时,依托"华汽教育"项目在全国的推广,引进技术

图3-3-2 合作共建汽车实训中心

先进的教学设备,同时利用企业的汽车市场资源吸引汽车后市场企业人员到学校兼课,改进汽车教育理念。

④就业共管。合作双方共同推动毕业生就业,由中锐教育集团通过与厂商联络整合就业资源,负责给毕业生提供就业岗位。合作办学后,利用中锐教育集团的资源,学院与广汇汽车广西区机电设备有限公司、上海一嗨汽车租赁有限公司、广西长久汽车销售服务有限公司、广西三江联白马汽车集团、深圳市联胜保险公估有限公司、广西南宁沃源重工机械设备有限公司等20多家汽车企业建立长期稳定的合作关系,使学生的顶岗实习和就业有了保障,也促进了工学结合的人才培养(见图3-3-3和图3-3-4)。

图3-3-3 合作企业招聘宣讲　　　　图3-3-4 合作企业就业

⑤订单培养。中锐教育集团利用与汽车厂商或汽车经销商的资源优势,促成了与当地和全国的大中型汽车服务企业合作,形成"校企契约"关系,开设企业"冠名"班,培养"订单"学生。例如,促进广西水利电力职业技术学院与广汇汽车广西区机电设备有限公司、上海诺亚汽车服务有限公司、上海一嗨汽车租赁有限公司、深圳市联胜保险公估有限公司等企业开展校企合作,签订校企合作协议书,冠名"广汇"班、"长久"班(见图3-3-5和图3-3-6)。"广汇"班、"长久"班学生第三学年安排到企业参加顶岗实习,由企业提供实习补贴,学生毕业后,由企业安排就业,从而实现学校招生与学生就业同步,学生技术"接口"企业标准,学校按照企业的用人标准和要求组织招生和教学,为企业量身定做技能人才。

图 3-3-5 "考拉爱车班"开班仪式典礼　　　　图 3-3-6 "深圳联胜班"开班仪式

3. 办学成效

广西水利电力职业技术学院与中锐教育集团合作办学,推动了广西水利电力职业技术学院与自治区内外同类院校、学校与行业企业之间的合作与交流,主要表现在以下几个方面:

(1)促进学校与自治区内外同类院校之间的交流

中锐教育集团的"华汽教育"项目是在全国具有一定知名度和影响力的汽车教育平台,在全国有40多家合作院校。合作办学为学院提供了一个交流与合作的平台,各合作院校间可以进行互相交流与沟通,而且可以集中各院校的力量进行专业改革和建设,提升汽车后市场服务人才的培养质量(见图3-3-7~图3-3-10)。

图 3-3-7 在宝鸡职业技术学院座谈交流　　　　图 3-3-8 参观酒泉职业技术学院汽车实训基地

图 3-3-9 参观上海交通职业技术学院汽车实训基地　图 3-3-10 在无锡南洋职业技术学院座谈交流

(2)促进学校与行业企业之间的交流合作

企业开展校招重点会考虑学生的能力和稳定性,中锐教育集团在全国有40多所合作院校,这40多所合作院校的合作办学模式及人才培养模式基本一致,用人企业考虑到在人才培养规格、员工培训经费、队伍稳定、地域性差异等因素的影响,必然首选在全国有40多家合作院校的中锐教育集团为合作伙伴,这就促使用人单位与项目院校合作(见图3-3-11)。

图 3-3-11 与广西长久汽车投资有限公司签订校企合作签约仪式

（3）推动"产教结合"，办"实体化"学校

借鉴与中锐教育集团的合作，广西水利电力职业学院汽车专业实施"产教结合"，办专业实体，依托汽修专业与企业合作开办了"南宁市建新汽车驾驶员培训学校"，现有各种培训车辆 22 台，对学生和社会开展汽车驾驶培训业务，学生负责对培训学校的车辆进行保养和维修，汽修专业学生在汽修车间能学到真本事，就业形势好，待遇也好，每年招生人数节节攀升。这种校企合作办学模式是依托学校自身资源，企业化管理，自主经营来实现校企合一的模式。

总的来说，"双主体"办学是校企合作的路径创新，是提升学校内涵建设的重要抓手，更是学校置身于区域经济社会发展的重要选择。找准校企双方的利益共同点，把校企合作扩大为一个群体，学校、企业要形成利益的共同体，校校之间、校企之间、企业之间资源共享，拓展合作领域，不断完善和创新校企合作的办学模式，职业院校的教学条件和教学能力将极大改善的同时，企业也将获得适用的高技能人才和经济效益，实现职业教育资源优势互补、校企多赢。

(二) 厚溥软件学院

1. 实施背景

随着新一代信息技术产业的发展并成为社会经济发展的新型基础设施和推动力，国家和广西纷纷出台一系列的政策，推动和鼓励云计算、大数据、物联网和人工智能等产业技术的发展和应用。

厚溥科教集团，主要从事软件开发、技术咨询与服务、IT 教育投资、大学生实习实训等业务，总部位于武汉光谷软件园，现设软件事业部和教育事业部两大部门，是湖北省软件外包联盟成员单位，被指定为教育部全国物联网技术应用项目培养承担单位、工业和信息化部人才交流中心指定大学生实习基地、商务部指定软件外包人才培养基地。

为顺应和适应广西新一代信息技术产业和数字经济的发展需要，抓住新兴专业发展的有利时机，提前布局新兴专业，解决广西水利电力职业技术学院（在案例内简称学院）在数字媒体应用技术、物联网应用技术两个专业存在的办学力量不足的问题，加强现代信息技术类专业群建设，根据《国务院关于加快发展现代职业教育的决定》探索混合式办学的文件精神，学院从 2018 年开始,与厚溥科教集团全面深度合作,引进企业 IT 人才培养体系和教育资源,成立厚溥软件学院及常驻校内运行机构,探索实践混合所有制办学模式(见图 3-3-12)。

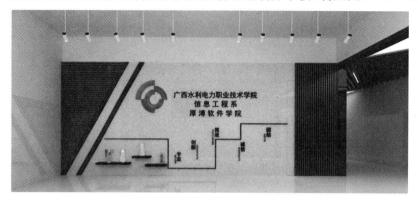

图 3-3-12　厚溥软件学院

2. 主要做法

在运行模式上,采用校企双方共建共管、共商共赢的方式,建立校企深度合作、紧密结合,优势互补、共同发展的合作机制。在师资团队聘任、实训条件建设、专业人才培养、招生就业管理等全环节共同投入资金资源,探索实践混合所有制模式的校企双主体育人。

(1)合作机构共组,保障日常管理实体化运行

校企合作成立了校级层面的校企理事会形式的磋商机制、系级层面的厚溥软件学院运行管理机构和专业层面的教学团队的三层级组织,分别负责校企重大合作事项决策、日常运营管理以及专业教学实施。系部日常运行管理机构常驻校内,由双方共同派驻人员共同组成,主要包括厚溥科教集团派出参与日常管理的运行总监、学务主管各 1 名,按年级专业配置的专职班主任。学院对等配置兼顾管理层和辅导员,参与管理。相对完善的合作组织机构,有效保障了后续合作举措的落地,达成合作成效(见表 3-3-1)。

表 3-3-1　厚溥软件学院日常运行管理机构

职位角色	派出方	数量	主要职责	依据标准
院长	学院	1	各项工作领导和监督	合作协议
常务副院长(常驻)	厚溥科教集团	1	对接学院,总体负责日常运行管理	合作协议
教学副院长(兼任)	学院	1	教学实训、实训基地、竞赛考证	合作协议
党学副院长(兼任)	学院	1	党团建设、招生就业、学工管理	合作协议
教学主管(常驻)	厚溥科教集团	1	教学运行、学务工作具体管理	按企业标准配置

续表

职位角色	派出方	数量	主要职责	依据标准
专职班主任（常驻）	厚溥科教集团	若干	学务管理、专业引导	按企业标准配置
辅导员	学院	若干	学务管理、奖助评先	学工管理规定

（2）专业设置共商，联合申报设置新兴专业群

开展市场需求调研和产业发展调研，充分利用合作企业优势，实施专业资源共享和专业方向的错位特色发展。在保留原来合作专业的基础上，对接产业新技术、新要求，聚焦新一代信息产业和数字经济发展，为数字媒体技术专业增设"UI 设计"方向，为物联网应用技术专业增设"平台应用及开发"方向，实现合作共建专业方向两个。根据产业发展和专业设置需要，双方共同开展新一代信息技术专业申报筹备和布局优化，打造智能软件专业群。专业（群）共建实现校企优势资源互补达到共赢，也充实完善信息技术专业群结构，更大程度实现群内专业共享。

（3）实训基地共投，营造"岗课赛证"教学条件

紧密对接互联网软件研发和设计岗位人才的新要求，校企双方按照协议约定比例，共投共建"双元化、实景化、智能化"的实训基地建设（见图 3 – 3 – 13）。

按照企业工作实景营造生产性企业文化氛围，引进企业绩效管理场景到常规教学和教学任务中。以模拟职场绩效评定、虚拟工资等方式对学生进行考核评定，让学生感受到职业与教育联系的紧密性，激励学生学习，促进职业与教育的无缝对接。

图 3 – 3 – 13　厚溥软件学院实训基地

在环境优美的南宁中关村双创示范基地构建了占地面积约 1000 平方米，工位 700 余人的综合性校外实训基地——广西厚溥集训中心（见图 3 – 3 – 14），学生在第五学期集中到集训中心进行真实企业项目的实训锤炼。

（4）教学运营共管，构建"两化三合四融"育人体系

对接 1 + X 证书项目，引入真实项目进课堂，以解决企业实际问题为导向的育训融合教学法取得初步成效，让学生感受到职业与教育联系的紧密性，激励学生学习，促进职业与教育的无缝对接（见图 3 – 3 – 15）。

图3-3-14 在南宁·中关村双创示范基地建设广西厚溥集训中心

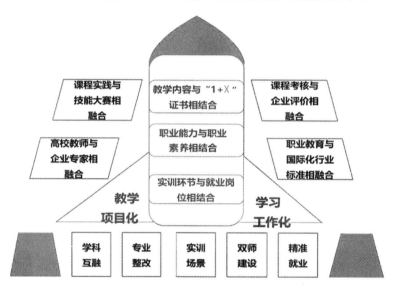

图3-3-15 "两化三合四融"的育人模式

为了强化学生专业技能,让学生更早地融入企业的工作氛围中,创新完善办学条件,模拟企业运作形式,设立办公环境、职员打卡上班等氛围;以模拟职场绩效评定、虚拟工资等方式对学生进行考核评定,按学生月度完成任务的情况和质量,发放虚拟工资,并进行公示。课程进入验收和收尾阶段、连线企业专家进行项目验收点评(见图3-3-16)。

图3-3-16 连线企业专家进行项目验收点评

师资队伍共育,引培共举打造模块化团队。根据专业人才培养和教学安排,组建模块化的教学团队。根据协议,公共通识课程由学院统一负责安排教师;专业课程由厚溥科教集团统一安排,受教学指导委员会监督。专业课程授课教师有三种途径:一是由厚溥科教集团面向国内外企业聘请有项目经验的专家,二是由系部专业教师参与厚溥软件学院教学,三是第五学期课程统一到校外的广西厚溥集训中心,由集训中心的教师授课。课程团队由公共通识课程教师、专任教师、企业教师、集训中心教师和专职实习导师组成。

通过国培项目、厚溥暑期教师集训、组织教师指导竞赛认证等方式提升教师能力。厚溥科教集团的企业案例等教学资源全面向学院开放,连续两年组织双方教师参加厚溥科教集团全国体系的IT新技术专项培训,专题涵盖IT通识技术、企业项目开发、Web前端等8大领域,累计参加师资培训20人次,有效提升双方教师的项目实战能力和职业素养。

3. 成果成效

(1) 专业人才培养质量显著提高

通过引进厚溥科教集团IT人才培养体系,实施教学项目化、学习工作化。引真实项目进课堂,以解决企业实际问题为导向的育训融合教学法取得初步成效。2018—2020年,学生参加职业技能竞赛,分别获得自治区级一等奖2项、二等奖3项、三等奖3项(见表3-3-2)。2021届毕业生初次就业率在93%以上。

表3-3-2 2018—2020年广西水利电力职业技术学院厚溥校企合作学生获奖情况

年份	比赛项目名称	比赛级别	获奖类别
2018	2018年广西"厚溥杯"网站设计与开发大赛	自治区级	一等奖
2019	第二届广西大学生程序设计大赛	自治区级	一等奖
2019	第二届广西大学生程序设计大赛	自治区级	二等奖
2019	第46届世界技能大赛广西选拔赛网站设计与开发项目	自治区级	二等奖
2019	广西计算机学会第二届软件测试大赛	自治区级	三等奖
2019	第十三届广西大学生计算机应用大赛	自治区级	三等奖
2020	移动融媒体应用技术	自治区级	二等奖
2020	Web应用软件开发赛项	自治区级	三等奖

(2) 教师的项目实践能力明显提升

通过师资互聘、专项培训、联合课程资源开发共享,专任教师在Web互联网软件开发、测试等方面业务能力和项目实践能力明显增强,双方共同出版活页式教学案例集两册。

第四节　中国特色现代学徒制是培养技术技能人才的重要途径

一、现代学徒制试点改革的概述

学徒制(Apprenticeship)是职业教育中的一种方法,其主要特点是"师傅带领徒弟""在实践中学习",学生(也称学徒)在师傅或者专家的带领下进行学习,获得基础理论知识和实际动手能力。根据历史发展的脉络,学徒制的发展大体上可以分为家庭作坊式的学徒制、基于契约规定的行会学徒制、国家立法学徒制、以职业教育为特点的现代学徒制与以企业和技能培养为核心的新型学徒制五个阶段。

随着经济全球化的迅猛发展,为了解决本国技术人才短缺、适龄工人失业等问题,保持竞争中的经济、技术和人才优势,很多国家在吸收传统学徒制优点的基础上,融合现代职业教育和企业人才需求特点,大力发展现代学徒制,并作为国家重大发展战略加以推动。世界各国纷纷开展了新的学徒制改革,根据各自国家的不同体制和发展背景,形成了具有各自特点的教育模式,基本建立了较为完善的现代学徒制体系。

(一)中华人民共和国成立后我国学徒制发展概述

中国的学徒制历史悠久,从手工劳动阶段技能的传承,到大工业时期职业学校的出现,直至现代学徒制度的建立完善,学徒制不断创新发展。中华人民共和国成立后,党和政府高度重视职业教育,在不同的时期出台了很多政策,着重培养大量的专业技术人才,服务社会主义建设。纵观中华人民共和国成立后学徒制的发展历程,根据各个历史阶段政策变化情况,大体上可以分为改革开放以前、改革开放后至2012年、2012年以来这三个阶段。

1. 改革开放以前企事业单位学徒培训和"半工半读"为主的学徒制

这一时期的政策核心是为了带动和保障经济发展,更多的是强调劳动的重要性,而"半工半读"的学校多为工矿企业主办,在学徒教育上偏重于技能和劳动教育,简单地将劳动中的专业知识、技能学习和技能训练划为体力劳动,而对文化理论素养的教育缺乏系统的课程体系建设,对学徒的考核标准也较为宽松。

2. 改革开放后至2012年"先培训后就业"为主的学徒制

改革开放以后,国内各种生产建设逐步开始恢复正常,计划经济体制也逐步向市场经济体制转变。结合当时国家开展教育体制改革,实行职业教育分类,中等职业教育得到了快速发展,职业学校与普通高校的招生人数十分接近,以学校为主体的职业教育逐步代替了以企业为主的学徒制教育。

3. 2012年以来现代学徒制探索

党的十八大以来,随着各项改革不断深入,我国逐步由制造业大国向制造业强国迈进。在国内外市场环境、制造产业格局、经济发展趋势、科技水平及发展趋势等众多因素的快速变化中,我国提出了"中国制造2025"、锻造大国工匠等一系列发展战略,要求坚持创新驱动、智能转型、强化基础、绿色发展,加快从制造大国转向制造强国。经济快速发展和发展方式转变,导致我国对高新技术人才的需求不断增加,人才供需矛盾不断显现,在此背景下,我国现代学徒制得到了大力推动。

(二)中国特色现代学徒制

现代学徒制有利于促进行业、企业参与职业教育人才培养全过程,实现专业设置与产业需求对接、课程内容与职业标准对接、教学过程与生产过程对接、毕业证书与职业资格证书对接、职业教育与终身学习对接,提高人才培养质量和针对性。建立现代学徒制是职业教育主动服务当前经济社会发展要求,推动职业教育体系和劳动就业体系互动发展,打通和拓宽技术技能人才培养和成长通道,推进现代职业教育体系建设的战略选择;是深化产教融合、校企合作,推进工学结合、知行合一的有效途径;是全面实施素质教育,把提高职业技能和培养职业精神高度融合,培养学生社会责任感、创新精神、实践能力的重要举措。

1. 中国现代学徒制的总要求

2019年5月14日,教育部办公厅印发《关于全面推进现代学徒制工作的通知》,对全面推进现代学徒制提出了总要求:以习近平新时代中国特色社会主义思想为指导,全面贯彻党的教育方针,落实立德树人根本任务,深化产教融合、校企合作,健全德技并修、工学结合的育人机制和多方参与的质量评价机制,深入推进教师、教材、教法改革,总结现代学徒制试点成功经验和典型案例,在国家重大战略和区域支柱产业等相关专业,全面推广政府引导、行业参与、社会支持、企业和职业学校双主体育人的中国特色现代学徒制。

2. 中国特色社会主义现代学徒制的内涵

中国现代学徒制度的发展,离不开中国特色社会主义建设这个大背景。"培养什么样的人、怎样培养人、为谁培养人""办什么样的教育、怎样办教育"等重大问题,是现代学徒制发展中必须回答的几个问题。我国现代学徒制的发展,既要坚持马克思主义教育理论又要体现中国国情,既要坚持社会主义教育基本原则又要借鉴人类文明优秀成果,既要继承我国教育优良传统又要具有鲜明的时代特征,才能有力推动中国特色社会主义现代学徒制的蓬勃发展。

二、各高校现代学徒制试点改革的典型案例

现代学徒制的实施路径已比较成熟,经过一段时间的研究与实践,各个试点院校根据自身的行业背景、行业特色、专业特点,总结凝练出符合自身特色的现代学徒制实现方法,但都异曲同工。他山之石,可以攻玉,以下简要介绍三所现代学徒制试点院校的典型做法,供相关院校及同行们参考。

(一) 清远职业技术学院 (第一批试点院校)

2009 年,清远职业技术学院与深圳宇龙公司合作,从计算机应用技术专业(手机游戏方向)入手合作探索具有现代学徒制特征的人才培养模式。2012 年广东省教育厅批准清远职业技术学院医疗美容技术专业和机电一体化专业为现代学徒制试点专业,正式开启了学校的现代学徒制人才培养模式的实践。学校高度重视现代学徒制工作,现代学徒制是学校"创新强校"和"示范校"建设工作的核心。在探索实践的过程中,形成标志性成果:一是,《现代学徒制"广东模式"的研究与实践》专著。该专著首次总结出了现代学徒制的基本内涵特征——校企双元育人、交替训教、岗位培养,学徒双重身份、工学交替、在岗成才;形成了推进现代学徒制的一般方法、基本手段和技术路线等实践操作经验,得到社会的广泛认可和推广应用,成为广东省推进现代学徒制的核心内容。二是,实践典型案例。医学美容技术专业自 2012 年成为现代学徒制试点专业,连续 6 年招生,从专业教学标准建设、双主体育人等内涵建设方面,为我国现代学徒制专业提供了典型实施范例。

1. 完善政行校企多方联动的现代学徒制长效运行机制

在职教集团内,由清远职业技术学院招生就业办牵头组建,由清远市教育局、集团内中职学校招生办、企业人力资源的相关负责人组成的多方合作招生工作组,依据大型骨干企业产业结构调整和技术升级对人力资源的需求,完善招生制度,校企共同制定校企合作联合招生制度,建立成本分担机制,规范招生录取和企业用工程序,明确学徒的企业员工身份,校企生三方签订劳动合同及培养合同。

2. 完善现代学徒制试点专业的技术框架体系

在专业技术指导委员会的指导下,校企合作共同制定了专业教学标准研制的方法、手段与路线,并以论文的形式固化为理论成果;专业岗位职业能力分析表、研制的专业标准、开发的校本教材、构建的专业课程体系构成了实物成果。

3. 研究建立现代学徒制校企联合的过程监控体系

在专业联盟平台上,校企分工合作共同完成监控体系的建设。研究确定了现代学徒制人才培养过程的主要监控与评价点,完成教学过程与质量评价体系的研制;设计了完整了教学运行及管理的校企双主体制度,现已形成一整套制度和措施;采用了校企双主体、分级负责、过程管理、综合考核的管理办法。通过制定一系列管理制度,加强过程管理与质量监控。

4. 建设现代学徒网络综合信息服务平台框架

清远职业技术学院与互联网公司合作开发了"智学徒"平台,该平台有宣传门户、教学管理、学徒 APP 三个功能板块,有效解决了现代学徒制招生报名、教学管理、学徒岗位培养等环节中的难点问题,极大程度提高了招生宣传、报名、教学过程管理及学徒学习的效率。

(二)浙江建设职业技术学院(第一批试点院校)

浙江建设职业技术学院的"1+1+X"行业联合学院现代学徒制探索与实践是全国首批100家现代学徒制试点单位项目之一,试点项目从2015年到2018年,三年时间已培养建筑装饰工程技术专业(建筑幕墙方向)学生134名,试点依托浙江省建筑装饰行业协会共同创立浙江省装饰幕墙联合学院,联合7家协会成员单位(装饰幕墙企业),共同商定招生规模、制定培养计划、实施教学大纲、开展实习实践等工作。项目实践三年以来,学校现代学徒制项目完成了"六位一体"培养目标,其中包括一体育人、一体招生、一体培养、一体教学、一体授业、一体就业。具体实施情况如下:

1. 育人机制:校行企协同育人机制

浙江建设职业技术学院联合合作企业签订了合作战略协议后,本着合作共赢、职责共担的原则,校行企三方成立现代学徒制试点项目领导小组和现代学徒制试点项目管理组织机构,共同制订《关于开展现代学徒制试点人才培养协议》,形成高职现代学徒制培养体系校行企合作机制。为确保校企双导师薪酬、学徒薪酬、双导师选拔等经费落到实处,以校行企三主体育人成本共担为原则,统筹专业办学经费、教补奖酬、行业捐赠、企业投入等经费,建立现代学徒制人才培养专项基金。

2. 招生制度:校企招生与招工一体化

校企共同研制、实施招生招工方案,建立联合命题、联合考试和招生录取方案的工作机制,共同编制专门的学徒制招生简章、组织招生考试和确定录取标准,明确现代学徒人才培养三种招生途径,进行招生招工一体化。

3. 培养模式:培养与需求一体衔接

2015年,浙江建设职业技术学院获批建筑装饰工程技术(建筑幕墙)专业为现代学徒制试点专业。校企共同制定建筑装饰幕墙专业现代学徒制高端化、现代化人才培养方案,研究现代学徒制岗位标准和教学标准。学校指导教师按照专业实习计划和实习大纲中每个岗位的理论知识要求,到实习单位对学徒进行现场理论教学;带教师傅按照专业实习计划和实习大纲中每个岗位的技能要求,在企业对学徒进行专业技能教授,促进知识学习、技能实训、工作实践的融合,推动教、学、做的统一。由行企校三方共同组织、筹划、完成开发基于岗位工作内容、融入国内外职业资格标准和国际知名企业标准的建筑装饰幕墙专业课程和教材。

4. 教学改革:教学与生产一体联动

遵循"招生即招工、入学即入职,职前工学交替,职前职后规划"的原则,学生(学徒)在3年专科学制时间内按照"1.5年(识岗阶段)+0.5年(轮岗阶段)+0.5年(专岗阶段)+0.5年(顶岗阶段)"的四段式育人机制,全程采用"理实一体化+岗位实训"两部分授课模式。共同制定《浙江省建筑装饰幕墙联合学院学分制实施方案》《浙江省建筑装饰幕墙联合学院学徒管理办法》《浙江省装饰幕墙联合学院现代学徒制考核评价方案及实施细则》《建筑装饰幕墙专业现代学徒制学生学业评价标准》等条例,落实学徒权益,提高教学质量。为确保现代学徒制人才培养与行业、企业需求平顺对接,学校构建了多方联动的"场中校"实训基地,实现教学环境与工程现场对接。

5. 队伍建设:互聘共用双导师队伍

为协调解决聘请教师与企业、学校间的相关问题,共同制定《现代学徒制企业师傅考核及待遇暂行办法》,出台《浙江省建筑装饰幕墙联合学院专兼教师工作组及教学团队管理办法》和《浙江省建筑装饰幕墙联合学院双导师管理办法》,建立健全双导师的选拔、培养、考核、激励制度,形成校企互聘共用的管理机制。学校与企业指导师傅签订了《浙江省建筑装饰幕墙联合学院兼职教师(企业导师)聘用协议》和《企业导师与学校导师结队工作任务书》。

6. 制度设计:健全学徒制特点管理制度

校行企共同建立健全与现代学徒制相适应的教学管理制度,完善学分制和弹性学分制管理办法,出台《浙江省建筑装饰幕墙联合学院学分制实施方案》。同时加强过程管理,到合作的典型企业调研,了解企业质量控制流程及标准,共同研究建立《现代学徒制教育教学质量标准及监控实施方案》,共同实施考核评价,建立校企双方定期检查、反馈等形式的教学运行与质量监控机制及交流机制,及时诊断并改进教学。

(三)黑龙江建筑职业技术学院

黑龙江建筑职业技术学院通过建筑电气专业与奥的斯机电电梯有限公司合作试点、计算机网络技术专业与中锐网络股份有限公司合作试点、酒店专业与万豪国际集团合作试点,校企共同成立学徒制项目各级工作机构,各工作机构一体化联动,引领学徒制专业建设全过程。

1. 构建校企协同育人机制,打造学徒培养"共同体"

本着合作共赢、职责共担的原则,校企双方成立职业教育集团、校企合作委员会、专业建设委员会,组建现代学徒制项目推进办公室并设立合作企业联络工作站,充分发挥各自优势和潜能,创新合作机制,积极开展现代学徒制试点工作。

2. 校企联合,实现招生招工一体化

根据专业特点及合作企业要求,校企联合制定《联合招生招工一体化管理办法》,实施招生招工方案。按照双向选择原则,实践入学即招工、入学后选拔等适合专业的模式,依法规范和保障学徒、学校、企业三者的权益,防止学徒成为企业廉价劳动力,谨防"放羊式"学徒管理的出现。

3. 探索现代学徒制特色人才培养模式

推进人才培养模式改革,全面探索实践"工学轮替、岗位成才"的现代学徒制特色人才培养模式;校企共同设计人才培养方案,共同制定专业教学标准、课程标准、岗位标准、企业师傅标准、质量监控标准及相应实施方案,分别构建了"课岗融合、双证融通""4F5M""三段推进、学工轮替、岗位成才"的现代学徒制人才培养模式。校企共同建设基于工作过程的专业课程和基于典型工作过程的专业课程体系,开发基于职业岗位工作内容、融入国家职业资格标准和企业岗位标准的专业教学内容和教材。

三、广西水利电力职业技术学院现代学徒制试点案例

(一)建筑装饰工程技术专业现代学徒制试点案例

1. 实施背景

职业院校的专业建设,由于行业企业参与度不足、学校对行业企业缺乏深入的认识及专业预见性不足等,导致专业建设和人才培养无法满足新时代行业企业发展需要。如何整合多方资源,主动对接行业企业产业,服务区域经济发展,创新人才培养,吸引行业企业融入职业教育全程参与人才培养并形成育人长效机制,提高职业教育适应性,培养更多的高素质人才、大国工匠和能工巧匠,是职业教育的热点和难点问题。

广西水利电力职业技术学院与深圳市宝鹰建设集团股份有限公司积极探索产教融合新发展、创新人才培养模式、深化教学改革等各项工作,成功联合申报建筑装饰工程专业现代学徒制试点专业,在校企"双主体"协同育人、招生招工一体化、"双轨分段、岗学对接"人才培养改革、校企互聘共用师资队伍、现代学徒制试点运行与管理和构建现代学徒制人才培养为主的宝鹰建筑产业学院等方面进行实践、创新,积累了较丰富的经验,取得了显著成效,为推动社会经济高质量发展提供强有力的科技、人才、智慧支撑。

2. 主要做法

(1)构建现代学徒制人才培养"四链贯通"的闭环系统

为了强化教学改革,实现校企协同育人,广西水利电力职业技术学院围绕产业链布局专业链,围绕专业链布局创新链,围绕创新链深化人才链,形成"四链贯通"的闭环系统,专业的校企双导师教学团队开展专业人才供需调研和职业能力分析工作,分析职业生涯发展、企业岗位能力、典型工作任务等关键知识技能,制定现代学徒制人才培养模式,重构现代学徒制课程体系。

①校企共同制定现代学徒制人才培养模式。现代学徒制建筑装饰工程技术专业"双1234"人才培养模式的构建过程:试点专业教学团队与宝鹰集团人力资源部通过对广西建筑行业、企业岗位能力需求等开展调研,校企共同完成了《建筑装饰工程技术专业供需调研报告》《建筑装饰工程技术专业职业能力分析报告》,制定了《现代学徒制建筑装饰工程技术专业教学标准》《现代学徒制建筑装饰工程技术专业人才培养方案》,形成了"一项宗旨一种理念、双重身份德技并修、三场交替三师共育、四方评价四位一体"的建筑装饰工程技术专业"双1234"现代学徒制特色人才培养模式(见图3-4-1),制定合理的现代学徒制建筑装饰工程技术专业各阶段学习内容安排(见表3-4-1)。

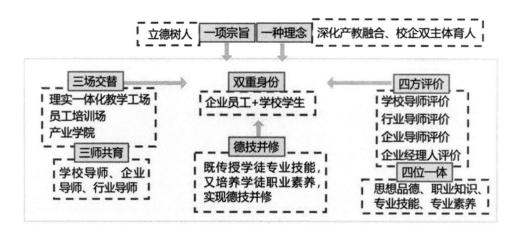

图 3-4-1　现代学徒制建筑装饰工程技术专业"双1234"人才培养模式

表 3-4-1　现代学徒制建筑装饰工程技术专业各阶段学习内容安排

阶段	学年	学习内容		管理及评价	场所
		理论课	培训课		
第一阶段	第1、2学期	公共基础课+专业基础课+公共限选课	校内培训 企业体验 短时间培训	学校教师+企业师傅	一场
第二阶段	第3、4学期	专业核心课+学徒岗位课+专业限选课	定岗培训	学校教师+企业师傅+行业导师+企业经理人	二场
第三阶段	第5、6学期	毕业教育	轮岗培训 综合实操	学校教师+企业师傅+行业导师+企业经理	三场

一项宗旨：以落实立德树人根本任务为专业人才培养宗旨。

一种理念：以"在创新中传承、在传承中创新"为"新型承创人才"培养新理念。

双重身份：学徒以"企业员工和学校学生"的双重身份分阶段工作和学习。

德技并修：通过以实际工程项目为载体，既传授学徒专业技能，又培养学徒职业素养，实现德技并修。

三场交替：依托理实一体化教学工场（一场）、员工培训场（二场）及产业学院（三场），对每一位学徒进行"轮场式"实景化培养。

三师共育：校内导师、企业导师和行业导师分别在三场进行主辅培训：在"一场"以学校导师为主、企业导师和行业导师为辅培养；在"二场"以企业导师为主、学校导师和行业导师为辅培养；在"三场"以企业导师和行业导师为主、学校导师为辅培养。

四方评价:通过学校导师、企业导师、行业导师和第三方的企业经理人对学徒进行多方评价。

四位一体:对学徒的思想品德、职业知识、专业技能和专业素养四项内容综合考核。

②校企共同构建专业课程体系。校企双导师教学团队根据企业员工的职业生涯发展路径,确定学徒的目标岗位,并针对岗位群进行职业能力分析,制定了典型工作任务。企业课程授课模式主要采用在企业进行师带徒方式的岗位培养,由企业师傅对学生进行岗前任务讲解与示范、实岗操作指导、岗后点评。根据典型工作任务构建了专业课程体系,即学校课程、校企课程、企业课程(见图3-4-2)。

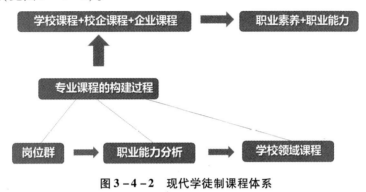

图3-4-2 现代学徒制课程体系

③校企共建课程标准和教学资源。校企双导师教学团队根据企业的岗位需求,共同制定课程标准。目前两个试点专业已完成制定"建筑装饰构造""建筑装饰施工技术"等17门专业课程标准。同时,按照企业岗位典型工作任务编写课程教案、制作课件、制定技能操作考试评价标准,编写考试试卷,利用网络资源开展慕课、制作微课等,建立了两个试点专业的网络教学资源库。

④校企共建校内、校外实训基地。试点专业以企业及工作岗位的真实情景设计校内专业实训室、校内企业文化墙与宣传板,采购与企业岗位完全一致的设备设施,企业也提供一部分设备设施,在校内实训基地真实呈现岗位工作仿真场景,营造学习即上岗的企业氛围。

利用实训基地建设民族化和实景化、学生身份双元化等特点,培养学徒既具有独立承担装饰工程设计、施工、预算、维护工作的工程意识、创新能力、解决工程实际"一岗精通"的高技能,又要具备建筑相关工程管理、质量控制、安全管理等适应社会发展需要、适应行业岗位要求"一岗多能"的高适应性,既要有健康的身体、良好的心理、忠诚担当、工匠精神的高素质,又要具有家国情怀,能扎根乡镇、厚植乡土的高情怀的"四高"新时代技术技能人才。

(2)校企共建现代学徒制教学队伍

①制定校企双导师管理制度。校企联合制定了《现代学徒制双导师管理办法》《现代学徒制师傅标准》等管理制度,明确"双导师"选拔条件、职责和待遇,明确双向挂职锻炼、联合技术研发、专业建设的激励制度和考核奖惩等。

②组建校企双导师教学团队开展"互聘互兼"。校企双方签订《校企双导师"互聘互兼"协议》,明确本专业现代学徒制师傅的学历、职称、企业工作经历、技能等级等资格要求,组建双

导师教师团队。各试点专业"双导师"教学团队积极开展"互聘互兼"、专业建设、课程建设、人才培养、教改科研等工作。建筑装饰工程技术专业的企业导师到校挂职工作 96 人天,学校导师到企业挂职工作 800 人天;开展专业建设、技术研发工作 12 项,10 余人次校内校外导师参加了其他各类现代学徒制相关培训。

(3) 完善现代学徒制管理制度

广西水利电力职业技术学院与宝鹰集团联合商定共出台修订了《学院现代学徒制试点工作管理办法》等 21 个现代学徒制管理文件,对现代学徒制人才培养方案制定、专业教学的组织形式、教学过程性文件要求,以及学徒的学制、学分、选课、考核等进行具体规定。

①加强现代学徒制学生管理。校企联合出台了《现代学徒制学生管理办法》,对学生(学徒)在学校、企业学习生活的行为、品德、纪律等方面进行规范,明确学生(学徒)的职责与义务,保障学生(学徒)的权益,形成了"以学生为中心,双元融通,多方协作"的学生(学徒)管理模式。

②校企联合实施学徒管理班组化。现代学徒制试点班采用班组化管理,通过班组长带动班组成员,一方面与企业的工作模式、岗位管理高度融合,提升学生的职业意识和职业素质,另一方面班组化模式进一步强化了过程管理,强化自我修正,从而提升班级管理实效。同时班组化管理有利于现代学徒制班开展企业学习实践的组织,以班组为单位可以确保各项教学工作的精准实施。

③建立多元评价的现代学徒制质量保障体系。校企联合制定了《现代学徒制质量评估监控标准》,强化现代学徒制的教学质量管理。根据学校教师、企业师傅、学生(学徒)等现代学徒制教学活动主体,通过学校教师、企业师傅和第三方企业经理人等进行多方评价,从不同侧面评价学生学习效果,实现人才培养质量的协同监督和多元评价,构建了校企双方参与实施的现代学徒制教学质量监控体系。

(4) 构建现代学徒制宝鹰特色学院

①产教融合,全科融通人才培养。校企联合制定了《现代学徒制宝鹰建筑学院章程》《现代学徒制宝鹰建筑学院管理办法》,联合共建宝鹰建筑学院、实训中心、职工培养基地三大平台,开展学生(学徒)的工程项目训练、课程对接训练和职工岗位培训。

学生(学徒)按照宝鹰集团施工员、资料员岗位要求进行培养。在教学中实施"双主体"育人、"三导师"教学模式,教学过程实施工学交替,特别是以宝鹰实际工程项目为载体开展各种形式教学,实现专业设置与产业需求对接、课程内容与职业标准对接、教学过程与生产过程对接,培养能在企业"用得上、留得住、有发展"的全科融通人才。

校企联合研制专业人才培养方案,制定课程标准,开发现代学徒制教学资源,共制定课程标准 12 门,开发在线课程 4 门,出版专业核心教材 2 本。

②依托三大平台,创新特色人才培养模式。宝鹰建筑学院学生(学徒)通过在理实一体化教学工场(一场)、员工培训场(二场)及产业学院(三场)中的轮训学习与岗位培养,不断提高专业理论水平和实践技能;通过教学标准与企业标准相对接、实训过程与生产过程实践相融通、教学内容与工作内容相一致达到教学环节、培训环节和生产环节的"无缝衔接",实现了现

代学徒的特色、高效培养。

理实一体化教学工场是学校与宝鹰集团在2015年合作共建的教学基地,2019年校企继续共同投入170多万元完善教学基地建设。理实一体化教学工场实施实岗育人模式,职场氛围浓厚。宝鹰集团全程参与实训中心设计、施工,宝鹰学院实训中心的实训环境与宝鹰集团企业文化互相交融,现场的门牌、安全警示牌、制度牌、企业文化牌、岗位职责牌、办公设施等施工现场的布置,与宝鹰企业真实的施工场景一致。学生在理实一体化教学工场即可完成建筑装饰专业的理论与实践教学,实现了教室与施工现场、教师与师傅、考试与考核相融合,实现了毕业证书与职业资格证书对接的实岗育人功能。

员工培训场是学校与宝鹰集团2016年合作共建基地,学校充分利用师资力量、教学场所、实训设备、教学管理等方面的优势,积极承担宝鹰集团的职工教育培训任务,每年举办职工专业技能提升培训班,为宝鹰集团培养了一批稳定、团结、智慧、年富力强的管理团队,储备了大量优秀的技术队伍和行业精英。学校继续以学徒制双主体合作为牵引,深化双方在文化共融、科技研发、技术服务、继续教育等方面合作,实现校企在职业教育与终身学习对接。

产业学院是学校与宝鹰集团在2019年为推进校企合作协同育人,结合区域支柱产业、战略性新兴产业和特色产业,探索建立产教融合新机制,构建高校、地方政府、行业企业等多元化办学主体的协同育人体系,实现高校办学结构和效能优化,推动产业发展迈向中高端而建立的。经友好协商,在原"共建宝鹰建筑学院框架协议"的基础上,进一步共同建设集人才培养、科技研发、创新创业和社会服务于一体的产业学院。在产业学院,学生(学徒)可以参与实际项目生产运行,从而保证了教学环节、培训环节和生产环节的"无缝衔接"。

3. 成果成效

通过实施该培养体系后,校企"双主体"育人岗学融合,学生和教师的能力得到较大提升。学生获金砖国家创新大赛二等奖、全国3D大赛一等奖等国内外奖项58项;出版《民族地区现代学徒制办学探索与实践》专著,得到教育部学徒制专委主任肯定并作序;共同立项主编中国建筑装饰行业标准《建筑装饰装修工程维修与保养管理标准》;承担省部级以上课题23项,出版教材6部,发表论文91篇,联合申报获批国家专利29个、自治区级工法5个。

企业全程参与人才培养,得到适应企业发展需求的、能胜任企业急需岗位工作的高素质技术技能人才。同时,较早将企业文化植入人才培养过程,使得毕业学徒对企业有较高忠诚度。宝鹰集团2020年被评为"中国产学研合作创新示范企业,入选"一带一路"贡献排行榜。校企共同参与完成区内外技术服务56项,其中参与承建的北京大兴国际机场等6个项目获中国建设工程鲁班奖。伴随企业参与越南椰林湾双子塔等6个海外项目建设,将民族建筑工匠培养职教特色品牌、中国工匠精神、中华优秀传统文化传播到"一带一路"沿线国家。

(二)酒店管理专业现代学徒制试点案例

1. 实施背景

广西水利电力职业技术学院酒店管理专业自2010年开始与南宁鑫伟万豪酒店开展校企合作,

2012年启动"万豪订单班"项目。由于订单班学生严格意义上不具备学生和员工双重身份,企业能工巧匠在职业人才培养中难以占有与职业院校教师同样重要的一席之地,也较难在学徒的职业技能培养中有用武之地,因此,从2014年国家启动第一批现代学徒制试点开始,酒店管理专业也积极探索现代学徒制人才培养模式。2018年获批教育部第三批现代学徒制试点专业,以此为契机,酒店管理专业与南宁鑫伟万豪酒店深度合作,根据南宁鑫伟万豪酒店岗位人才需求,实施了现代学徒制的教学管理模式和教学课程能力化、课程标准职业化、教学设计项目化、教学班级岗位化等供给侧教学改革,取得了较好的实效。改革经验对我国高职"校企合作"教学改革具有一定的推广借鉴意义,对于促进高职人才质量的提升、解决人才市场难题具有一定的社会意义。

2. 主要做法

(1)校企共商招生招工方案,实行"专业招生和企业用工一体化"

广西水利电力职业技术学院酒店管理专业现代学徒制项目启动以来,2018—2019年对酒店管理专业学生采用先招生后招工的模式,共招收了现代学徒制学生累计41名。首先,在招工之前,校企联合成立招生招工工作组,共同制定和实施招生招工方案。为了让学生对现代学徒制、南宁鑫伟万豪酒店有更深入的了解,专业和酒店联合开展了酒店参观、宣讲、师兄讲授工作经验、师傅交流工作心得等活动。其次,学生参加由合作企业主要参与的面试环节,笔试、面试均合格后,学生与企业签订劳动合同,方可录取为学校在校生,实现学徒的学生身份,被录取的学生与学校、酒店签订三方协议。再次,在南宁鑫伟万豪酒店召开了酒店管理专业现代学徒制"万豪班"的开班仪式,活动中给酒店师傅颁发聘书,进行揭匾和拜师仪式等(见图3-4-3)。在现代学徒制开展缺少相关法律政策支持的情况下,广西将现代学徒制招生纳入自主招生工作,学校在自治区考试院统筹部署下,利用现行的职业教育制度与劳动用工制度相融合,实现校企招生招工一体化,实现了学徒的职业院校学生身份和企业员工身份。

图3-4-3 现代学徒制"万豪班"开班典礼

(2)共建共用师资队伍,合作开发教学资源

广西水利电力职业技术学院将南宁鑫伟万豪酒店前厅部经理、餐饮部经理、客房部经理,聘为"前厅服务与管理""餐厅服务与管理""客房服务与管理"等专业课程的教学团队成员,全面参与校内和企业现场的教学和评价工作。校内教师被酒店企业聘为文化培训导师,为酒店员工提供旅游文化、人文素质方面的培训,提升酒店员工的综合素质,形成了一支集7名学校导师和5名企业导师的优秀教师队伍。

双导师按照酒店岗位典型工作任务编写课程教案,制作课件,制定技能操作考试评价标准,编写考试试卷,利用网络资源开展慕课,并进行在线教学、共同制作微课、开发教学动画、建设教学指导软件等,重点对餐饮服务与管理、客房服务与管理、前厅服务与管理三门课程进行标准化建设。

(3)校企深度融合,实施现代学徒制"42M4"人才培养模式

通过对广西酒店行业、南宁鑫伟万豪酒店从业人员的调研,以及到兄弟院校交流学习,校企共同完成了《酒店管理专业供需调研报告》《酒店管理专业职业能力分析报告》《酒店管理专业人才培养工作方案》《酒店管理专业人才培养方案》《酒店管理专业专业课程体系建设》《酒店管理专业教学标准》等文件,探索出一条根据企业岗位能力标准,拟定职业岗位能力课程、制定和修正现代学徒制人才培养方案的流程与路径,研制了适合校企双元育人的专业教学标准、课程标准、岗位技术标准、师傅标准、质量监控标准及相应实施方案,形成了以标准为基础、以能力为本位、校企精准对接、精准育人、岗位成才"42M4"的现代学徒制人才培养模式,即"四轮驱动、双轨并进、M阶育人、四位评价"(见图3-4-4)。

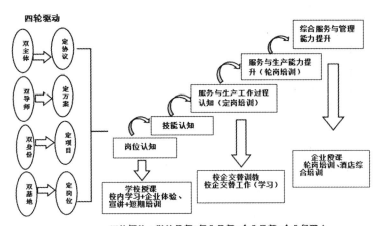

图3-4-4 现代学徒制"42M4"人才培养模式

①4即"四轮驱动":双主体签订三方协议、双导师共同制定人才培养方案、根据学生的双重身份确定工作项目和学习(工作)任务、在学习和生产的双基地确定工作岗位,即四个双向轮滚动发展,带动项目更精准、更高效实施。

② 2 即"双轨并进":学生在现代学徒制的培养当中主要进行的是专业基础课程+专业核心课程+学徒岗位课程+专业培训课程,在校完成的是学校课程+校企课程,在企业完成的是校企课程+企业课程,通过两条教学双轨道进行交替训教。

③ M 即 more,指"多阶育人":学生通过岗位认知、技能认知、服务与生产工作过程认知、服务与生产工作能力提升,以及综合与服务管理能力提升等多阶段的工作生产与学习,实现由浅入深、由易到难、由认知到生产、由基础技能到综合服务与管理的逐层递升的工作生产过程。在育人的过程中主要采用校内培训+企业体验+短期培训+定岗培训+轮岗培训+综合培训等模式进行交替互训(学习和工作),课程主要开展公共基础课+专业基础课+公共限选课+专业核心课+学徒岗位课+专业限选课等。通过理论知识、企业参观、短期培训、在岗训练、定岗培训,完成"学校导师+行业导师+企业导师+企业经理人+学生自身"学习与生产过程,确保学生"下得去""留得住""学得好",并做好评价体系。

④ 4 即"四位评价":通过学校导师、行业导师、企业导师和企业经理人的综合评价,全面考核现代学徒制班学徒的综合能力,同时考核结果作为学徒学业成绩和绩效发放依据。

在教学实施过程中,结合学徒的学生和员工双重身份,采用在学校和企业两个场所进行任务训练、集中授课、企业培训、岗位培养等四种教学授课方式,由具有任职资格的学校导师及企业导师共同开展课程总体设计及单元设计,共同实施课程教学,共同考核学徒。

(4)校企双导师授课,创新多元考评机制

校企联合制定《产教融合双导师管理与考核办法》《教学质量评价标准》《学生学分管理》《考核评价机制》《质量监督》。采取教师评价、师傅评价、企业评价、培训报告等相结合的方式,建立多方参与的考核评价机制(见图3-4-5)。在教学质量评价的过程中,还考虑行业以及客户全体评价,根据教师、企业师傅、行业、客户等对学生进行质量监控,建立多维度多元的评价。

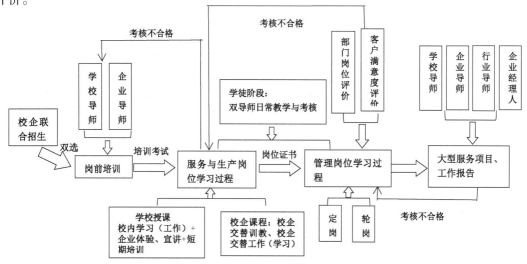

图 3-4-5 教学质量监管多元化评价体系

在人才培养的过程中,设置了工学交替的课程体系,在校完成的是学校课程+校企课程,在企业完成的是校企课程+企业课程。学校导师的考核通过专业课程中课堂表现与模块测试成绩,并结合学生的综合素质进行测评打分,学生在校期间必须完成校内既定学分,方可通过学校考核。企业师傅评价,主要针对学徒阶段在酒店的工作考勤、岗位技能学习以及各岗位的师傅对学徒的综合评价;客户满意度评价在管理岗位学习的过程中有重要的作用,学徒们根据满意度评价对自身工作进行检验,可以通过客户的反馈,不断提升服务品质、查找工作不足。行业评价在综合学习阶段,学生要完成大型的酒店服务项目,例如参与接待服务东盟博览会、高峰论坛等接待等。在学生学习和工作的过程中,如果在任何的阶段出现考核评价不合格,就要返回上一阶段重新学习。

3. 成果与成效

(1)校企深度合作,实现三方共赢

校企共同完成《客房服务与管理实务》教材,共同参与了"酒店前厅服务与管理"教学能力比赛,并获得省部级二等奖,校企共同申请教改课题四项。酒店文化较早植入,使学生对企业有较高忠诚度,全程跟踪培养人才,企业能提前进行人才储备。学校实现有限教育资源的功能最大化,提升自身办学实力,获得南宁鑫伟万豪酒店"最佳人才培育奖"(见图3-4-6)。学生既减轻了家庭的经济负担,又获得了能够实现自身价值的职业技能,推动学生岗位成才。

图3-4-6 最佳人才培育奖

(2)校企党建共建,共育经纬之才

广西水利电力职业技术学院经济管理系教工党支部在与南宁鑫伟万豪酒店合作开展现代学徒制试点之初,即以"党建领航、共创辉煌"为引领,以"校企结对共建、共育经纬之才"为目标,以党建领航,通过党建合作推动虚拟党支部、双导师教学团队、教学资源开发、校内外实训室建设、学生党员培养等中心业务工作的开展。在企业培训期间多名学生被评为月度出彩待客师,在南宁鑫伟万豪酒店实习、就业的学生获得了企业的一致好评,实现了为党育人、为国育才的目标(见图3-4-7)。

图3-4-7　学生被酒店评为出彩待客师

第五节　产业学院是推进产教融合、协同育人的重要抓手

一、产业学院概述

高等职业教育是高素质技能型人才的主要供给方,培养与岗位技能需求相匹配的人才。随着我国经济的高速发展,屡次出现了"技工荒""抢人大战"等事件。从高职人才供给状况来看,目前人才培养出现的人才短缺和与岗位技能不匹配等问题已经严重影响到经济的发展和产业的转型升级。2017年3月12日,时任教育部部长陈宝生谈到阻碍职业教育继续发展存在的问题:存在着教育和实践两张皮脱节,教师重课堂教学,轻实践能力,课堂上学的不会熟练操作。2017年12月19日,国务院办公厅印发了《关于深化产教融合的若干意见》(国发办〔2017〕95号),指出"深化产教融合,促进教育链、人才链与产业链、创新链的有机衔接,是当前推进人力资源供给侧结构性改革的迫切要求,对新形势下全面提高教育质量、扩大就业创业、推进经济转型升级、培育经济发展新动能具有重要意义"。产业学院作为深化产教融合的载体,是解决人才供给矛盾的主要途径之一。

(一)产业学院的概念

关于产业学院产生的时间和地点,学界存在分歧。邵庆祥和黄文伟等人认为,产业学院的概念源于英国21世纪初创立的"产业大学",认为我国的"产业学院"概念由1996年英国的"产业大学"演变而来;张艳芳认为产业学院为具有混合制特征的二级学院或以二级学院机制运行的办学机构;李潭认为产业学院是为了实现管理的整体功能以及某些特定的目标,由几个互有联系的子系统相互整合而形成的一个有机整体。我国的产业学院起源于广东中山市,其典型代表是中山职业技术学院与产业协会和行业中的龙头企业进行的深度合作。

(二)国外产业学院的提出

美国的产业技术合作最初源于19世纪后半期的"增地运动",随后在国家政策的推动下推广合作项目:1914年,美国国会通过了《史密斯－利弗法案》,由联邦政府、农业部和赠地学院合作,在各州农工学院成立"农业合作推广项目";1977年,美国联邦政府出台了《国家农业研究、推广和教学政策法案》,推广农业技术工作;1998年6月,美国国会又通过了旨在加强联邦资助的大学产业技术的研究、推广和教育项目的《国家农业研究、推广、教育改革法案》等;通过政府、大学与产业的伙伴合作,将产业科技研发与推广相整合,不断提升美国产业技术创新和竞争力。

1996年英国提出"产业大学"的概念,1998年初次筹办,2000年开始营运。英国的产业大学并不是传统意义上的大学,而是一个提供终身学习的网络平台,向人们提供便捷、个性化的

学习,部分课程结束后,可以提供二级和三级国家资格证书,服务于产业发展。

韩国的产业大学,其前身是继续教育的开放大学,1997年修订《高等教育法》更名为产业大学,是一个没有固定校园的开放式大学。韩国的产业大学的初衷是技术人才的培养和再教育,但是毕业生适应能力差。2002年韩国提出了创办一种不脱离岗位的新产业大学,基于工作现场,以网络课程系统进行教学。

(三)国内产业学院的提出

在中国知网上以"产业学院"作为主题进行检索,截至2021年1月共搜到198篇相关文献;其中2017年以前处于缓慢发展阶段,每年的发表数量不超过10篇;2018年以来处于蓬勃发展阶段,2018年共发表了27篇;2019年共发表了44篇;2020年达到88篇。图3-5-1所示为2007年至2021年1月以"产业学院"作为主题的文献发表年度趋势,表明我国的产业学院在全国各地蓬勃发展。

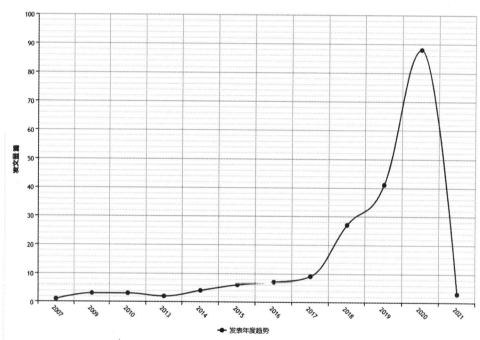

图3-5-1 2007年至2021年1月以"产业学院"作为主题的文献发表年度趋势

产业学院的发展主要呈现两个阶段:

1. 缓慢发展阶段(2007—2017)

2007年到2017年的10年期间,以"产业学院"作为主题发表的文献共有45篇,主要提出产业学院的意义和发展的动力。

2007年徐秋儿在《产业学院:高职院校实施工学结合的有效探索》一文中,认为产业学院提出的背景源于理念的认同、制度的制定、院校和企业的需求合作,是校企合作的深度发展。

2009年邵庆祥在《具有中国特色的产业学院办学模式理论及实践研究》一文中提出,产业学院是基于中国国情和高职办学规律而提出的一种办学模式,并具有特定的产业服务对象、综合的服务功能和产学之间形成紧密互动机制等特点。产业学院的定位是对高职发展规律的前瞻性把握,是具有中国特色高职办学模式的实现形式。

2010年刘育锋在《产业学院背景下人才培养模式研究》一文中提出,产业学院的真正意义在于"企业零适应期,学生与就业岗位零距离"。

2014年郑琦在《产业学院:一种利益相关者共同治理的高职办学模式》一文中,提出了产业学院的基于利益相关者共同治理下的办学机制。

2015年励效杰在《产业学院的制度逻辑及其政策意义》一文中提出,产业学院发展的动力因素是多方利益的契合和地方政府的推动。

2. 蓬勃发展阶段(2018至今)

2018年以来,以"产业学院"作为主题发表的文献共有158篇,出现了蓬勃发展的趋势,主要研究产业学院的发展过程中出现的各种问题。

2018年徐伟和蔡瑞林在《交易成本:校企共同体产业学院治理的关键》一文中提出,交易成本是企业参与校企合作办学的主要制约因素,需要通过增加产业学院运行的透明度、降低校企合作的协调难度、建立适当让渡企业利益的退让机制、降低企业投入资产的专用性、减少培养产权纠纷等途径开展针对性治理。

2018年许文静在《整体性视域下产业学院内部结构的治理逻辑研究》一文中提出,产业学院内部治理结构由于主体利益的非整合性导致价值取向碎片化,权力结构失衡导致治理机制低效,治理目标分散导致治理行为的非协同性。基于整体性治理理论,产业学院需要构建利益协调机制,整合多元利益关系;平衡权力结构,完善治理机制设计;统一行动逻辑,提高治理整体性。

2019年殷勤在《依托产业学院全面推进现代学徒制人才培养模式改革——以中山职业技术学院为例》一文中提出,依托产业学院推行现代学徒制的人才培养模式改革,以"产业学院"作为平台,将"政、校、行、企"整合到一起,共同研制校企一体化的人才培养方案,突破现代学徒制人才培养的管理问题。

2020年金炜在《新时代高职产业学院的建设逻辑、现实困境与破解路径》一文中提出,产业学院是我国完善现代职业教育体系、丰富高等职业教育办学模式的重要尝试。新时代高职产业学院建设具有深层次的目标逻辑,有利于推动高等职业教育资源配置的市场化运作,深化混合所有制改革,打造校企合作命运共同体,实现教育链、人才链与产业链、创新链的有机衔接。同时我国高职产业学院在建设中仍存在理念之惑、地位不明、产权不清、治理之争等现实困境,需要从匡正思想、澄明身份、明确产权、优化治理四个方向发力,寻求产业学院建设发展的新突破。

2020年李艳和王继水在《我国产业学院研究:进程与趋势——基于CNKI近10年核心期刊的文献研究》一文中提出,产业学院正在成为产教深度融合的新载体,跨学科、跨领域的合作无论对于产业学院研究还是产业学院的实体创建与运行都将成为必然趋势,但对产业学院如何定位、如何运行、如何评价都还没有统一的标准。

从上面的论述中可以看出,产业学院从最初的概念提出,到目前在全国各地特别是在经济发达珠三角地区和长三角地区蓬勃发展,是产教融合的深度发展的具体体现,同时也是顺应国家经济发展趋势和解决经济转型出现人力资源侧供给问题的主要途径。

二、各高校产业学院的做法与经验

产业学院是我国职业教育由以政府举办为主向社会多元办学转变的微观缩影,是由追求规模扩张向提高质量转变的持续探索,是由参照普通教育办学模式向专业特色鲜明的类型教育转变的大胆实践。为有效解决各地产教融不进去的难题,国家一直积极推进相关改革,探索实施了顶岗实习、订单培养、工学交替、集团化办学、现代学徒制以及产教融合型企业等多种具体改革举措。可以认为,产业学院是上述各种措施的升级版和改良款,是在国家提出职业教育股份制、混合所有制办学之后实施的新改革和新探索,以期通过"小切口"推动"大改革""大发展",形成产教融合的"中国模式、中国方案"。职业教育界在近十年的产业学院实践与探索中,出现了很多优秀案例,下面介绍深圳职业技术学院产业学院的做法与经验。

(一)实施背景

2021年1月27日,《教育部 广东省人民政府关于推进深圳职业教育高端发展 争创世界一流的实施意见》正式发布,《意见》提出到2022年累计投入100亿元支持深圳职业教育发展,在深圳建成坚定社会主义办学方向、体现世界一流水平、区域贡献卓著、彰显国际影响力的中国特色现代职业教育体系,为国家和世界职教事业贡献"深圳方案"。被誉为中国高等职业教育的"一面旗帜"的深圳职业技术学院提出扎根中国大地、办出中国特色的"世界一流职业院校"的建设目标。它依托珠三角产业发展,秉承深圳特区改革创新精神,在职业教育校企合作、产教融合方面走出了自己的办学特色。

(二)主要做法

深圳职业技术学院立足粤港澳大湾区的区域优势,瞄准高端产业、产业高端,以中国特色高水平高职学校和专业群建设为契机,紧扣产教融合主线,每个专业群围绕产业链、创新链的核心需求和关键技术,联合一家世界500强企业或行业龙头企业、领军企业,共建一所特色产业学院。如通信技术专业群与华为合作共建"华为ICT学院",新能源汽车技术专业群与比亚迪合作共建"比亚迪应用技术学院",数字贸易专业群与阿里巴巴合作共建"阿里巴巴数字贸易学院",金融科技专业群与平安科技合作共建"平安金融科技学院",数字图文信息技术专业群与裕同科技合作共建"裕同数字图文学院",城市生态环境专业群与天健合作共建"天健建工学院",物流管理专业群与招商局集团合作共建"海丝学院",智能制造专业群与三诺集团合作共建"智慧生活学院"。

以特色产业学院为依托,校企合作开展合作,提升校企合作水平。一是对全校专业进行整合优化,最终形成"2+8+N"的专业群格局:"2"即通信技术和电子信息专业群,分别与华为、ARM公司合作,建设中国特色高水平专业;"8"即物流管理、数字贸易、人工智能、智能制造、图文信息技术、新能源汽车技术、城市生态环境、材料工程技术等8个骨干专业群,与招商局集团、阿里巴巴等企业合作,对应深圳支柱产业和战略新兴产业;"N"为其余专业,均对应相应产业链整合为专业群,与标杆企业紧密合作。二是把华为等企业的技术标准转化为课程标准,进而形成教学资源,编写基于企业标准的系列教材。同时,与企业联合打造一批"走出去"国际课程标准。三是学院联合企业共同制定师资队伍建设标准,制定人才招聘标准、新教师培养标准、专业负责人选拔标准、企业讲师遴选标准。实行大规模的校企师资交换,从企业引进专任教师,派教师到企业去,继续与企业技术人员混编结构化教学团队。培育高端应用技术创新团队、高水平人文社科研究团队,引进行业有权威、国际有影响的专业群带头人,培育一支能够改进企业产品工艺、解决生产技术难题的骨干教师队伍。四是学院联合企业组建10余个"风险共担、利益共享"的技术联合体,推动研发中心与校内外产教融合实训基地一体化建设,特别是应用技术研发,提升为区域内中小微企业在技术研发、技术集成应用、工艺改造等方面服务水平,提升学生、员工的技术应用能力和创新能力,探索解决职业院校应用研发和服务产业能力不足的问题。五是学院联合企业,把企业产品标准、技术标准、服务标准转化为人才认证标准,打通"专业"与"职业"的鸿沟。引进一批国际顶级职业资格认证证书,与阿里巴巴、比亚迪等合作主导开发一批认证证书,参与开发一批"X"证书与培训教材,并将证书的标准和内容融入人才培养方案、嵌入质量评价体系。

(三)成果成效

深圳职业技术学院以特色产业学院作为核心平台,形成的共建共享、稳定持续合作模式,有效推动了校企双元育人、产教融合真正落地。其打造的校企命运共同体成功实现了"坚持一个引领、做出三大贡献、提供四个保障、产生一流影响"的办学效果。坚持一个引领,即以高质量党建引领高质量发展,把牢社会主义办学方向;做出三大贡献,即联合行业龙头企业、领军企业共建一批跻身国际先进水平的专业群,通过高质量的技术技能人才培养、高质量的技术研发服务、高质量的社会培训服务,为社会经济发展做出公认的贡献;提供四个保障,即在双师队伍、校企合作、学校治理、信息化等四个方面全面盘活各类发展资源,为产教融合提供保障;产生一流影响,即学校人才培养模式及相关课程标准在境外若干国家和地区得到普遍认可和采纳,赢得良好的国际声誉。

三、广西水利电力职业技术学院产业学院的做法和经验

(一)八桂水利产业学院

1. 实施背景

职业教育是与经济社会发展联系最为密切的教育类型之一。随着我国经济的不断发展,

供给侧结构性改革已经提上日程。水利部部长在2021年全国水利工程会议上指出,要紧紧围绕供给侧结构性改革,以国家水网建设为核心系统实施水利工程补短板,以完善监管体系为支撑纵深推进水利行业强监管,发挥水利投资对经济增长的拉动作用,努力实现水利治理体系和治理能力现代化,从而满足当前人民对美好生活的向往对水利发展提出的"持久水安全、优质水资源、健康水生态、宜居水环境、先进水文化"新需求、新标准。水利行业的供给侧结构性改革必然带来水利职业教育的改革。在这场改革中,作为水利特色的职业院校积极承担起供给侧结构性改革的主体责任。

广西水利电力职业技术学院作为广西壮族自治区内唯——所水电特色的高职院校,在长期的办学实践中,主动适应区域经济发展和行业需求,从教育的供给方角度出发,坚持推进基于满足社会产业人才需求的供给侧结构性改革,以提高人才培养质量为中心,积极进行人才培养模式改革,以期为区域的水利相关产业提供人才支撑。

2. 主要做法

(1)校企共建"1+N"模式产业学院,打造校企命运共同体

聚焦广西"14+10"和"九张创新名片"产业发展要求,依托国家示范性职业教育集团(联盟)的广西水利电力职业教育集团,广西水利电力职业技术学院与广西水利科学研究院、中国能源建设集团广西水电工程局有限公司、广西建工集团海河水利建设有限责任公司、广西农村投资集团有限公司、广西壮族自治区水文中心、广西壮族自治区水利电力勘测设计研究院有限责任公司、广西福沃得农业技术国际合作有限公司、广西桂能工程咨询集团有限公司、广西绿城水务股份有限公司等10家企业签订战略合作框架协议,整合校政行企院五方资源,合作共建广西八桂水利产业学院,打造校企命运共同体(见图3-5-2)。

图3-5-2 八桂水利产业学院签约仪式

八桂水利产业学院采用理事会管理模式,校企双方共同组建产业学院理事会,建立产业学院章程和组织机构。理事会由广西水利电力职业技术学院院长、校企合作企业主要负责人等组成,负责行使决策权,明确产业学院的共建内容和方式、权益划分、签订校企合作协议等。产业学院还建立了日常管理构架,成立执行委员会,并设置了由学校和企业人员共同组成的校企

联络办公室、学工办公室等部门负责产业学院的日常管理工作。制定了季度会议制度，每个季度校企多方召开一次工作会议，制订详细工作计划，共建产业学院，开展专业建设、人才培养、招生招工、实训基地建设、学生或员工管理等工作。

八桂水利产业学院以"合作办学、合作育人、合作就业、合作发展"为原则，以"共建共享、共用共赢、互通互融"为前提，校企共同开展水利类专业人才培养、教学团队、教学资源、技术创新、质量评价、实习实训、就业创业等方面工作，实现校企文化融合、学生德技并修，专业设置与产业需求对接，课程内容与职业标准对接，教学过程与生产过程对接，提高人才培养实用性、适应性和针对性，共同提高水利工程类专业人才培养质量，形成了有效的校合作新模式，打造品牌特色产业学院。

(2) 依托高水平专业群建设，实施"六个共同"协同育人

广西水利电力职业技术学院依托高水平专业群建设，以特色产业学院为平台抓手，通过校企共同探索人才培养模式改革创新、共同建设高水平"双师型"教师培养培训基地、校企共同建设协同育人团队、校企共同建设课程体系和教学资源、校企共同建设稳定的实践育人基地、共同走出去开展国际化办学等"六个共同"，充分发挥行业企业指导和参与办学的作用，推进人才需求的供给侧结构性改革，提高人才培养质量，实现高质量发展。

①校企共同探索人才培养模式改革创新。广西水利电力职业技术学院依托广西水利电力职业教育集团和八桂水利产业学院两个平台，推动产业学院招生与企业招工相衔接，与产业学院成员单位中的企业创设了订单培养模式、定向培养、联合多段式培养等多种校企合作人才培养模式。

探索现代学徒制人才培养模式，与广西建工集团海河水利建设有限责任公司举办多届"海河施工订单班"，实施"三阶段三导师"协同育人。第一、二学期在校内一体化教室开展专业基础通用能力知识学习和技能训练，到校外实训基地开展专业认识实习；第三、四学期通过校内外实训基地开展专业核心技能训练；第五、六学期到合作企业进行跟岗实习和顶岗综合技能实训，学校导师、企业导师、产业导师"三导师"共同指导，学生以"职业人"的身份参与实际项目实践过程，工学结合提高学生的综合素质、就业竞争能力和社会需求的适应能力，实施岗位育人，实现岗位成才。

创新"基层水利人才中国特色学徒制"人才培养模式，招收"定向招生，专班培养，定向就业"的"定向生"班。定向班学生既是基层水利用人单位准员工又是学生的"双重"身份，在学校一体化教室学习理论知识、校内生产性实训基地技能训练、用人单位实习实训的学生、学徒、准员工"三场三生"工学结合教学组织模式，为破解基层水利技术人员进不来、留下难的难题做出了有益探索，为推进基层水利人才建设工作、实现西部民族地区脱贫攻坚和实现"乡村振兴"提供人才支撑和坚实保障。

实施"源于真实、高于真实"的工学结合教学模式，与广西壮族自治区水利电力勘测设计研究院有限责任公司在高水平专业群开展多段式"双元"联合培养模式育人。高水平专业群

水利水电建筑工程专业、水利工程专业学生根据职业能力特长分别安排在规划设计研究所、施工设计研究所等多个部门和岗位进行学徒跟岗。实施学校和企业不同学习情景的多循环交替的专业知识学习和技能训练,培养学生设计、施工及管理专业核心能力。

②校企共同建设高水平"双师型"教师培养培训基地。按照"集约建设、开放共享"理念,充分利用产业学院成员单位中的世界500强企业中国能源建设集团,行业龙头企业广西投资集团、广西建工集团,以及行业科研机构广西壮族自治区水利科学研究院等的优势资源,"校政行企院"共同投资升级建设公共实训基地、生产性实训基地和校外实训基地,建设高水平产教融合型实训基地。产业学院内校企合作成立行业知名专家主持的"技能大师工作站"和学校知名教授主持的"名师工作站",吸引学校骨干教师和企业技术骨干共同参与国家及地方经济社会发展的前沿性问题研究和热点教育教学改革研究。搭建教师发展信息化管理与学习平台,开发教学理念、课程建设、信息素养提升、研究能力提升等系列化的培训项目,建设具备教师能力培训、教学咨询服务、教学改革研究、教学质量评估、示范辐射引领等5大功能的教师发展中心,助力教学团队的持续提升。

③校企共同建设协同育人团队。依托国家示范性职业教育集团(联盟)的广西水利电力职业教育集团和八桂水利产业学院,整合校政行企院五方资源,构建以教学名师、科技首席专家、杰出工程师引领,老、中、青结合,跨界多专业协作专兼结合的高水平教学团队。推进企业专业技术人员和学院师资双向流动、互聘互用。一方面请企业具有创新实践经验的企业家、高技能人才等担任兼职教师或专业顾问,建立合作企业推荐技术骨干到高职院校任教的常态机制,不断优化教师队伍结构;另一方面组建技术创新和科技服务团队,教师到合作企业开展顶岗实践、科技服务推广与研发、企业员工人才培训等实践活动,提升教师实践创新能力和社会服务水平。育人团队充分发挥"名师、名家、名匠"的特长,分工协作,模块化教学,实现专业高素质技术技能型人才的多维度多层次立体培养;团队成员多向流动、多栖发展,增强产学研合作能力;共同开展科研活动,进行成果转化,促进教学改革和产业发展;切实做好老中青年龄梯队的"传帮带",不断优化创新团队成员结构,不断提升团队整体水平,为区域水利行业发展提供有力的人才保障。

④校企共同建设课程体系和教学资源。一是校企共同建设"岗课赛证"融通的课程体系。从水利水电建筑工程专业职业岗位群出发,聚焦水利类专业设计、施工和管理核心岗位能力,将立德树人贯穿人才培养全过程,根据专业工作任务过程系统化分析,形成教学典型工作任务,再结合职业技能大赛标准和1+X证书能力要求,按专业核心岗位职业能力清单和"岗课赛证"融通思路,厘清岗位能力、典型工作任务所需知识,打造"公共基础模块+专业基础通用模块+专业核心技能模块+岗位提升模块"课程模块,构建了以工作过程为导向的专业岗位职业能力清单的模块化课程体系,最终实现课程与岗位有效衔接的"岗课融通"、课程与技能大赛的有机对接的"课赛融通"、课程教学与职业资格考证有机结合的"课证融通"。

二是校企协同建设教学资源,促进信息化教学改革。引入水利工程设计、施工和管理等行企业的生产案例,开发《水利工程施工》《水利工程造价》活页式教材及配套的数字化教学资源;共建水土保持工程技术专业教学资源库和水利工程施工技术等在线开放课程、智慧课堂和虚拟仿真实训中心;丰富灌溉排水工程技术、水利工程材料检测与应用等国家级、自治区级课程思政示范课资源,推进水利专业群课程思政教学资源库一体化建设;共建校内水生态治理技术综合实训基地和校外实训基地,打造全方位"5A"(Anywhere、Anytime、Anybody、Any-device、Anyway)教学环境,实现"教学内容、数字资源、工作场景"三者融合,全面提升教学效果。

⑤校企共同建设稳定的实践育人基地。与企业按照资源共建、开放共享的合作原则,全力打造"学、训、创、培、研、服"六位一体智慧水利实践教学基地,提升人才培养质量,助推行业数字化转型升级。一是在校内共建以学校为主导建设的"以教为主"的产教融合实训基地,共建了中国—东盟水利农业培训基地,建设了"一部一馆八平台"水利工程施工实训基地、"四级五库"智能化水工建筑实训场、"一区一廊一馆"智慧节水灌溉实训基地、水利"三全育人"基地、航空遥感测绘大数据实训室、3D水利工程体验馆。二是在校外与中国能建广西水电工程局有限公司等多家大中型企业共建了以企业为主导的"以产为主"的产教融合实训基地,为学生提供更多、更好的实习实训和就业机会与发展平台。

⑥共同走出去开展国际化办学。广西水利电力职业技术学院积极进行主动跟进国家"一带一路"倡议,与八桂水利产业学院成员单位广西福沃得农业技术国际合作有限公司合作,持续开展面向东盟国家的对外交流和水利技术推广工作。持续利用广西区位优势和专业优势,结合当地社会发展和市场需求,通过举办国内柬埔寨节水灌溉水利技术和供水技术培训、柬埔寨短期留学生水利培训班、国外柬埔寨水利技术培训班,为柬埔寨、越南等东盟国家培养技术人员和职业教育教师队伍,输出中国水利技术标准,有效地促进了学校国际合作和对外办学的发展,提升学校的国际影响力。

3. 成果成效

特色产业学院充分发挥行业企业指导和参与办学的作用,建立了校企交流平台、教师能力提升平台、学生职业教育实践平台、学校国际化办学交流平台,实现招生、人才培养、就业联动机制,打破企业与学校之间的人才流动与技术对接的壁垒,推进人才需求的供给侧结构性改革,提高人才培养质量,实现高质量发展,提升学校服务区域经济社会发展能力,提升了国际影响力。

(1)形成了"1+N"多方协同育人模式

依托国家示范性职业教育集团(联盟)的广西水利电力职业教育集团的八桂水利产业学院,整合校政行企院五方资源,共建了稳定的"三全育人"实践基地,形成了"1+N"的协同育人模式,助推了学校"三全育人"成效,立德树人成效显著。2021年,广西水利电力职业技术学院水利工程系荣获广西壮族自治区第一批全区高校"三全育人"综合改革示范院系。

(2)打造了功能完善结构合理、水利特色浓厚的高水平"高职教学创新团队"

组建的"教学名师+专业名家+行业名匠"引领、多方参与的水利水电建筑工程专业团队荣获"全国首批水利职业教育教学创新团队",主持了自治区级职业教育专业群发展研究基地建设,已成为结构化分工协作模块化教学组织的"样板团队",在全国教师教学创新团队中形成示范作用,成为区域教师创新团队中的"引领者"。打造了多门水利特色"课程思政"示范课程。2021年校企共建的"水利工程材料检测与应用"课程荣获自治区级课程思政示范课,"灌溉排水工程技术"课程荣获国家级课程思政示范课,教学团队荣获国家级课程思政教学团队,荣获国家级课程思政教学名师10人。由广西水利电力职业技术学院为主持单位,产业学院企业参与的"现代化节水防污型农田水利系统关键技术创新研究与应用"项目荣获2020年度广西科学技术进步三等奖。近三年来,团队荣获国家级教师教育教学能力比赛二等奖1项、三等奖1项、自治区级一等奖7项、二等奖四项,自治区级教学成果奖一等奖2项,申报立项"乡村规模化水厂扩容下管网水质提升技术研究与示范"等广西科技厅、广西教育厅教科研项目14项,获得发明及实用新型专利20项。

(3)提升了人才培养质量,为企业提供人才支撑

通过深化产教融合,学校企业行业多方协同育人,实施工学交替,使岗位能力融合课程教学,提升了人才培养质量。近三年来,水利工程系学生获得全国职业院校技能大赛一等奖1项、三等奖1项;广西职业院校技能大赛"水处理技术""工程制图"等赛项一等奖11项;学生就业对口率达95.8%,大部分学生在工作1年左右能成长为技术骨干,获得用人单位好评。

(4)提升了社会服务能力,助推行业企业高质量发展

依托产业学院技能大师工作室,以院士引领、行业首席专家主导、师生共同开展桂林市农田水利灌溉治污项目研究,研究成果示范推广应用共78万亩,为广西农业面源污染的削减与水肥高效利用提供理论和实践依据;依托八桂水利产业学院,广西水利电力职业技术学院承担了广西水利工程施工员、质检员、安全员、材料员、预算员和大坝安全监测工、河道修防工、水工闸门运行工等职业资格培训,每年3000人次;承办《水质分析》等5项广西总工会、广西农村投资集团职工技能大赛,培训并指导500人次参赛,提升企业员工职业技能水平,助推行业企业发展;面向东盟国家举办节水灌溉、水资源保护等技术培训班8期,输出中国标准。

(二)百越电力产业学院

1. 实施背景

广西水利电力职业技术学院紧跟广西区域经济和智能新技术发展,与南方电网、中国华电集团、广西农村投资集团、广西机械工程学会和广西电力行业协会等行业企业合作,面向电力及其装备制造业,建设广西领先、全国先进的电力系统自动化技术专业群,引领发电厂及电力系统等4个专业建设与发展,形成了拥有2个国家骨干院校重点专业、2个创新行动计划国家骨干专业、1个全国水利示范专业、1个全国水利优质专业、2个广西特色专业、1个广西优势特色专业、3个广西示范特色专业的高标准专业群。

2020年7月17日,广西水利电力职业技术学院与广西电力行业协会等9家广西电力行业企业签署战略合作协议,成立百越电力产业学院,力求找到电力专业人才培养"供给侧"和"需求侧"衔接不紧密、职业教育集团成员存在"校热、行温、企冷"等瓶颈问题的解决途径。依托

百越电力产业学院,实施"系主任—企业负责人"联系机制,紧密对接电力产业链全环节,重置电力系统自动化技术专业群、重构课程体系、重组教师团队、重聚产教资源,聚焦少数民族地区脱贫攻坚人才需求,实施校企多师协同混合式课堂教学,开展以产业链、教育链、专业链、创新链"四链贯通"的电力工匠培养模式探索与实践,全方位提升供给侧电力类人才培养质量。

2. 主要做法

（1）建立"系主任—企业负责人"联系机制,实现政企行校协同联动

百越电力产业学院以"互联网+"为桥梁搭建校企合作平台,建立系主任对接企业负责人的常态化联系机制（见图3-5-3）,实施教学名师对接劳模工匠、优秀教学团队对接先进基层班组、骨干教师对接技术骨干等多点对接模式,共同研究专业设置、人才培养方案设计,共同开发课程、教材,共同组建课程团队,共同建设实训实习平台,共同制定人才培养质量标准等,实现企业需求融入人才培养各环节。

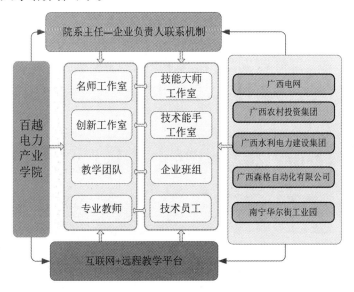

图3-5-3　百越电力产业学院深度融合、校企协同合作

依托百越电力产业学院,开展校企"互兼互聘、双向交流"合作,与153家企业深度合作交流,形成教师驻企、工程师驻校常态化,推动院校与企业形成命运共同体。骨干教师通过学院参与广西水利厅、广西水利科学研究院等企事业开展"木薯风光互补提水灌溉示范工程"等乡村振兴项目,服务社会。学院聘请"全国劳动模范"马燕平、"广西工匠"李炎等优秀校友兼职参与实践教学和管理。

构建与电力产业发展相适应的产业学院教学管理和质量保障体系。将"一页纸工作计划"引入百越产业学院教学团队管理中,构建"学院年度重点工作目标—教学团队年度工作目标—教师年度工作目标"的目标链,从系部—专业—课程—教师—学生等几个层面制定标准链,实施项目化管理,清单化分工,责任量化到人,通过互联网信息平台监控项目,及时反馈和动态调整,形成科学高效管控体系。

(2)开展"劳模工匠进校园"活动,校友榜样推进"三全育人"

围绕立德树人根本任务,产业学院聘请来自企业的劳动模范进校园,参与课程教学,丰富校企合作开展"三全育人"内容(见图3-5-4)。广西电网"全国劳动模范"马燕平,"广西工匠"李炎、何位经等杰出校友作为兼职教师,成立李炎技能大师工作室、何位经技能大师工作室,到校内"全环节多功能"的电力教学工场传授工匠技艺,参与电气设备检修等课程开发与教学,实施课程育人、实践育人;在职业教育活动周中,邀请李炎、何位经以及"广西电网工匠"廖海铭等劳模工匠宣讲团来校做讲座,并以网络直播方式,向全院师生讲授从学徒到劳模工匠的成长经历,激发在校学生积极向上、奋发有为的理想信念;在电力教学工场建设电力文化长廊,宣传20多位来自广西电网、中国能建广西电力设计院等杰出校友的先进事迹,展示从校园到企业、从学徒到技能大师的人才成长路径,营造了以职业素质养成的校园环境,实施文化育人。

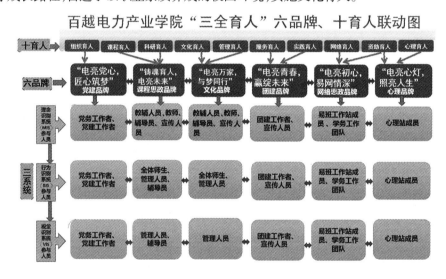

图3-5-4 百越电力产业学院"三全育人"六品牌、十育人联动图

(3)共建特色鲜明的电力系统自动化技术高水平专业群

产业学院围绕广西创新发展"九张名片"和能源互联网产业,紧跟广西区域经济和智能新技术发展,面向电力及其装备制造业,重构了区内领先、国内先进的电力系统自动化技术专业群。专业群以国家骨干专业电力系统自动化技术为核心专业,以发电厂及电力系统、供用电技术、机电一体化技术、水利机电设备运行与管理等为支撑专业组建而成,涵盖现代电力"发电—变电—输电—配电—用电"各生产环节,紧密对接"源网荷储"产业链和新型电力系统信息技术创新链,对产业的转型升级提供支持,针对性培养符合新兴智能电网产业新增岗位要求的人才。通过建设,在人才培养模式创新、课程体系开发、教学资源建设、教学模式改革、中高职衔接人才培养等方面取得了显著成效。

创新"课证融通、育训结合、能力递进"的人才培养模式,优化课程设置和教学内容,课程教育与证书教育融通,与国家电网、南方电网科学研究有限公司等推行"变配电运维""10千伏不停电作业""光伏电站运维"等1+X证书7个,并以此基础建立专业课程与职业技能证书成绩互换的学分银行。在推进1+X等课证融通过程中,将工匠精神的培育与职业技能的训练相结合,实现"通用能力训练—专业能力训练—综合能力训练"递进提升(见图3-5-5)。

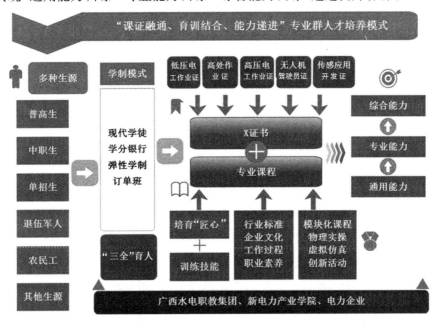

图3-5-5 "课证融通、育训结合、能力递进"专业群人才培养模式

为了深入推进证书的岗位技能操作能力,与柳州钢铁集团、深圳地铁、玖龙纸业等企业开展订单班育人模式;与广西建宁输变电工程有限公司等企业合作推行"技术骨干+工程实践"现代学徒制的培养方式,即由企业骨干带领学生参加220千伏茶花变电站调试等工程实践。学习效果非常显著,参加工程实践的学生荣获全国职业技能大赛"光伏电子工程的设计与实施""智能供配电系统安装与调试"等赛项一等奖的好成绩。

围绕电力生产过程真实任务,校企合作开发活页式教材、工作手册和专业教学资源。引入专业群新技术、新装备知识要素,与南方电网、广西农村投资集团等企业合作开发教材5本;优化中高职衔接教材,编制《工业机器人应用与编程》《传感应用开发》等1+X证书培训教材3本;开发《电力系统分析技术及应用》《电力系统继电保护技术及应用》《变电站运行技术》《工业自动化应用技术》《开源硬件开发技术》等活页式工作手册5本。其中,《电力系统分析技术及应用》《PLC控制、设计与调试》2本教材获得2020年首届全国教材建设奖二等奖。与中国能源建设集团广西电力设计研究院有限公司、南方电网超高压输电公司南宁局等企业联合开发的"输配电工程技术"专业教学资源库获自治区级职业教育专业教学资源库。

针对不同类型生源的学习基础和学习能力,因材施教,实施项目教学、案例教学、混合式教学、对分课堂等教学方法。通过实施灵活多元分类的精准教学,为学生提供了灵活多样的教学方式,教师利用VR/AR等信息化技术创新教学方法,完善了企业评价、学生自我评价、教师评价等综合评价方式,同时提升了教师利用信息化技术开展教学改革的水平。

构建模块化课程体系,开发在线课程。构建与岗位链相衔接的"基础共享模块+专业特色模块+专业拓展模块+新技术模块"的模块化专业群课程体系,设计"专业—课程—教师—教材"关联表,贯通了课程模块—课程—教师的开发主线,与广西电网等企业合作,结合职业技能等级证书,开发"电路与磁路"等"互联网+"在线课程8门。

丰富"人工智能+专业"教学资源库。与国家电网技术学院、南方电网、亚龙智能装备集团等企业合作,建设"人工智能+"电力及其装备制造的专业资源素材,建设国家级发电厂及电力系统专业教学资源库,以及自治区级输配电工程技术专业教学资源库。引入现代电力新技术、新工艺、新规范和职业技能等级标准,建设包含专业教学标准、实验实训室标准、专业人才培养质量标准、课程标准等的标准库。以10千伏不停电作业、高压电工作业证、高处作业证、低压电工作业证、工业机器人应用与编程证、无人机驾驶员证、传感应用开发证等为主要内容,建设1+X证书的培训与考证资源。

畅通人才培养立交桥。与广西城市建设学校、藤县中等职业学校等对口中职学校,及广西科技师范学院等应用型本科院校,共同推进中职、高职、本科职业教育在专业设置、人才培养目标、课程设置、教学资源配置等方面衔接与优化。

(4)打造集"六位一体"的共享型教学工场,落实做细"多元育人"新要求

百越电力产业学院在广西水利电力职业技术学院国家级生产性实训基地的基础上,依托自治区财政支持的2个广西示范特色专业及实训基地建设项目,与产业学院协议单位广西农村投资集团、中国能源建设集团、广西水利电力建设集团等企业合作,共建1:1真实还原广西、贵州、云南等西南省份多山地工作环境的电力教学工场(见图3-5-6)。

图3-5-6 电力教学工场全景

该教学工场拥有西南省份高职院校中唯一的220千伏变电实训中心和规模最大的500米轨道交通供电接触网实训中心,共同开发基于电力运行和维护等真实岗位任务的项目化课程和教材,利用"第一课堂+第二课堂+网络课堂"开展实景教学,解决了电力专业学生在实践教学中"脱离生产实践"的困境,提高技能人才升级山区电网、改造农网的作业能力,有效解决

了电力类专业实训教学和电力企业员工培训的高风险性、难以重复操作等问题。同时,该教学工场集"教学、科研、培训、交流、合作、创新"六大功能于一体,全面支撑电力技术类专业实施"岗课赛证"的人才培养,教师与学生连续在全国职业技能大赛等方面获佳绩。

（5）制定专业标准和课程标准,全方位提升供给侧电力类人才培养质量

产业学院"政行企校"各协议单位深入实施校企协同、工学结合的人才培养,利用供给侧结构性改革理论和利益相关者理论分析用人侧需求,重置课程模块,重组教师团队。与企业技术专家共同制定出满足教学规律和技能要求的岗位标准、课程标准,将产业先进元素和国际化技术标准纳入课程模块任务单元,开展岗位任务分段、专业学生分层的"企业导师＋专任教师＋实训助理"多师协同教学活动。将"立德树人"和"创新创业"等元素融入课程标准中,开展"忠诚企业、担当责任、爱岗敬业、严守规章、自觉执行、团结协作、真诚服务、追求卓越"的电力职业精神和创新精神的培养,以电力教学工场为载体,让学生亲身介入专业技术岗位工作(见图3-5-7),遵守行业标准,通过认知、体验和感悟,在实践过程中获得新的专业知识、技能和工匠精神培育。

(a) 高压试验

(b) 二次回路检测

(c) 输电线路维修

(d) 电气设备检修

图3-5-7　学生实践专业技术岗位工作

针对电气运行、变电检修、继电保护、电气试验、输配电线路运维、电力电缆巡测、装表接电等典型岗位,百越电力产业学院通过校企合作开发了《变电站运行作业实训》《电气一次设备检修作业实训》《高低压开关柜检修作业实训》《电气设备》《继电保护》《电气设备高压试验》《电气检修》《电力营销》《照明线路安装实训》《电工基础》《线路运维》11门特色教材,满足了

在电力教学工场内充分开展电力类专业特色生产性实践教学的需求,为电力企业培养了近6000名具备安装、调试、施工、运维等能力、德智体美劳全面发展的新时代电力人。

(6)共建"双师"教师培训基地,打造教师教学创新团队

以教学名师、电力工匠大师领衔,以骨干教师+产业导师为中坚,优化专兼结合的师资团队。以加强师德师风教育和提升教师职业能力为目的,与广西新电力集团和广西水利电业集团等企业共建电力职教"双师型"教师培养培训基地和名师工作站,全员开展专业教学法、课程开发技术、信息技术应用培训以及专业教学标准、职业技能等级标准等专项培训,提升教师模块化教学设计实施能力、课程标准开发能力、团队协作能力和信息技术应用能力等。强化教师轮训制,定期到电力企业实践,学习电力大数据、电力人工智能、智能电网技术等先进技术,提升教师实习实训指导能力和技术技能积累创新能力。

创新模块化教学模式。通过团队教师分工协作,以电力"技能包"方式模块化分解教学任务,实施项目式教学、混合式教学、对分课堂等多样化教法,推动人工智能+电力、电力大数据、电力类教学APP等信息技术与教育教学融合创新。

(7)扩大国际办学交流合作,塑造国际化特色专业群

引入优质职教资源。依托产业学院,与职业教育发达国家合作,引进电力类教学资源,借鉴美国纽约技术学院等的职业教育经验,完善专业群课程体系、课程标准等。

扩大国际合作办学。服务中国水电走出去战略,面向东盟等"一带一路"沿线国家深化合作办学,融合中国教育理念和教学模式,建立适合当地教学的专业标准和课程体系;与中国华电集团等企业合作,建设"产学研用"的国际合作实训基地,参与柬埔寨、越南等国家的电站员工培训和技术服务,培养本土化技术技能人才。

向跨国企业输送专业人才。与中国华电集团、广发重工等跨国企业合作,面向水电站运行值班、变电站检修、机电设备运维等岗位输送专业人才。

提高教师国际化水平。派遣专业教师前往欧美职教发达国家参加职教培训和交流,参与国际职教会议研讨,提高国际化视野;培养双语教学教师,开发双语教材。

3. 成果成效

依托百越电力产业学院,广西水利电力职业技术学院和协议单位广西电力行业协会等行业组织不断加深合作,吸引了153家企业参与,涵盖了电力产业链各环节,助推电力企业稳定发展。

广西水利电力职业技术学院电力工程系参与广西水利厅开展太阳能农村饮水安全工程水泵试点建设等惠民项目,建成了广西首个太阳能饮水工程示范点。"双带头人"罗宇强率领教师和学生赴柳州供电局等企业指导TRIZ创新方法培训,为广西龙源风力发电有限公司开展国

家能源集团风电检修技能竞赛服务;专业群教师团队带领学生为企业开展"木薯风光互补提水灌溉示范工程""110千伏变电站调试"等工程技术服务120余次。

依托共享型电力教学工场为企业与职业院校开展"光伏电站运维""10千伏不停电作业"等1+X证书培训,为广西"百村千屯太阳能亮化工程""房屋发电一体化工程"培养216人,为广西农村投资集团举办电力技术培训班,培训基层技术人才13800人次;为越南所罗1、所罗2、猛商水电站技术骨干开展变电站综合自动化培训,为柬埔寨企业技术骨干开展"触电急救技能"等专业技术技能培训,培训国际技术技能人才140人,助力东盟国家培养电力技术技能人才。

第四章 以"四链贯通"为抓手创新人才培养模式

第一节 人才培养模式改革概述

一、人才培养模式改革的内涵

(一)人才培养模式的内涵

人才培养模式主要解决教育"培养什么人才"和"怎样培养人才"这两个根本性问题。

1998年,教育部在《关于深化教学改革,培养适应21世纪需要的高质量人才的意见》中将人才培养模式表述为:"是学校为学生构建的知识、能力、素质结构,以及实现这种结构的方式,它从根本上规定了人才特征并集中地体现了教育思想和教育观念。"这是教育行政部门首次对"人才培养模式"的内涵做出的明确表述。

因此,人才培养模式是指在一定的现代教育理论、教育思想指导下,按照特定的培养目标和人才规格,以相对稳定的教学内容和课程体系、管理制度和评估方式,实施人才教育的过程的总和。具体可以包括:目标规格体系,涉及培养目标和规格;内容方式体系,涉及专业、课程、教学内容、教学方法与手段;质量保障体系,包括师资队伍、教学管理、实践条件和教学评价。由此可知,人才培养模式的教育思想、目标指向、体现目标的教育和教学计划、内容和方式、教育和教学方法与手段、管理制度和运行机制等是它的组成基元。培养目标和质量规格是人才培养模式的核心因素,对其他因素有制约作用。

(二)高职人才培养模式的内涵

《国家职业教育改革实施方案》确定高等职业教育是高等教育发展中的一个类型:"职业

教育是国民教育的重要组成部分，是一种教育类型。"因此，从高等性来说，高等职业院校人才培养模式是指在一定高职教育理念引领下，以社会需求和高职人才培养目标为导向，依托自身可利用的办学条件，在特定时限内为学生达到一定职业人才规格要求所预设的知识、能力和素质结构，以及实现这种结构的较为稳定的施行范式。从职业性来说，高等职业院校人才培养模式是学校和用人单位根据教育目标共同确定的培养目标、教学内容、培养方式和保障机制的总和。

人才培养模式构建的基本原则是人才培养目标与人才需求目标一致、人才培养内容与技术发展状况一致、人才培养方式与受教者发展一致、人才培养手段与实际职业岗位一致。简而言之，人才培养模式是在一定的教育思想和教育理念指导下，以人才培养活动为主体，为实现培养目标所设计形成的某种标准构造样式和运行方式。但是，人才培养模式并非一成不变的，人才培养模式的产生和发展具有鲜明的时代性和社会适应性，人才培养过程具有明确的指向性和灵活性，组织结构和形式、运行原理和方式具有相对稳定性和典范性等特点。

二、高等职业院校人才培养模式的特征

人才培养模式是开展教学活动的一整套方法论体系，它既是教学理论的具体化，是一个理论问题，又是教学实践的抽象化，是一个实践问题；它既可以直接从丰富的教学实践经验中通过理论概括而形成，也可以在一定理论指导下提出一种假设，经过多次实验后形成。

人才培养模式具有以下特征：

1. 职业教育的目的性

教育目的就是按照国家确定的教育方针和区域经济发展对人才的需求构建人才培养模式，以满足社会和经济发展对人才的需要。教育的目的性对教学方向、教学内容和教学管理起着决定作用。

2. 职业教育的系统性

人才培养模式是由多个要素组成的有机整体，这些要素间既相互联系、相互促进又相互制约、相互影响，不断地作用于模式的组织样式和运行方式，从而形成高职院校人才培养模式的全貌。

3. 职教主体的多元性

发达国家的职业教育经验表明，通过职业教育培养一线所需要的应用型人才，必须充分发挥学校、经济实体和各个用人单位的作用，同时充分调动学生的积极性，即职业教育主体的多元化。职业教育多元性的主体要求其培养规格和培养方式等必须是多元的。

4. 培养模式的创新性

职业技术教育的创新性是由经济和科技发展的快速性和人才市场需求的多变性决定的，强调的是实践性，突出的是创新性。现有的职业教育人才培养模式是经过长期的理论研究与实践探索逐步成型与完善的结果，面对科学技术的发展、产业结构的调整和经济结构的升级，人才培养模式也需要不断更新、不断充实和不断发展,只有不断创新的人才培养模式才具有生命力。

三、高等职业院校人才培养模式的政策轨迹

从1996年《中华人民共和国职业教育法》颁布实施以来,职业教育走过了26年。职业教育改革发展在抢抓机遇和应对挑战的改革实践中不断实现新的超越,成为支撑和服务国家发展战略的重要组成部分。从职业教育政策对人才培养模式的表述中可以看出职业教育发展的改革脉络,对于我们准确把握高职教育改革的风向标具有重要的指导意义。

高等职业教育经过了三轮大的改革和发展。第一轮从1999—2005年,是规模扩展与基本建设时期,为高等教育大众化做出了积极的贡献。

第二轮从2006—2015年,是示范建设时期,改革侧重点是教育理念和教育模式的转变与创新,特别是在深化教育教学改革、创新人才培养模式、校企合作体制机制建设等方面进行了卓有成效的改革和探索。2005年《国务院关于大力发展职业教育的决定》提出"大力推行工学结合、校企合作的培养模式""逐步建立和完善半工半读制度""积极开展订单培养"。2006年《教育部关于全面提高高等职业教育教学质量的若干意见》提出"大力推行工学结合,突出实践能力培养,改革人才培养模式"。2010年《国家中长期教育改革和发展规划纲要(2010—2020年)》提出了"实行工学结合、校企合作、顶岗实习的人才培养模式"。2014年《国务院关于大力发展现代职业教育的决定》强调"推进人才培养模式创新。坚持校企合作、工学结合,强化教学、学习、实训相融合的教育教学活动""开展校企联合招生、联合培养的现代学徒制试点,完善支持政策,推进校企一体化育人"。从"加强实践教学",到"开展订单培养",再到"校企一体化育人",职业教育人才培养模式改革"教学做"合一,突出了校企协同育人。

第三轮改革从2015年至今,是创新发展时期。这一时期人才培养模式的关键词是:产教融合。产教融合是培养创新人才的重要途径,深化产教融合是党的十九大报告明确提出的改革任务。2015年10月,教育部发布《高等职业教育创新发展行动计划(2015—2018年)》,启动优质高职院校建设,引导产教融合专业建设。《国民经济和社会发展第十三个五年规划纲要》把"推进职业教育产教融合"作为推进教育现代化的重要任务,推行产教融合、校企合作的人才培养模式。2017年,《国务院办公厅关于深化产教融合的若干意见》阐述了产教融合的任务、要求和标准,提出"深化产教融合,促进教育链、人才链与产业链、创新链有机衔接""推进产教融合人才培养改革""促进人才培养供给侧和产业需求侧结构要素全方位融合",解决人才培养供给侧和产业需求侧"两张皮"的问题。2019年,以《国家职业教育改革实施方案》和《关于实施中国特色高水平高职学校和专业建设计划的意见》为支撑,加快推进高水平高职学校建设和人才培养模式改革,成为新时代职业教育发展的重要方向。《教育部办公厅关于全面推进现代学徒制工作的通知》把"深化产教融合、校企合作"作为目标要求;2020年,教育部等九部门关于印发《职业教育提质培优行动计划(2020—2023年)》的通知把"深化职业教育产教融合、校企合作"作为重点任务。职业教育进入产教融合的新时代,构建产教融合背景下的人才培养模式就成了"双高"建设的核心任务。

四、构建"全科融通育全人"人才培养模式

基层水利人才职业发展定位不清,扎根基层吃苦耐劳意识不强;专业知识技能结构单一,复合型基层岗位适应能力不强;供需缺乏有效保障机制,人才链与产业链对接不紧密。广西水利电力职业技术学院针对上述三大问题,以"全科融通育全人"理念,精准对接基层水利需求开展教育供给侧结构性改革,立足专业交叉跨界创新,深化人才培养模式改革创新,顶层设计了"价值、品质、知识、技能"等"四维"人才培养规格,将基层工作所需知识技能融合进校内教学主课堂、校外创新课堂和社会实践乡土课堂中,构建了民族化、实景化、水情化、信息化、双元化"五化并举"全景教学工场,创新了政行企校协同育人、共生发展的"顶层直通基层"人才供需保障机制,全国首创"三定三免"政策实施订单式基层水利人才定向培养,从源头培养解决基层水利人才紧缺的难题,打破制约基层人才培养的政策瓶颈,为基层水利单位培养了大批适应水利工程设计、建设、运行、管理等基层岗位,涵盖水利、电力、机械、经济、管理等文理兼容、"一岗精通""一岗多能"全科融通型,能扎根基层、德智体美劳全面发展的"全人"。

第二节 水利类创新人才培养模式

一、水利类人才培养模式

(一)水利发展概述

根据2018年国务院中央一号文件《中共中央国务院关于实施乡村振兴战略的意见》、国发〔2014〕19号文件《国务院关于加快发展现代职业教育的决定》,广西党委、政府提出了与全国同步全面建成小康社会、基本建成中央赋予广西的"三大定位"(即构建面向东盟的国际大通道、打造西南中南地区开放发展新的战略支点、形成21世纪海上丝绸之路与丝绸之路经济带有机衔接的重要门户)的"两个建成"目标,以及深入实施"创新驱动、开发带动、双核驱动、绿色发展"四大战略和区域发展布局,着力营造风清气正的政治生态、团结和谐的社会生态、山清水秀的自然生态的发展方向,广西经济社会的全面发展对水利行业提出了新的更高要求。

"十三五"以来,广西坚决贯彻党中央、国务院的重大决策部署,全面落实水利部和自治区党委、政府的工作部署要求,围绕"十三五"规划确定的各项目标任务,提升发展质量、建设生态文明、创新体制机制,扎实推进水利各项工作,"十三五"规划各项目标任务基本完成,水利基础设施网络逐步完善,防汛抗旱减灾效益显著,水生态环境日趋改善,水治理能力进一步提升,水安全保障能力显著增强,为全区经济社会发展提供了有力支撑和保障,为全区决战脱贫攻坚、决胜全面建成小康社会作出了重要贡献。

广西"十四五"水安全保障总体目标为:到2025年,建成与广西经济社会高质量发展、乡村振兴战略实施、生态文明建设要求相适应,与现代化进程相协调的水安全保障体系。落实国家水网战略,统筹防洪排涝、供水、水生态环境安全,加快构建系统完备、高效实用、智能绿色、安全可靠的水利基础设施网络,完善洪涝灾害防御体系、完善水资源优化配置体系、完善水环境水生态保护治理体系、完善水治理能力现代化体系,全面提升广西水安全保障能力。

随着经济社会的发展进入新常态,国家把水利作为基础设施建设的重要支柱,对水利投资的预期和要求高,水利建设的投资规模和强度大,"十三五"和"十四五"时期成为大规模水利建设高峰期。广西水利建设处于大投入大建设快发展的新时期,广西经济社会发展需要提供有力的水利支撑和保障。

(二)存在问题

随着经济社会快速发展,基层水利工作特别是水利工程建设、农田水利、水库管理、农村饮水安全、水资源保护、小流域治理、水旱灾害防御等任务日趋繁重;与之相对的是基层水利人才"引不进、留不住"、水利人才总量不足、专业人才匮乏等问题十分突出。水利基层单位人才却存在年龄老化、素质不高、人员缺乏、技能偏低、人才流失等比较严重的问题；水利专业人才供不应求，整体呈现较大的人才缺口，基层单位的专业技术人员严重缺乏，懂经营、懂管理的人才更少，难以适应水利经济的发展要求。为满足新时代水利行业大发展的要求，需要具备水利工程建设施工、管理等生产一线的大批高素质创新人才和技术技能人才为保障。建设水利水电工程管理专业正是适应了区域和地方经济发展对人才的需求，契合广西水利建设主要目标——建设防洪抗旱减灾体系、水资源合理配置和高效利用体系、水资源保护和河湖健康保障体系以及大力发展农田水利建设的要求。因此，需要培养一支投身基层水利工作的人才队伍，充分发挥基层水利人才对打赢脱贫攻坚战和实现乡村振兴战略的支撑和保障作用。

(三)各水利高校人才培养模式

1. 黄河水利职业技术学院"三顶岗、两交替"生产主导型人才培养模式

黄河水利职业技术学院水利水电工程技术专业以校企合作为平台，发挥产学结合在人才培养中的协同作用，形成了"三顶岗、两交替"生产主导型的人才培养模式。"三顶岗"即学生在三年的学习过程中共安排三次顶岗实习，两次顶岗实习安排在暑假，一次顶岗实习安排在第五或第六学期；"两交替"，即学习与顶岗实习交替；一个学期的顶岗实习，两部分学生交替（一部分学生安排在第五学期，另一部分学生安排在第六学期）。这种人才培养模式的基本思路是：学生入校后，经过两个学期的职业核心能力和部分专业技能基础课程学习，初步具有计算机应用、水利工程制图、建筑材料、水利工程基础知识和专业技能，利用第一个暑假顶岗实习，使学生在生产中进一步加深对水工建筑物构造和作用的认识，培养学生的水利工程读识图能力、计算机应用能力和水工混凝土材料的试验能力，使学生初步感受水利工程建设的环境、程序、特点。然后，通过第三、四学期的专业技能和职业岗位能力的培养训练，使学生具有工程测量、混凝土结构、水力分析与计算、工程地质与土力学等专业知识、相应的专业技能和职业岗位能力，再利用第二个暑假进行顶岗实习，在生产中进一步培养学生的专业技能、职业岗位能力和良好的职业态度。之后，再进行一个学期的职业岗位能力综合训练，使学生的职业岗位能力得到全面锻炼，最后是学生参加第二阶段 个学期的顶岗实习。

根据黄河水利职业技术学院2020年度有关工作报告，用人单位对学校毕业生满意度为96.93%，在校学生参加全国各类技能竞赛取得佳绩。

2. 广东水利电力职业技术学院"工学交替多循环"和"双驱动双主体双平台"人才培养模式

根据水利工程职业岗位任职要求，广东水利电力职业技术学院在水利工程专业实施了"工学交替多循环"人才培养模式。在职业能力培养的主线下，学生由学校和企业共同培养，完成由"单项技能训练""综合训练"到"顶岗实习"的实践过程，职业素质与职业道德培养贯穿于学习整个过程，达到职业岗位任职要求。"工学交替多循环"包括技能课程学习与技能训练的循环、技能训练与生产性实习的循环、不同项目能力训练的循环、学校和企业不同学习环境的循环，教学与生产实际结合，全面提升学生职业素质和职业能力。

紧扣现代水利转型升级的人才需求，广东水利电力职业技术学院在水利水电建筑工程专业(群)构建了"双驱动双主体双平台"人才培养模式,形成立德树人与促进就业"双驱动"、企业与学校"双主体"、课程与实践"双平台"育训结合协调育人模式。

麦可思公司2019年对学校毕业半年后的毕业生调查显示:学校2018届毕业生就业稳定性、就业现状满意度、工作与专业相关度与全国骨干高职院校平均水平相比均有优势,毕业后的月收入水平、就业率、职业期待吻合度、创新能力总体满足度、基本工作能力总体满足度、核心知识总体满足度、校友满意度、教学满意度等均与全国骨干高职院校平均水平基本持平,说明人才培养质量得到社会广泛认可,多数毕业生能够学有所用,彰显了学校较强的办学能力和水平,学生在学校能得到全方位的培养和发展。

3. 水利基层订单式人才培养模式

(1) 水利基层订单式人才培养模式

随着水利行业和基层水利建设的大规模发展,水利基层人才队伍短缺与新时代中国特色社会主义水利事业发展需求之间的矛盾日益突出;专业人才短缺、引不进、留不住、提升难、发展不平衡不充分的问题日益成为水利基层人才培养工作面临的新问题。于是,水利基层人才订单式培养模式应运而生。在高职院校开展水利人才订单式培养,是水利类人才培养供给侧结构性改革的重要举措。2016年至2018年,水利基层人才订单式培养模式率先在青海省玉树、果洛、黄南三个藏族自治州开展,在人才培养中突出民族化、本土化、专业化导向,采用定向招生,专班订单培养,毕业后定向就业,面向当地藏族高考考生招生,单独编列藏族班,按照藏区水利发展需要编制培养方案、设置课程,优先录用,政府购买服务等形式,学生毕业后定向到藏区就业,破解基层人才长期引不进留不住的突出难题。其中,《"订单式"人才培养为地区脱贫提供人才支持——青海省玉树藏族自治州"订单式"水利人才培养案例》在世界银行、中国国际扶贫中心等7家单位联合发起的全球减贫案例征集活动中,荣获最佳减贫案例,并被收录进南南合作减贫知识分享网站——中外减贫案例库及在线分享平台,成效显著。随后,"订单式"人才培养模式陆续在湖北、广西、湖南、江西等省区推广试点。

订单式人才培养模式是水利人才培养供给侧结构性改革的重要举措,为稳定和加强基层水利人才队伍力量开辟了新渠道,也为推进基层水利人才建设工作、实现西部民族地区脱贫攻坚和实现"乡村振兴"提供人才支撑和坚实保障。

(2) 广西水利基层订单式人才培养模式

广西作为西部民族贫困地区,八山一水一分田,水资源短缺、水生态损害、水环境污染的矛盾突出,但是基层水利人才专业能力薄弱、紧缺人才难留的困境严重制约了广西高质量发展。为培养更多"下得去、用得上、留得住"的基层水利高素质技术技能人才,广西壮族自治区水利厅联合自治区党委编办、人力资源社会保障厅、教育厅、财政厅等单位实施基层水利人才定向培养工作,委托广西水利电力职业技术学院,从2020年开始,对接基层水利人才需求,创新实施了定向招生、定向培养、定向就业和免学费、免住宿费、免教材费"三定三免"的广西基层水利人才订单式培养模式。订单班学生"双身份"学习,既是学校学生,又是基层水利单位的准员工,学校和用人单位"双情景"工学交替、"双导师"教学指导,无缝对接基层水利岗位要求,实现"招生既能招工、毕业既能上岗,上岗既能操作"的培养目标。订单班量身定做人才培养方案,除了学习常规基础课程和专业课程,还加强拓展基层工作涉及的河湖长制、水资源保护、水土保持监测、防汛抢险管理、农村饮水安全、公文写作及涉水法律等课程,注重培养独立承担基层水利工作的工程意识、创新能力、解决工程实际的"一岗精通",又具备基层水利建设与管理适应社会发展需要、适应行业岗位要求的"一岗多能"的高适应性,具有健康体魄、良好心理,具备忠诚担当、工匠精神,能扎根乡镇、厚植乡土的本土化、专业化水利人才。

(四)以全科融通创新"多元四链六协同"的水利人才培养模式

广西水利电力职业技术学院"全科融通育全人"发展理念创新"四元四链六协同"水利人才培养模式,精准对接水利基层需求开展供给侧改革,以深化产教融合、校企合作为核心,聚合"政行企校"多方优势资源,搭建产业链、教育链、专业链、创新链"四链贯通",供需有效对接的服务载体,实施全过程"六协同"育人(协同制定人才培养方案,协同制定课程标准,协同开发课程资源,协同培育师资队伍,协同打造实训基地,协同评价教学质量),有机融入工匠精神教育、创新创业教育,打造高质量人才培养体系,培养扎根基层的高技能、高适应性、高素质、高情怀的水利"四高"人才(见图4-2-1)。

图4-2-1 扎根基层"四高"人才

1. 以产业链需求为导向,建立专业培养动态调整机制

针对社会发展对不同层面水利人才的需求,按照岗位特点进行分类,构建水利人才培养供给侧动态调整机制,调整专业设置方向,持续优化人才培养方案,为社会提供各类合格水利人才(见图4-2-2)。

依托广西水利电力职业教育集团、八桂水利产业学院和专业建设委员会政、行、企、校多维联动的协同创新平台,实现教学链、产业链、利益链、创新链的深度融合,形成政行企校命运共同体,共建多层次水利人才共育新体系(见图4-2-3)。学校与中国能源建设集团广西水电工程局有限公司等9家广西水利行业企业签署战略合作协议,成立八桂水利产业学院,构建行企校命运共同体,多方协同育人。

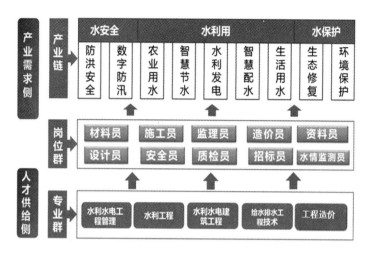

图4-2-2 水利产业人才需求与供给图

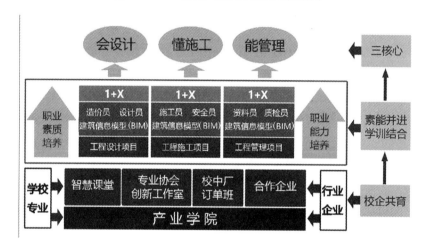

图4-2-3 校企协同育人模式

为厘清水利人才供给侧要求,明确专业定位,广西水利电力职业技术学院分赴全区14个市及部分县水利局,全区100多家水利设计、施工、监理、质检、咨询等企业开展水利行业人才需求和人才培养质量调研,了解全区水利行业对人才培养的要求。专业建设委员会依据行业发展和人才需求调研数据特征,科学规范决策,精准靶向人才需求,准确把握专业方向,制定了融入岗位意识、岗位经历和岗位能力的专业人才培养方案。贯彻国家西部大开发和西电东送政策,为满足水利、建筑和电力行业用人要求,工程造价专业设置了水利、建筑和电力三个方向;为满足提升水利基层单位水利技术人才的要求,水利水电工程管理专业设置了基层水利人才订单式培养;为支撑加强水土保持监督工作人才需求,设置了水土保持专业;为适应测量行业信息化发展趋势,测量专业设置了数字测绘方向;为加强水利工程监管,水利水电建筑工程专业设置了工程检测方向;为解决人民群众关心的生态环境问题,新增水生态修复技术专业(见图4-2-4)。同时,为适应行业发展趋势,各专业方向及时调整优化人才培养的课程设置,确保学以致用。

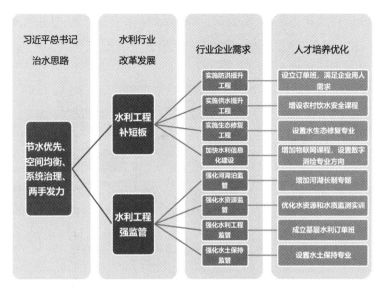

图 4-2-4 水利人才培养持续优化

2. 以行业链需求为目标,创新人才培养"量身定制"模式

与水利施工龙头企业广西建工集团海河水利建设有限责任公司共建"海河订单班",解决企业在承接"十三五"国家"172项目"中的节水改造工程急需的施工现场管理、工程质量检测岗位人才。在水利水电建筑工程专业第五学期选拔学生组成"海河订单班"。广西水利电力职业技术学院与用人单位共同制订教学计划,分阶段实施(见图4-2-5)。第一阶段,订单班在校内实训基地学习专业知识和企业案例实训项目;第二阶段,学生在课程学习间隙,到企业开展跟岗实习;第三阶段,第六学期学生来到企业开展顶岗实习;第四阶段,订单班学生毕业后到用人单位就业,直接满足上岗要求,缩短"学生"—"员工"身份转变的过渡。这种培养模式实现真正意义上的为企业"量身定制"人才,有效促进了毕业生就业率和就业质量的提高。

图 4-2-5 海河订单班"四段"式人才培养模式

3. 以"全科融通"倒逼构建多维融通培养策略

为了解决民族地区基层水利人才知识技能结构单一、综合能力不强的问题,广西水利电力职业技术学院以"全科融通"倒逼课程体系、实践育人体系等重构,构建多维融通培养策略。以"走出去"为核心,实施主课堂+创新课堂+乡土课堂"三堂联动"下的课堂迁移,将理论与实践、知识与能力迁移融通,以竞赛促融通、以科研促融通、以项目促融通,深度推进岗课赛证、教学做融合发展。以民族化为底色、实景化为特色、水情化为本色、信息化为亮色、双元化为基色打造校企融通"五化并举"情景交融的教学工场,营造文化传承与育人环境相契合的实践基地育人风景线。具体内容见图4－2－6。

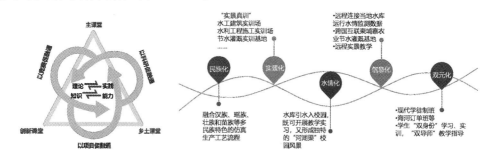

图4－2－6 "三堂联动""五化并举"育人策略

二、广西水利电力职业技术学院水利类产教融合高水平专业群建设

(一)水利水电建筑工程专业群组群逻辑

在对政府、行业、企业调研的基础上,深入了解区域产业布局与结构调整规划,把握专业发展趋势,根据行业产业发展规划来研究高职教育专业群,使专业群布局与区域经济发展相契合,使专业群各专业对接产业链,重点聚焦"水安全、水利用、水保护"等领域,形成水利水电建筑工程专业群(见图4－2－7)。

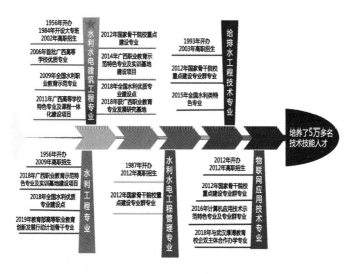

图4－2－7 专业群发展情况

新兴岗位群涉及多个水利技术领域,需要多个专业协同培养。以水利水电建筑工程专业为核心,水利工程、给排水工程技术、水利水电工程管理专业和物联网应用技术专业为支撑,组建水利水电建筑工程专业群。其中,水利水电建筑工程专业对应"水安全"的防洪安全、台风防御、数字防汛等岗位群;水利工程专业对应"水利用"的农业用水、水力发电、高效节水等岗

位群;给排水工程技术对应"水利用"的生活用水、工业用水、智慧配水等岗位群;水利水电工程管理专业对应"水保护"的水生态修复、水土保持、水利信息化等岗位群;物联网技术确保了新兴岗位的"智慧"性。专业群重点为广西水利水电工程建设、管理提供人才技术支撑,促进区域经济发展。

(二)水利水电建筑工程专业群发展定位

根据2018年国务院中央一号文件《中共中央国务院关于实施乡村振兴战略的意见》、(国发〔2019〕4号)国务院印发《国家职业教育改革实施方案》,结合习近平总书记提出的"节水优先、空间均衡、系统治理、两手发力"新时代水利治水思路,广西水利发展提出了新的更高要求。随着广西"九张名片"和"14+1"产业升级,水利发展新机遇新挑战新发展,水利行业由侧重于工程建设转变为建管并重,水利类专业由服务传统的工程规划、设计、施工转变升级为聚焦水火害、水安全、水利用、智慧水利等新时代水利工作,对水利类人才的培养提出了更高的要求。

(三)构建"学训赛证一体"课程体系,助推教材教法改革

对接现代智慧水利行业产业的岗位群能力需求,按照"底层共享、方向分立、高层互选"的专业群课程体系构建原则,设置人工智能通识课程为共享课程,遴选对应的1+X证书试点课程模块,设置建筑信息建模、无人机测绘技术、污水处理等岗位证书课程模块,职业素质贯穿人才培养全过程,提升学生综合职业能力,校企共同构建"职业素养模块+基础通用模块+专业模块+岗位模块"的专业群课程体系(见图4-2-8)。将全国职业技能竞赛、全国水利技能竞赛、广西职业技能竞赛等赛项技能标准、考核标准以及行业证书等职业标准要求融入课程体系、教学内容,创新构建了"学、训、赛、证"一体融合的专业群课程模块(见图4-2-9)。

引入企业新技术、新工艺、新材料改革教学内容。根据引水工程工程设计、堤防工程施工和大坝管理维护等实际生产过程开发实训项目,每一个项目中包含若干个实训任务,以实训内容为中心,从实训目标、实训内容、实训指导到技能训练和成绩判定等环节展开,实训内容和考核标准与行业企业标准一致。将水利行业水文勘测工、水工监测工、河道修复工等岗位职业标准和污水处理、土木工程混凝土材料检测、大坝安全智能监测等职业技能等级证书标准有机融入专业课程内容和教材建设中,组织教学团队编写《堤防防汛抢险实训活页手册》《水利工程施工实训活页教材》《水利工程造价实训活页教材》等"活页式"实训教材,编写《水利工程材料检测与应用》《灌溉排水工程技术》等课程教材,将新技术、新标准、新材料融入教材中。开展数字化教材改革,将信息化技术加入教材,实现纸质教材+数字资源的完美结合,体现"互联网+"新常态一体化教学理念。

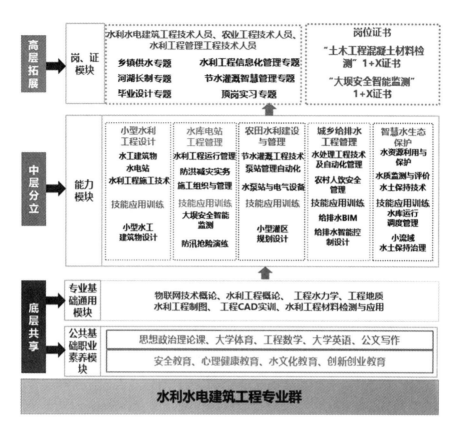

图 4-2-8 专业群课程体系构建

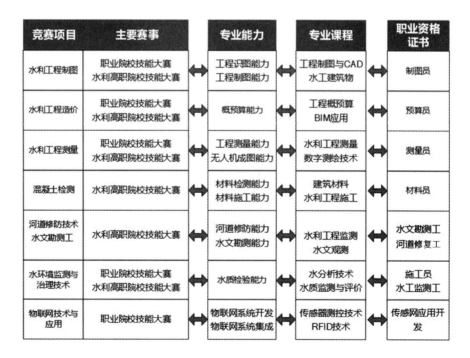

图 4-2-9 "学训赛证一体"融合的专业群课程模块

打造立体化、共享型的专业教学资源库和学生自主学习平台。利用超星学习通、中国大学MOOC、腾讯课堂、钉钉等网络学习平台,实施线上线下混合模式。与广西水利科学研究院等八桂水利产业学院成员单位共同开发了水利工程制图、水利工程CAD、水电站、水利工程材料检测与应用、人工智能行业应用导论、水土保持工程学、水利工程施工技术、灌溉排水工程技术等10余门在线课程资源,丰富的课程资源促进教师教学方法多样化的改革。

实施"互联网+"教学方法。利用水利工程集控中心,将广西—东盟经济技术开发区仙湖水库的大坝运行状况、水工建筑物图像远程实时传输到校内课堂,开展水利工程管理、水工建筑物、水利工程施工技术等课程教学,使课堂教学和生产过程实时同步信息共享,实现教学内容和生产岗位要求对接。

(四)校企合力共建,打造"六位一体"智慧水利实训基地

依托广西—东盟经济技术开发区地域优势,按照"校企共建、产业引领、创新发展、共享互惠"的原则,打造"民族化、实景化、水情化、信息化、双元化"融"实践教学、技能训练、技能竞赛、技术创新、业务培训、科学研究"六位一体的高水平职业教育实训基地,多情景体验,多项目贯穿,多样化的教学方法改革,提升学生职业技能(见图4-2-10)。

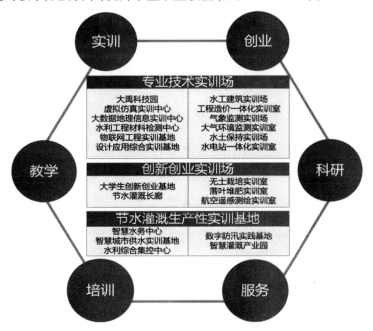

图4-2-10 "六位一体"智慧水利实训基地

1. 服务地方,实训基地建设"民族化"

学校地处多民族和谐发展的西南少数民族地区,在实训基地建设过程中,注重融入少数民族区域特点,培养建设壮美广西、共圆复兴梦想的建设者。以湘江战役所在地,汉族、瑶族、壮族和苗族等多民族融合的兴安县桂林防洪及漓江补水小溶江水利枢纽为样本,校企共建仿真生产工艺流程的"一部一馆八平台"水利工程施工实训基地;以大化瑶族自治县红水河岩滩水

电站,以彝族、白族、傣族、壮族、苗族等少数民族所在地全州县亚洲最高水头电站天湖水电站,以大石山区壮族和瑶族等少数民族解决生活生产用水的地头水柜等少数民族区域生产案例,打造了仿真度高的水工建筑物模型;建设少数民族地区的真实呈现泄洪、输水及运行的"四级五库"智能化微缩实体水工建筑实训场;使学生在学习专业知识的同时,学习我国多民族融合共享改革发展成果的政策。

2. 产教融合,实训基地建设"实景化"

与广西桂林灌溉试验中心站等行企共建节水灌溉生产性实训基地,将节水灌溉长廊、节水灌溉实训场、智慧农庄等实训建设和校园的水景静湖、水渠、花卉基地、校园道路等融为一体,形成校园生态环境和生产实训的有机融合。利用实训条件促进教学方法改革,开展无土栽培、智慧农庄等"学、训、创"项目,学生的专业学习和技能训练在校园实际生产情景中完成,实现教学与生产过程的有效对接。真实生产环境、真实实训项目、真学真做快乐学习的教学模式,提升了实践教学质量,增强了学生的职业能力和创新能力。

3. 突显特色,实训基地建设"水情化"

依托广西水利电力职业技术学院地处东盟经济开发区的地理优势,引那油水库水入校园,营造由"河湖渠"组成的优美水系,为水质检测、水文监测等课程开展专业实训提供真实场地。利用校园水景观和节水灌溉实训场等场所,结合"世界水日""中国水周"等活动,打造水情教育基地,向学生和社区群众宣传节水知识,培养人水和谐理念。

4. 技术发展,实训基地建设"信息化"

共建"互联网+实训中心"国际化信息实训平台。与学校所在园区广西—东盟经济技术开发区的仙湖水库管理处共建仙湖水库、定标水库的信息化实训中心,将仙湖水库(大二型)、定标水库(中型)大坝位移监测、水文监测、水库日常管理维护等工程管理现场信息化数据输送到学校互联网+实训中心,开展水工建筑物管理、监测的实景教学。与国家"172项目"崇左江治旱灌区管理局产学研合作建设信息化水利管理平台,将驮英水库的灌溉渠道水量、水位检测和灌区土壤墒情检测实现实时共享信息数据,加强水工建筑物、灌溉排水工程技术、水利工程项目管理等专业核心课程的教学改革。与广西福沃得农业技术国际合作有限公司合作,共建跨境互联网培训教室,将柬埔寨节水灌溉基地的水文气象、土壤墒情等数据信息,通过跨境远程实时传送到学校互联网实训教室,开展信息化教学。

5. 校企合作,实训基地建设"双元化"

为解决水利工程施工过程难以复现、不可逆、高风险等难点,联合广西建工集团海河公司、中国能源建设集团广西水电工程局有限公司等企业,共同建成国内用于教学的最大水利施工实训场,建筑面积近4000平方米的"一部一馆八平台",模拟水利工程施工与组织管理典型工作任务,开展教、学、训、赛、创、劳一体的实践育人,打造水利特色品牌,发挥示范效应,提升人才培养质量。

（五）名师名匠引领，打造"双师型"教学创新团队

以"名师名匠"引领，通过"引进、培养、锻炼、服务"等多措并举，建设专兼结合的教学团队，提升教学团队的教学、科研和服务能力。通过名师工作室、技能大师工作室、名匠工作室，以点、线、面结合的方式，全面提高教师队伍综合水平。

依托名师工作室开展青年教师指导，着力提高青年教师的专业建设、教学能力和教育教学改革水平。引进广西优秀专家、广西水利科技首席专家、2019年中国工程院院士候选人、教授级高级工程师李新建担任技能大师，成立"李新建技能大师工作室"；引进广西水利科学研究院的"广西杰出工程师"、教授级高级工程师刘鲁强成立"刘鲁强技能大师工作室"。通过技能大师工作室，着重提高教师科研水平和技术服务能力。从广西水利科学研究院、广西水利电力勘测设计研究院有限公司等单位中聘请一批了解水利行业发展趋势、熟悉掌握水利工程施工技术、设计和项目管理的生产一线技术骨干担任兼职教师，兼职教师参与人才培养方案的制定、课程建设、教学评价、学生就业创业指导等人才培养全过程，提高人才培养质量。以茆智院士引领、李新建首席专家主导、师生共同开展桂林市农田水利灌溉治污项目研究，研究成果"现代化节水防污型农田水利系统关键技术创新研究与应用"荣获广西科技进步奖三等奖。

（六）立足水利行业，全面提升技术服务水平

依托广西水利电力职业教育集团，联合广西水利电力职业技术学院的广西水利培训中心、职业技能鉴定中心和八桂水利产业学院，搭建"培训—开发—服务"一体的技术服务体系，成为服务地方水利行业发展、推动地方经济建设的典范。依托校企合作扩大区域合作，为"一带一路"沿线的东盟国家开展水利技术培训，增强水利技术精准扶贫的服务能力，加大对接广西城市建设学校等中高职学校的合作与交流。通过参与技术服务体系，教师职业能力和学生综合素质得到显著提升。

联合广西水利厅举办基层水利农村饮水安全、水电站运行管理等技术定向培训、专题培训，举办广西农村投资集团等企业安全生产管理人员培训，校企合作每年开展职工技术培训1000人次以上。

组织专业技术骨干教师开展水利技术精准扶贫。为金城江九圩镇精准扶贫驻村点开展防洪防涝水利科技服务，为马山县扶贫村开展饮水安全技术服务；为建档立卡贫困人员开展水域综合巡防管理岗前培训；暑期组织师生200余人次参加广西脱贫攻坚农村饮水安全工程检查和指导工作；与广西水利科学研究院合作，承担全区大中型水闸复核工作，提升广西水利管理水平。

（七）面向东盟，扩大技术输出提升国际影响力

与广西福沃得农业技术国际合作有限公司合作，为"一带一路"沿线东盟国家提供技术培训，共同举办国内外2018年、2019年柬埔寨农业灌溉技术培训班及供排水技术培训班，培训柬埔寨农业官员和技术人员100人；派出优秀专业教师18人次赴柬埔寨基地开展水利技术、

现代农业灌溉技术等职业技能境外培训及技术指导,受益的柬埔寨示范基地8个,涉及农田面积达3000公顷;举办柬埔寨短期留学生班,培训留学生10名;输出专业设计规范17项以及培训标准15个,为东盟国家水电建设和职教发展提供了技术和人才标准。2020年,克服疫情影响,依托校企共建的"柬埔寨农业促进中心"首次开展国际远程培训服务,举办农业技术境外远程培训班,为柬埔寨王国西哈莫尼国王技术学校30名师生提供节水灌溉技术培训。

与广西福沃得农业技术国际合作有限公司、柬埔寨波雷列国立农业大学联合开展"节水防污型农田水利系统""智慧生态村"等创新项目设计,项目集产品溯源、田间管理、病害预警、生产监控预产测产等功能,完成一站式远程高效农业管理,项目成果在2019中国—东盟职业教育联展上展出,获得专家和外宾们的一致好评。校企合作完成"柬埔寨智慧生态示范村"创新项目,获得2020全国移动互联创新大赛高校组(西南赛区)决赛银奖。

第三节 电力类创新人才培养模式

一、电力类人才培养模式

(一)电力发展概述

改革开放以来,国内电力体制不断改革,在实行多家办电、积极合理利用外资和多渠道资金,运用多种电价和鼓励竞争等有效政策的激励下,电力产业发展迅速,在发展规模、建设速度和技术水平上不断刷新纪录,跨上新的台阶。随着我国新时代社会主义现代化建设深入推进,经济发展进入新旧动能转换期,供给侧结构性改革步伐加快,能源发展由传统能源向新能源转变,电力体制改革不断深化。"十三五"期间,能源消费稳步增长,电源清洁发展是主导方向,贯彻我国"四个革命、一个合作"能源新战略和"创新、协调、绿色、开放、共享"新发展理念,大力开发清洁能源发电,加快实施供给侧清洁替代,已成为必然趋势。能源清洁低碳转型和高质量发展是电力产业新发展理念的重要抓手和着力点,加快能源变革转型,以清洁能源为主导转变能源生产方式,以电为中心转变能源消费方式,以大电网互联转变能源配置方式,推动构建清洁低碳、安全高效的能源体系。预计2035年我国非化石能源发电装机比重超过60%,发电能源占一次能源消费比重超过57%,电能占终端能源消费比重超过38%,统筹源网荷储发展,推进发展集中式与分布式相结合的清洁能源供能方式,增强能源资源的市场化配置能力,实现电力可持续保供能力不断提升。

电力需求方面,2019年我国全社会用电量为7.25万亿千瓦时,2016—2019年用电量年均增速为6.2%,2020年全社会用电量约7.4万亿千瓦时,预测2025年达到9.2万亿千瓦时。随着我国能源转型深入推进,以电为中心的能源消费格局进一步强化,终端用能进一步清洁化和绿色化,以电代煤、以电代油的领域日益广泛,电能替代快速增长,"十四五"期间电能替代量仍保持较大规模,预计到2025年替代电量为五千到六千亿千瓦时。随着各种集中式、分布式清洁能源大规模开发、高比例接入和大范围配置,需加速大电网运行控制与信息技术耦合,提升电网信息化水平,主要包括输电网的传输与资源配置能力、智能监测与预警能力、输变电设备与线路一体化调控能力、各环节高度融合的智能变电站技术体系、配电自动化、用电信息采集系统等。

电网发展方面,"十三五"期间,我国输配电网快速发展,全国跨区跨省输电通道加快推进,区域电网主网架不断完善,华北、华东特高压主网架基本形成,华中、东北、西北主网架持续优化,西南川渝藏形成独立同步电网,南方电网的云南电网与主网异步联网。截至2019年年底,全国1000千伏变电容量1.62亿千伏安,线路长度1.2万公里,750千伏及500千伏变电容量16.2亿千伏安,线路长度21.6万公里,有力支撑了国民经济快速发展的用电需要。适应新时代我国能源开发和消费新格局,"十四五"电网发展应以安全为基础、以用户为中心、以市场为导向,统筹主网和配网、系统一次和二次、城乡及东西部发展需求,加快构建以特高压为骨干网架,各级电网协调发展的坚强智能电网,着力提高电网安全水平和运行效率,实现更大范围资源优化配置,促进清洁能源大规模开发和高效利用,为经济社会发展和人民美好生活提供安全、优质、可持续的电力供应。2030 年南方电网建成"两横三纵"特高压交流主网架,两广负荷中心地区形成双环网结构,通过湘南—桂林、赣州—韶关、厦门—潮州与"三华"特高压交流电网相连。2050 年,进一步加强东部、西部同步电网主网架。南网建成"两横四纵"特高压交流主网架,新增"一纵"河池—百色交流通道,并向北延伸与怀化相连,与"三华"形成 4 个互联通道。

国家能源革命、可再生能源发展、电能替代等一系列战略工作落地,给人才培养工作带来了机遇和挑战。根据 2018 年中国电力企业联合会发布的《中国电力行业人才年度发展报告》可知,高技能人员占技能人员比例平均每年增长 2.07 个百分点。同时,电力体制改革向纵深推入,电力市场主体日益增多,增量配电业务及售电侧放开,对人才的要求与标准逐步提高,为现代电力技术提供了大量的高技能人才需求和广阔的发展空间。

另外,"一带一路"倡议为国家电力行业带来诸多新的海外发展机遇,为电力装备产业提供了更为广阔的市场空间,以智能电网、特高压、清洁能源为核心的国际能源互联网建设,将成为中国电力"走出去"的新名片。电网企业发展空间向全球化拓展,需要增强在世界范围内调配资源、统筹发展的能力,树立良好的国际化企业形象,更需要培养一批具有国际化水平的电力行业技术技能人才。

(二)存在问题

电力企业作为技术知识密集型企业,其活力在于人才发展,动力也在于人才。当下,电力企业在发展过程中存在员工总体素质不高、精通岗位技能的人才需要企业再培养,企业需求的人才结构与毕业生结构不匹配等人才供给和产业需求"两张皮"的问题,以及人才培训工作落后、激励机制不健全等。现代能源电力产业发展急需具有技术创新意识的高质量的电力专业人才。

(三)各电力高校人才培养模式

2019 年发布的《教育部 财政部关于实施中国特色高水平高职学校和专业建设计划的意见》提出,"坚持产教融合。创新高等职业教育与产业融合发展的运行模式,精准对接区域人才需求,提升高职学校服务产业转型升级的能力,推动高职学校和行业企业形成命运共同体,为加快建设现代产业体系,增强产业核心竞争力提供有力支撑。"电力类高校作为技术密集型高端产业提供人才支撑和技术服务的机构,创新办学模式、深化产教融合,是提升社会服务质量和水平的关键举措,国内各电力高校积极尝试电力类人才培养模式改革创新,形成很多可借鉴学习的案例。

广东水利电力职业技术学院供用电技术专业群人才培养主要面向电力供应核心产业链变电、配电、用电环节关键岗位,建设以泛在电力物联网技术为代表的、涵盖供配电基本知识、现代智能供配电系统运维、智能建筑用电、电力物联网工程技术等模块化课程体系,以育训结合、学做一体为手段,校企协同培养具备安装、调试、施工、运维等能力,德智体美劳全面发展并有"努力超越,追求卓越"的新时代电力人职业精神的复合型、创新型高素质技术技能人才,提升行业产业员工、技术人员技术水平。

重庆水利电力职业技术学院与重庆市水利电力建筑勘测设计院结合各自资源优势,找准利益结合点,建立师资共培、人才共育、资源共享、集团共建长效合作机制,为重庆市水利水电行业培养了大批水利水电类专门人才,促进了重庆市水利水电行业的快速发展。

华北电力大学基于电力企业对人才的需求以及学校的学科优势,形成了以突出"三能"(实践能力、研究能力、创新能力)为特点的培养目标,确立"合格+拓展"的育人模式,构建以"平台+模块"(1+2+N)为结构特点的课程体系,强化电力特色,突出专业特色,加强实验与实践教学体系的改革,建立以自主学习为特征的教学管理机制,形成"重实践、强能力"的人才培养特色。

上海电力学院实施PDCA循环与职业导师制相结合的人才培养模式,通过前期计划的规范化、执行过程的保质化、检查评估的细致化、总结剖析的深度化这4个方面来确保整个培养过程能够达到预期的目标。

(四)构建融工匠精神为一体的"一线三训,螺旋递进"人才培养模式

聚焦电力行业生产、建设、管理和服务等一线岗位需要的"下得去,留得住,用得上"的高素质技术技能人才培养,坚持立德树人,以学生为中心实施融入工匠精神培育的"一线三训,螺旋递进"人才培养模式(见图4-3-1)。即在"互联网+"教学平台的基础上,以学生职业能力和职业素质培养为主线,按照"实践⟷理论"交替学习方式,实施"通用能力训练—专业能力训练—综合能力训练"三级能力递进训练,达到提升职业能力和职业素质的目标。

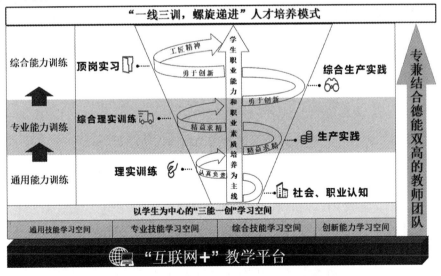

图4-3-1 "一线三训,螺旋递进"人才培养模式

二、广西水利电力职业技术学院电力类产教融合高水平专业群建设

(一)电力专业群组群逻辑

聚焦少数民族地区的电力产业发展与用人侧需求,政企校共同研讨,重构电力系统自动化技术专业群(见图4-3-2)。专业群以电力系统自动化技术专业为核心,带动发电厂及电力系统、供用电技术、机电一体化技术、水利机电设备运行与管理等专业建设与发展,紧跟广西区域经济和电力技术发展,培育新能源发电、轨道交通供电、电力营销、电力工程项目管理等方向。紧密对接我国现代电力行业的"发电—输电—变电—配电—用电"五大生产环节,共同面向现代电力技术生产、运行和服务岗位群。专业之间联系紧密,课程相互融通,在教学内容、实训条件、师资队伍等方面能够实现资源共享,形成了特色鲜明的电力系统自动化技术专业群。

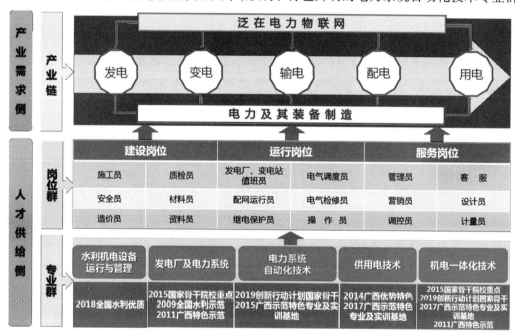

图4-3-2 电力专业群组群逻辑

(二)专业建设对应电力产业链

电力系统自动化技术专业主要面向现代智能电网的运行维护、检修试验和电气设备的生产安装、调试维护和现场服务等岗位工作人才,是专业群的核心专业;发电厂及电力系统专业侧重面向发电厂、电网公司、输变电公司、工矿等企业,从事发电机机组值班、变电站值班和电气运行调度、检修、安装等工作,同时培育新能源如光伏电站、风力电站、新能源发电站、核电站等岗位工作人才,是专业群的基础专业;供用电技术专业面向供用电、电力建设、工矿等企业,培养供电管理、用电监察及变配电站电气设备运行、监测、检修及管理,居民小区智能配电的运行维护等专门人才,培育轨道交通供电、电力市场营销、电力工程项目管理等方向,是专业群的特色前沿专业;机电一体化技术专业主要面向机电产品、现代装备制造、智能制造等企业,从事

机电产品设计与制造、设备改造、技术开发、设备操作与检修、设备安装与调试、自动生产线安装与维护、电厂自动化控制及输变电建设等方面的工作,是专业群重点专业;水利机电设备运行与管理专业主要面向电气设备制造企业、电气安装工程公司和大中型水电站等从事水电站机电设备安装与调试,水电站运行与维护,机电设备及自动控制系统安装、调试、运行、维护及管理等岗位工作,是专业群的急需专业。

面向广西北部湾经济区和广西电力产业发展,聚焦民族地区脱贫所涉及的电力基础设施建设人才需求,利用供给侧结构性改革理论和利益相关者理论分析用人侧需求,从专业设置和调整机制体制入手,重置电力系统自动化技术专业群,重置课程模块,重组教师团队,着力为基层电力工匠培养做好专业核心课程、教学工场和教学团队的全面"升级"。

(三)构建"育德·育智·育能·育才"课程体系,实施全科融通人才培养

校企合作开发"育德·育智·育能·育才"课程体系(见图4-3-3)。对刚进校的一年级学生开设人文素养课程、专业认知体验和岗位任务撰写,完善新生的品格和明确自身的职业目标;同时开设电力专业基础课程模块,开展通用能力训练,邀请"广西工匠""广西电网工匠"校友返校作报告,通过言传身教,培育和传承工匠精神。对二年级学生开设专业能力特色课程,培养安装、调试、施工、运维等能力,实现专业能力训练;对三年级学生进行综合能力训练,培养岗位综合能力和职业素养;创新创业模块以专业特色科技活动为基础、以参加技能竞赛为引领、科技讲座和学术交流贯穿学生在校始终,让学生广泛参与科技创新实践,由浅入深自主培养综合技能;通过提升专兼结合德能双高的教师团队,根据不同的课程内容采用"自学—指导""示范—模仿"等教学模式,按照"一线三训,螺旋递进"的人才培养模式,层层推进课程改革的具体实施,实现"匠心"的培育和技能的全科训练,为"电力人"的可持续发展奠定坚实的基础。

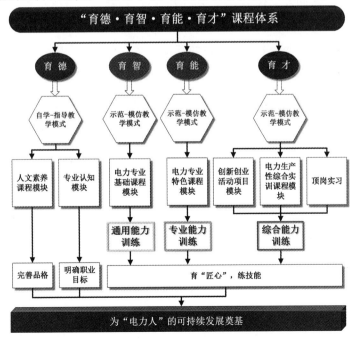

图4-3-3 电力类专业"育德·育智·育能·育才"课程体系

通过校企合作,打造了一支德能双高专兼结合的教师团队。建设了1个名师工作室、1个技能大师工作室、2个创新工作室,实施教学名师—技能大师、教学团队—企业班组多点对接,开展创新创效活动。教师团队成员主持教改科研项目12项,出版专著1本,发表论文44篇。

(四)开发"互联网+"在线课程,丰富"人工智能+"教学资源

与广西电网等企业合作,利用流媒体技术及网络技术,对教学资源进行重组、优化,对专业课程体系、教学内容、教学方法和手段进行调整,构建数字教育资源与实践教学、实践环境相融合的"互联网+"远程教学平台。对接职业技能等级证书,开发"互联网+"在线课程。承建自治区级专业教学资源库1个,自治区级精品课程7门,校企合作开发课程35门,公开出版教材22部。

(五)建设有电力特色、对接电力生产全环节的实训基地

围绕人才培养需求,建成了虚实耦合仿真的涵盖"发电—变电—输电—配电—用电"全环节的电力技术实训基地,有效解决电力类专业实训教学和电力企业员工培训的高风险性、难以重复操作等问题。针对电气运行、变电检修、继电保护、电气试验、输配电线路、装表接电等典型岗位,通过校企合作开发了变电站运行作业、电气一次设备检修作业、继电保护、电气设备高压试验等13门特色课程,满足了在校内充分开展电力类专业特色生产性实践教学的需求。

(六)建设电力技术服务中心,全面提高服务发展水平

借助中国—东盟经济技术开发区优势资源,依托电力产教TRIZ联盟,与广西水利电业集团、广西明电集团等企业共建电力技术服务中心,紧跟泛在电力物联网技术,促进专业群技术服务水平升级,与企业共同开展技术研发与应用。深入开展为广西地方电网、小水电建设技术服务,近5年,参加田林县那拉水电站等10座水电站的技改扩建工程设计,参加北海220千伏紫荆变、南宁110千伏歌海变等8个变电站的建设。

针对企业员工、退役军人、新型职业农民等人群,开展职业技能培训服务和职教扶贫。以社区居民为主要对象,开展触电急救等技能培训,宣传安全用电、节能用电、智慧家居等科普知识,提高社会群众、相关企业和人员的依法用电、安全用电意识,年均普及5000人次以上,实现了电力文化科普进社区活动。

(七)拓展国际化交流渠道,积极服务跨国企业

专业群通过多种方式积极拓展国际化办学交流渠道,在专业课程中引入了IEC 61131、IEC 61508、IEC 61511、IEC 61158和IEC 60529等国际规范标准;为越南举办水电站综合自动化培训,向越南、柬埔寨等东南亚国家推广教学经验和标准,并积极为跨国企业输送专业人才18人。

第四节　机电类创新人才培养模式

一、机电类人才培养模式

(一)机电发展概述

1. 机电在国民经济中的地位

机电产业是我国国民经济的支柱产业。同时集技术贸易、货物贸易和服务贸易于一体的机电产品贸易,成为国际贸易及国际高新技术产品贸易的主导产业,也是衡量一个国家参与经济全球化分工能力和外贸竞争力的重要标志,它标志着一个国家工业水平的高低。

2013年,德国汉诺威工业博览会上正式提出工业4.0的概念,之后第四次工业革命浪潮席卷全球。在2015年5月,由国务院印发《中国制造2025》,这是中国实施制造强国战略第一个十年的行动纲领。现在我国制造业正处于由"制造"向"智造"升级,由制造大国向制造强国迈进的关键时期,要实现我国经济顺利转型升级,保证《中国制造2025》顺利实施,必须要有强大的机电产业作为支撑。机电产业为整个国民经济提供了技术设备,为国民经济的发展作出了重要的贡献,在21世纪有着重要的地位。

《中国制造2025》的基本方针是"创新驱动、质量为先、绿色发展、结构优化、人才为本",计划通过"三步走"达成制造强国战略目标,这为机电产业发展指明了方向。

2. 机电在区域经济中的地位

在广西,机械工业是支柱型产业之一。经过长期培育和发展,广西机械工业形成了较为完备的制造体系,拥有工程机械、电工电器、石化通用机械、农业机械、机床工具、仪器仪表、重型矿山机械、机械基础件、食品及包装机械、其他民用机械等十个分行业,形成了较好的产业基础。为破解广西机械工业发展动能不足的难题,推动广西机械工业迈向中高端水平,实现机械工业可持续发展,2017年3月,广西出台了《广西机械工业二次创业实施方案》,明确提出以落实《中国制造2025广西实施意见》为抓手,以结构调整和转型升级为主线,以制造技术与信息技术深度融合为核心,以加快创新发展为根本,通过实施"178"发展战略(翻一番、七个转变、八项措施),加快发展"两企三城"(即加快推动柳工集团和玉柴集团发展,加快推进南宁、柳州、玉林三个智能制造城建设),促进广西机械工业提质增效、转型升级和健康发展,实现二次创业。根据《2019年广西壮族自治区国民经济和社会发展统计公报》统计,全年规模以上工业中,高技术制造业增加值比上年增长4.0%,占规模以上工业增加值比重为6.74%。全年规模以上服务业中,软件和信息技术服务业营业收入比上年增长18.8%。全年高技术产业投资比上年增长27.0%,其中高技术制造业和高技术服务业投资分别增长26.5%和27.4%。全年智能电视产量比上年增长2.1倍,手机增长72.1%,电子元件增长11.9%。

2019年广西壮族自治区人民政府印发《推进广西机械产业转型升级发展三年行动计划》，总体思路是：以推进技术创新、产品创新、制度创新为核心，对标"世界一流、国际领先"的国际标杆企业，通过"三位一体"的创新，深化机械工业"二次创业"，促进机械工业高质量发展。加强与国际先进技术合作，着力扶持柳工集团、玉柴集团等强优龙头企业，有效带动发展一批具有核心竞争力的企业群体和产业集群，促进广西机械工业提质增效、转型升级和健康发展，为广西经济社会发展提供强力支撑。

2020年广西壮族自治区人民政府办公厅印发《2020年全区制造业发展攻坚突破年实施方案》，方案总体要求提出：以制造业发展为突破口，以实现全区制造业总量扩大和结构优化升级为目标，以培育发展壮大龙头企业为主线，以工业生产要素整合提升为重点，打造一批具有国际竞争力的先进制造业集群，提升产业基础能力和产业链现代化水平。

3. 机电行业发展的前景

自改革开放以来我国实力逐步增强，在各方面都有一定的建树，在发展中国家占有一定的地位，但是与欧美等强国实力相比确实不足。如今，机电产业出口已经占到我国出口总量的半数以上，机电产业作为衡量我国工业水平高低的标志，正在助推我国出口屡创新高，全球使用的手机中有70%在中国生产，80%的空调来自中国，91%的PC也是在中国生产，所以说中国是制造大国一点都不夸张。但中国目前并不是制造强国。麦肯锡的数据显示，中国制造业的生产力水平只有西方发达国家的1/4；由世界品牌实验室(World Brand Lab)独家编制的2019年度（第十六届）《世界品牌500强》排行榜统计，在"世界品牌500强"中，中国的企业也仅占8%；中国汽车工业迄今为止所掌握的核心零部件技术还不到20%。2020年12月25日，中国工程院战略咨询中心、国家工业信息安全发展研究中心、南京航空航天大学等单位联合发布《2020中国制造强国发展指数报告》，显示我国制造强国发展指数为110.84，仍处于世界主要制造业国家的第三阵列，我国制造强国进程发展的主要支撑力仍为规模发展，制造业总体看仍处在中低端、指标落后、产能过剩等，从制造业核心竞争力来看，我国仍未迈入"制造强国第一阵列"，高质量转型发展之路任重道远。

目前，在中国制造强国路上，我国对机电行业不断加大投资扶持力度，不断帮扶重点龙头企业、创新型高技术集成企业、规模以上企业的发展，推动我国机电行业整体的快速发展。由于机电行业具有极高的渗透性，所以，机电行业的技术水平在一定程度上制约着其他行业的发展。随着社会不断发展，机电行业在许多领域中呈现出多功能、高效率、环保节约等特点，并在人们生活生产中扮演越来越重要的角色。整体来看，我国的机电行业正朝着信息化、集成化、智能化的方向发展，高新技术将会导致机电行业新一轮的洗牌，这对我国机电行业发展提出了新的挑战，将会成为促进人工智能发展的主导力量。但是，大型机电装备将会结合信息化实现机电自动化的转变，顺利地进入工业4.0时代。

(二) 存在问题

从"制造"到"智造"，人才是建设制造强国的根本。在人才培养上，高职院校是主要的技能型人才培养的主体,承担着为社会、为经济发展培养专业技术人才、经营管理人才、技能人才的重任,职业教育供给侧结构性改革呼之欲出。在"智能制造"变革浪潮之下,高职院校机电人才培养应该抓住机遇,主动迎接挑战,突破智能制造高端技术技能人才供给难题,培养具有匠心的机电类创新型人才。

国家职业标准目录中,高职院校机(械)电(气)类专业人才培养目标与职业标准中"维修电工""车工""铣工""机修钳工""数控操作工"等工种相对应,并且这些职业都是社会需求量大、技术含量高的职业工种,同时也是"中国制造2025"所急需的关键工种。但是,随着产业的转型升级、制造业中的信息化应用以及智能制造手段的普遍运用,原有的职业标准需要进行修订,指标规格需要相应地提升、补充和扩展,以适用"中国制造2025"相关产业对职业标准的新要求。因此,作为高职院校,人才培养规格需要及时与新的职业标准相衔接,并因此推动专业人才培养规格的改革与创新。

2008—2017年,经过两轮"职教攻坚",我国职业教育取得了长足进步,但依然还面临着专业匹配不够、职业技能不足、职业精神缺乏三大难题。究其原因,一是学校的发展建设存在很大的趋利性,学生的职业认识不深透,在职业选择方面具有很大的盲目性,造成专业匹配度不高;二是职业教育虽在校企合作、产教融合方面下了一番功夫,但还是存在深度、广度不足的问题,造成学生技能上的单一与缺失;三是社会发展的客观历史条件导致学生的职业精神淡化。在过去的一段时间里,职业教育的社会认可度不高,职业技能不被重视的现象在学生心里埋下职业教育可有可无的深刻印象;加之职业教育生源普遍文化层次较低,综合几个因素导致学生职业信心不强,对职业技能训练缺乏兴趣。职业教育存在的三大难题,表面上看是供给侧出了问题,实质上是需求侧的管理没有跟上,供需双方没有形成良好的相互制约机制,也就无法达到供需平衡状态。

面对我国产业升级和结构性调整的新常态,职业教育出现了专业设置重复、低效、与市场需求脱节等严重现象,导致高职教育不能适应区域产业结构调整对人力资源的需求,出现人才无效供给、错位供给,以及忽视学生发展多样化需求等问题。

1. 高职教育人才培养与社会发展需求脱节

高职教育理应直接服务于经济社会发展,所以,高职教育的发展必须牢固树立面向市场的观念,始终坚持以服务为宗旨、以需求为导向的办学方针,努力做到产业发展需要什么样的专业就办什么样的专业,社会岗位需要什么样的人才就培养什么样的人才。然而,我国高职教育正处于市场经济体制建立和完善的过程中,相当一部分高职院校在办学过程中仍然深受计划经济时代思维模式的影响,市场意识淡薄,高职院校培养的人才与行业企业等用人单位的需求不匹配,尤其是在职业能力方面的培养规格与需求规格出现脱节,不能满足需求侧的要求,例如,在人才培养上考虑职业岗位要求少,考虑自身专业因素多。高职院校培养的毕业生还体现不出这一类型层次人才的不可替代性,例如,培养了大量的传统制造类、财会类专业人才,社会需求相对过剩,而社会急需的智能化服务类、数字化设计类、智能制造类专业人才严重不足。

2. 高职教育人才培养忽视了学生发展多样化的需求

由于学生自身素质和发展需求的多样化，高职院校对人才培养目标与规格的定位也应该是多样化的，应该主动适应高等教育大众化多元质量观的要求，转变单一的质量标准，形成多元化的人才培养质量观。不同的高职院校根据生源的差异性，可以有不同的人才质量标准、同一学校不同专业或同一专业根据不同的生源，也可以有不同的质量标准、然而实际情况是大部分高职院校几乎用同一把尺子来对待所有学生，对学生都采用同一种质量标准、同一种培养目标与人才培养规格等。大多数高职院校对培养目标的定位比较单一，主要是培养一线需要的技能型人才，完全忽略了学生的多样化发展需求。另外，一些高职院校一味迎合企业要求，过于强调以职业实践为中心来组织教学，注重对岗位动手能力"硬"技能的培养，而忽视了对专业知识及学生的组织能力、协调能力、团队合作精神、人际交往能力和面对挫折的承受能力等"软"技能的培养，人才培养"工具化"倾向严重。这些都脱离了利益相关体学生的实际需求。例如，对于数控技术专业，高职院校购置很多数控加工设备，并且花了大量的时间去训练学生的数控加工技能，而事实上现在企业的数控加工技能人才95%以上来自技校、中职院校毕业的学生，甚至是短期培训出来的农民工，高职院校实际上做了违背大多数学生就业意愿的无用功，即忽视了学生就业需求的要求；又如，对模具设计与制造专业，高职院校花大量时间去训练学生的钳工技能，很多学生也参加了钳工考证，但模具专业学生毕业后一般不愿意去做模具学徒工或模具钳工这种工作劳累且待遇不高的底层工作。所以，不是社会不需要一般加工技能人才和一般服务人员，而是大部分高职院校毕业的学生不愿意从事简单技能岗位的工作，而是更乐意在延展性较高的复合技能岗位上就业。不以学生需求为导向，而是急功近利的短视眼光和短期行为，忽略了促进学生全面发展的教育本质，忽略了学生的实际需求，所以，这种教育得不到需求端即利益相关体学生的认可。

3. 高职院校的办学规模与自身发展需求不匹配

随着扩招，高职院校的办学规模逐年增大，但通常以学校的学生人数、师资力量、专业设置、校舍以及校园占地面积等硬性指标来体现，办学规模大则意味着上述各个方面指标均处于相对良性发展状态。但从内涵上看，办学规模体现的是"量"的增长，而非"质"的内涵的提升，即办学规模不等于办学质量。一般而言，高职院校要根据社会发展需求、区域经济发展水平和学校自身发展的需求等多种因素来确定学校的办学规模。然而，一些高职院校为了扩大办学规模，片面追求专业数量，一哄而上增设专业，不理智考虑市场需求与供给的关系，导致办学规模与自身发展需求不匹配，不能保证办学质量；一些高职院校片面地将社会发展需求理解为当前劳动力市场急需何种人才，对社会热门专业跟风而上，很少考虑自身是否具备开设此类专业的软、硬件条件，同样难以保证教学质量。这些都使高职教育出现盲目追求扩大办学规模，而忽视走高质量的内涵发展之路。

（三）各高校机电类高校人才培养模式

针对我国职业教育体制中企业参与度不高的国情，党的十九大报告提出，完善职业教育和培训体系，深化产教融合、校企合作。产教深度融合是《国务院关于发展现代职业教育的决定》提出的新的目标诉求和特色追求,要求"到2020年,形成适应发展需求,产教深度融合,中职高职衔接,职业教育与普通教育相互沟通,体现终身教育理念,具有中国特色、世界水平的现代职业教育体系"。当前,要想从根本上解决这些问题,首先要进行人才培养模式改革,从培养路径、培养目标、课程体系建设等的研究中探索出一条可行之路。

1. 产教融合人才培养模式的构建

(1) 产教融合人才培养模式构建的意义

高职教育是培养与我国社会主义现代化建设要求相适应的、掌握本专业必备的基础理论和专门知识,具有从事本专业实际工作的良好综合素质和职业综合能力,在生产、建设、管理、服务第一线工作的应用型人才。高职院校毕业生就业主要面向企业,培养目标、教学内容必须符合企业需求。因此,为了培养适应企业需求、就业适应期短的毕业生,产教融合、校企合作是高职教育满足社会需求的有效途径。

(2) 产教融合人才培养模式构建的目标

从各高职院校机电类专业的人才培养模式现状以及教育可持续发展需求可知,当前在高职院校中围绕着产教深度融合构建人才培养模式,要求该模式具有发展性、需要性、目的性。首先,人才培养模式的发展性,要求专业生产实践活动和理论教学活动的融合要真正有利于高职教育的特色发展和产业进步,要推进高职教育的转型发展和内涵提升。其次,人才培养模式的需要性,要求产教深度融合顺应学校办学并与地方经济发展对接,专业设置要与地方主导产业对接,人才培养目标与行业需求对接,人才培养规格与工作岗位要求对接,教学过程与工作过程对接,真正办出质量、办出水平。最后,人才培养模式目的性,即产教深度融合一定要符合高职教育培养人才、服务社会、助推经济、满足就业的办学宗旨,充分发挥高职教育的办学职能,实现办学效益最大化。有了符合自身特色和发展途径的人才培养模式,才能在专业建设、人才培养、教学改革、解决供给矛盾等方面走出特色创新之路。

2. 机电类专业产教融合人才培养模式

各高职院校在一次次的职业教育改革浪潮中不断摸索与尝试,力求进一步对接市场,优化调整专业结构,深化产教融合,更大规模地培养培训技术技能人才,有效地支撑我国经济的高质量发展,形成各具特色的产教融合人才培养模式。

(1) 安徽职业技术学院创新"三纵五横一中心"人才培养模式(见图4-4-1)。

一中心:围绕培养"大国工匠"为中心,坚持立德树人,弘扬工匠精神,将工匠精神的培养贯穿人才培养的全过程。

三纵:按照职业技能养成规律和学生成才规律,构建"平台基础""技术基础""职业方向"三个维度递进式课程体系,专业群内所有专业均开设平台课程,学生自主选择技术基础课程和职业方向课程,构建以学生为主体的学习平台。

五横:按照智能制造生产链的"订单管理—产品设计—智能加工—智能检测—智能仓储"五个环节,围绕高端数控加工技术、工业机器人系统集成技术、智能装备控制技术、工业互联技术、工业云技术、汽车与新能源汽车技术重构课程体系,优化课程标准、课程内容、教学实施方案,按生产链属性培养企业需要的高素质技术技能人才。

图4-4-1 "三纵五横一中心"专业群人才培养模式

(2)桂林理工大学南宁分校基于智能制造工厂的"产教融合、协同育人"人才培养模式(见图4-4-2)。

基于智能制造工厂的建立,与企业合作进行新产品的研发和制造加工,并聘请企业技术人员为学生进行授课,在专业核心课程和技能训练中引入生产案例,与专业群内各专业紧密结合,转化为教学资源,实现了对学生的"工厂认知—专业培养—工厂验证"的循环培养过程,从而达到深度产教融合,凝练出"将技能训练融入实际生产过程、岗位技术标准融入课程体系、企业骨干融入教学团队、生产企业融入校内实训基地、教育融入企业文化、企业生产案例融入课程内容"的"六融入"人才培养新思路。

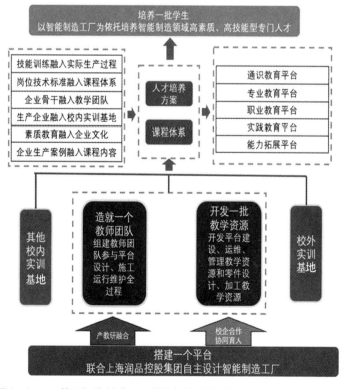

图4-4-2 基于智能制造工厂的"产教融合、协同育人"人才培养模式

(四)广西水利电力职业技术学院全科融通"三层三线四融合"的机电人才培养模式

经过多年的研究探索、打磨与凝聚,秉承"全科融通育全人"的理念,广西水利电力职业技术学院机电类专业深研产业链、教育链、专业链和创新链,形成了独具特色的"三层三线四融合"创新型人才培养模式,主要由课程体系、人才培养过程和专业核心能力培养方式、创新实践平台构成(见图4-4-3所示)。

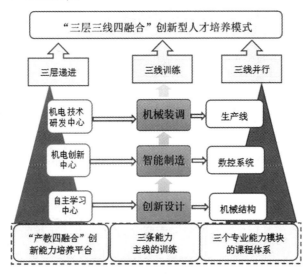

图4-4-3 "三层三线四融合"人才培养模式总体构成

1."三层三线四融合"人才培养模式内涵

以"产教四融合"创新能力培养平台为支撑,基于工作过程及创新理论构建"三线并行"模块化课程体系,实施课程学习与自主学习双线并行、创新设计、技术研发的"三层递进"三年不断线的培养过程,推行典型机电产品设计、制造、装调的"三线训练"专业核心能力培养方式,形成了"三层三线四融合"创新型人才培养模式。

"三层三线四融合"创新型人才培养模式围绕着机电产品的设计、制造、安装调试、控制、运行与维护等过程,通过具体的某一机电产品即"目标产品"的生产过程设计课程体系、开展理实一体化教学,将课程教学过程与工作过程相结合、专业培养过程与岗位工作过程相结合,较好地保障了人才培养的质量。人才培养模式具有较强的实用性、可操作性,在构建、实施过程中,已经取得了明显的实践效果,并具有较强示范性和指导推广作用。

以"目标产品"为载体,打破传统的"文化课—专业基础课—专业课—技能训练"及学科化、系统化教学模式的框架与界限,以完成某一机电产品的设计、加工、安装、调试、控制为目标,将课程的理论教学、实践教学、生产作业融于一体,教学环节相对集中,通过完成目标产品的设计和制作,培养学生的专业能力、方法能力、社会能力和良好的职业能力,从而达到教学目标。例如,在机械设计与加工专业模块中,以"普通机床数控化改造"项目为载体,选择"数控机床进给装置"或"平面关节型机器手"为目标产品,从机械制图、机械基础等专业基础课程,到机械设计基础、机械制造技术、机电设备维修等专业课程,都可以用目标产品的零部件作为主要载体进行教学,不但有知识传承、贯穿专业教学过程、难度适中、趣味性强等优点,还为后续的数控系统安装调试及故障判断处理模块或自动化生产线安装与维护模块提供载体,实现教学模块之间的联系贯通,三年不断线,将全员育人、全程育人、全方位育人落到实处。

校企共建的校内专业实体与"自主学习中心""机电创新中心"和"机电技术研发中心"之间唇齿相依,共同实现制度融合、技术融合、资源融合、人员融合等"四融合",形成"产教四融合"创新能力培养平台,建立了"三年不断线"的校企深层次互动合作体系和协同育人关系。学生参与生产过程,在真实的生产环境中完成部分专业课程、专业实践和顶岗实习,提升职业综合能力。学生进校就介入产品设计与开发工作,经过自主学习、创新设计制作、设备安装与维修、技术研发四个阶段的训练,循序渐进地提升职业能力。

2. 机电类专业全科融通"三层三线四融合"创新型人才培养模式成效

在全科融通"三层三线四融合"创新型人才培养模式下,机电类专业培养了一批扎根广西装备制造业和基础水电站机电设备运行与维护的基层技能人才,在广西装备制造业、汽车产业领域活跃着大批能创新、能制造、能装配、能维修的一专多能、多岗切换、扎根基层、勇于奉献、忠诚担当的"全科"之水电基层"全人",为广西脱贫攻坚作出了积极贡献。

(1) 机电类专业建设成效

机电一体化技术专业是机电专业群的核心专业,通过多年的高标准建设,在人才培养模式、教学条件、人才培养质量等方面都取得了长足的进步,成为国家骨干院校重点专业、广西优质专业、广西特色专业、广西示范特色专业、广西双高建设高水平专业群,培养了一大批高水平的毕业生,并带动机械制造与自动化、数控技术、工业机器人技术和水利机电设备运行与管理4个专业的建设与发展;水利机电设备运行与管理是全国水利示范专业、广西优质专业;数控实训基地是广西示范性实训基地;机械制造与自动化专业为院级特色专业,数控技术为广西"2+3"中高职衔接试点专业(见表4-4-1)。水利机电设备运行与管理专业开办了二十多年,是学校开设最早的专业之一;机电一体化技术、机械制造与自动化两个专业已经开办二十多年;数控技术专业也开办了十多年;工业机器人技术专业是近年来为适应制造业和区域经济发展而开设的新专业。

机电专业群基础扎实,现拥有自治区级实训基地1个,自治区级教学成果一等奖、二等奖、三等奖各1个,自治区级教学名师1名、全国水利职教名师1名、自治区级优秀教师1名、全国水利职教新星2名,自治区级精品课程5门、自治区级应用技术研发课题7项、自治区级教学改革课题19项、校企合作应用技术研发25项。2006年以来学生获得自治区级以上技能大赛奖励100多项。2021年机电教师团队参加广西教育厅举办的教师教学能力大赛获一等奖,学生团队参加2021年中国国际"互联网+"大学生创新创业大赛全国总决赛荣获银奖。2016年机电一体化技术专业获批为自治区职业院校示范特色专业及实训基地建设项目,并于2018年通过验收,评定等级为优秀;2009年机电一体化教学团队获得自治区级教学团队称号,2021年获得全国水利创新团队称号。

在行业、企业和学校共同参与下,通过与上汽通用五菱汽车股份有限公司开展"订单班"、与广西南宁沃源重工机械设备有限公司联合成立"校中厂"、校企共建"机电创新中心""学生自主学习中心"、开展技能大赛等举措,促使学生综合素质提升,提高了毕业生的就业吻合度、就业率。在专业群建设、课程建设、实训条件建设、师资队伍建设、社会服务能力与水平等方面都达到了区内引领、国内示范的地位。

表 4-4-1 专业群建设成果

专业名称	取得标志性成果	时间
机电一体化技术	国家骨干院校重点专业	2015 年
	广西优质专业	2006 年
	广西特色专业	2012 年
	广西示范特色专业	2018 年
	广西双高建设高水平专业群	2020 年
水利机电设备运行与管理	全国水利示范专业	2008 年
	广西优质专业	2006 年
	全国水利优质专业	2020 年
数控技术	广西示范性实训基地	2006 年
	广西"2+3"中高职衔接试点专业	2015 年
专业群	国家骨干高职院校	2015 年
	全国水利优质院校	2018 年
	全国水利创新团队	2020 年

(2)建成"产学研"多功能的校内专业实体

学校与广西沃源重工机械设备有限公司合作在校内共建、共享集研究、设计、生产于一身的工程机械研发中心,形成公私合营的校内专业实体。该研发中心建筑面积3000多平方米,总投资1800多万元,拥有数控加工中心、等离子水切割机、数控镗床等大型机械加工设备,主要负责设计、制造、安装调试凿岩机、挖掘机、抓木器等工程机械设备,在校内搭建了教学环境与生产环境对应、校企相互依托的实践教学平台和成果孵化基地,解决了校企合作动力和校企联合培养复合型技术技能人才的两个关键问题。

真实产品、真实的生产环境,典型的工作任务和案例,为实践教学提供一个真实的校内生产性实训基地,为师资队伍建设提供一批具有丰富经验的兼职教师,为机电类教师提供一个完整的生产实践平台和研究基地。

(3)创建"产教四融合"创新能力培养平台

通过技术合作、资源共建共享、优势互补等多元合作方式与企业形成相互依托的利益融合关系,将学校与企业在科技项目合作的优势转化为人才培养的优势,深层次解决人才培养环节的企业合作动力缺乏的问题;通过规范制度,校企共同投资,教师与员工互换,建立了产教融合的保障机制;专业建设与企业发展关联,企业生产为教学服务,校企利益共存,教师担当产品研发的主角,企业负责学生实践、就业,实现了学生、学校和企业三赢。

校企共建的校内专业实体与"自主学习中心""机电创新中心"和"机电技术研发中心"之间唇齿相依,共同实现制度融合、技术融合、资源融合、人员融合等"四融合",形成"产教四融合"创新能力培养平台,建立了"三年不断线"的校企深层次互动合作体系和协同育人关系(见图4-4-4)。

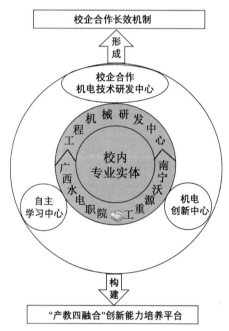

图4-4-4 "产教四融合"创新能力培养平台

(4)激发学生的创造力

产教融合促使学校兴办专业产业,并使之与教学相结合,这为学生提供了必要的实习条件和难得的锻炼机会。在生产实践和管理实践中,学生在教师的带领和指导下,把学到的书本知识运用到实践之中,通过实践去磨炼,从而加深对知识的理解,提高应用能力和解决实际问题的能力。不仅如此,产教结合还激发学生的创造、创新思维和创新热情,激励他们在实践中不断探索与创新,而这种创新意识、创新能力以及创新人才的培养正是职业教育的办学方向。同时,学校兴办专业产业,让学生参与生产或经营,取得一定的报酬,这也为学生勤工俭学创造了条件。

(5)促进校企深度融合

产教融合人才培养模式的实施需要校企共建校内生产性实训基地,生产性实训基地为学生实践、教学、科研提供了基地,在学生身边营造真实的生产环境,便于教学实践。其中,学校为企业提供场地、技术资源,企业投入设备,企业为学生提供实践岗位,而学生的实践劳动为企业解决了用工荒,解决了企业经常性的困难,校企之间形成了唇齿相依的关系。通过真实产品设计、生产、安装调试,锻炼了学生的研发、创新、创业等能力,部分优秀毕业生成为企业员工,为企业发展创造价值,学校的技术支持也使企业的生产技术快速发展,良性循环,使校企合作可持续发展。同时,通过校企互动培养创新创业人才,解决了如何将学校与企业在科技项目合作的优势转化为校企合作在人才培养工作方面的优势,深层次解决人才培养环节的企业合作动力问题,企业的身份从被动接受的配角转变到积极参与的主角;解决了以往企业参与人才培养环节只停留在安排指导学生参观和接受实习生顶岗实习等表面合作,难以深入实质合作的问题。

(6)提高教师的"双师"能力

在产教融合的实施过程中,校企共建生产性实训基地、兴办专业产业,专业产业、生产性实训基地为专业教师提供一个完整的产品设计、制造、安装调试、企业运营与管理的生产实践平台,为广大教师,特别是专业课教师参加实践、提高实际工作的能力提供了条件和机会;而且在实际工作中,教师把理论知识与生产实践相结合,把教学与科研相结合,这有利于提高自身业务素质,提高教学的质量,对高职院校建立一支过硬的师资队伍有着十分重要的意义。同时,校企深度融合,将行业学会及企业的技术创新与产品开发项目引入学校,助推师生共同研发和技术攻关,培养尖子学生和优秀教师。一批具有真才实干的专业教师队伍逐步成长,这为学校的可持续发展奠定了坚实的人才基础,成为学校的一笔巨大财富。企业的参与也为师资队伍建设提供一批具有丰富经验的兼职教师,解决了师资队伍实践能力不足的难题。教师到企业锻炼开展岗位练兵活动,成为"双师型"教师队伍建设的突破口,教师的教学实践、教学研究、培训学习有机融为一体,教师积累提升自我专业技术实战经验的同时,有力推动了学校教学工作的改革和发展。

(7)促进地方经济繁荣发展

职业教育直接为当地经济建设服务,高职院校设置的专业与当地经济建设关系密切、联系广泛。由于学校教师专业知识丰富、头脑灵活,他们依靠科技兴办产业,为当地企业提供技术支持,因而在当地具有一定的影响力和示范性。同时,高职院校培养了一大批懂技术、会管理的人才,他们走上社会,必然会成为该领域的行家里手,这有利于带动当地经济发展和推动经济结构的调整,促进地方经济的繁荣和发展。

(8)促进职业教育健康发展

职业教育以就业为导向,培养的是生产、建设、管理和服务第一线需要的高技能人才,这类人才具有鲜明的职业性、技能性、实用性等特征,符合生产一线的要求。简单地说职业教育的毕业生就是工作在第一线、懂技术、会操作、能管理的技术员,"产教融合"的人才培养模式、"校企一体""课证融通"的培养思路正是这种需求的集中体现。因此,机电系聘请南宁精能发电设备有限公司刘奇波总经理(高工)作为技能大师工作室主持人,成立广西水利电力职业技术学院技能大师工作室,与陈伟珍教授的名师工作室相协同,依托百越产业学院和广西水利电力职教集团,以机电类、装备制造类企业具体岗位需求为目标,形成机电类专业课程标准,对接装备制造,机电设备的安装、调试、维修等职业标准和工作过程的岗位核心职业能力培养,使"岗课"相衔接,借力于全国大学生机械创新设计大赛、"互联网+"大学生创新创业大赛、职业院校技能大赛等,以赛练练、以赛促学提升课程教学水平;广泛开展1+X工业机器人集成应用证书、1+X数控车铣加工证书、1+X机械工程制图证书、电工上网证书等职业技能等级证书与课程相融合,已建立等级证书与课程评价的互换机制。"岗课"衔接、"证赛"搭建"岗课"桥梁,形成的"岗课赛证融通"四位一体教学,使学生通过课程学习具备与企业岗位需求的职业能力,同时为高素质"双师型"教师的技能水平和专业教学能力的提升,提供了平台和途径。

二、广西水利电力职业技术学院机电类产教融合高水平专业群建设

(一)机电专业群组群逻辑

机电类专业(群)构建与智能制造产业链对接,以智能制造产业链为依托,构建机电类专业群,包含机电一体化技术、机械制造与自动化、数控技术、工业机器人技术、水利机电设备运行与管理5个专业,其中机电一体化技术是专业群的核心专业(见图4-4-5)。机械制造与自动化专业承接机电产品的设计与制造,水利机电设备运行与管理专业承接机电产品的安装与维修,是专业群的基础专业;数控技术专业承接现代加工技术的开发与应用,工业机器人技术专业承接机电产品智能制造系统的开发与应用,是专业群的前沿专业。机电类专业群紧密对接我国制造业的产品设计制造、自动控制、设备运行维修三大技术领域,贯穿了机电产品生产的全生命周期,共同面向机电产品设计、生产、设备运行与维修岗位群,5个专业之间联系紧密,课程相互融通,求同存异,突出专业特点,形成在教学内容、实训条件、师资队伍、课程建设等方面实现资源共享,在专业个性方面特色鲜明的机电类专业群。

图4-4-5 机电类专业群的组成

(二)专业建设对应产业链

2015年5月19日,国务院正式印发《中国制造2025》,实施制造强国战略部署,其核心是智能制造。推进智能制造是中国制造从"制造大国"向"制造强国"转型升级的主攻方向。随着新一代信息技术与制造业的深度融合,基于信息物理融合系统的智能制造正在引领制造方式的巨大变革。智能制造成为社会经济发展、科技创新的新增长点。企业对简单工序的操作人员需求越来越少,对智能装备应用与维护、工业机器人系统集成、高端数控加工与编程、数字化建模、精益生产、逆向工程等人才需求越来越多。新世纪以来,党和国家深入实施人才强国战略,推动我国由人力资源大国迈进人才强国行列,制造业人才队伍建设取得了显著成绩,有力地支撑了制造业持续快速发展。

2016年,在教育部、人力资源社会保障部、工业和信息化部共同编制的《制造业人才发展规划指南》中指出:实现制造强国的战略目标,关键在人才。在全球新一轮科技革命和产业变革中,世界各国纷纷将发展制造业作为抢占未来竞争制高点的重要战略,把人才作为实施制造业发展战略的重要支撑,而制造业发展面临着资源环境约束不断强化、人口红利逐渐消失等多重因素的影响,人才是第一资源的重要性更加凸显。可见,有利于制造业人才成长和发挥作用的政策和社会环境正在形成,机电类专业群的构建正是适应了智能制造发展的需求。

2017年广西出台《广西机械工业二次创业实施方案》,其主要任务之一即推动传统制造向数字化制造、智能制造转变,着眼于推动高端装备制造业智能化升级,在南宁、柳州、玉林等市重点建设三座智能制造城。2018年在《贯彻落实创新驱动发展战略打造广西九张创新名片工作方案(2018—2020年)》中提出:全力打造"传统优势产业、先进制造业、信息技术、互联网经济、高性能新材料、生态环保产业、优势特色农业、海洋资源开发利用保护和大健康产业"等广西九张创新名片。特别强调了要加快先进制造业的发展,贯彻落实"中国制造2025"工作要求,加快推进"互联网+工业"行动,促进互联网、大数据、人工智能与制造业深度融合,推动"广西制造"向"广西智造"转变,构建制造业全产业链创新体系,实现传统装备制造产业转型升级和向中高端迈进。

机电专业群的建设与发展正是适应了广西经济发展的战略需求。面对新的形势和挑战,必须把制造业人才发展摆在更加突出的战略位置,加强顶层设计,发挥资源优势,抓好体制机制改革、强化人才队伍基础、补齐人才结构短板、优化人才发展环境,充分发挥人才在制造强国建设中的引领作用。

(三)专业群课程体系构建

1. 专业群课程体系的特点

为实施基于目标产品的"三层三线四融合"创新型人才培养模式,学校多次组织一直工作在生产第一线的实践专家进行研讨,寻找机电类专业实践专家在职业成长过程中的典型工作任务,按照"校内学习与实际工作相一致"的要求,突出职业能力和职业素质培养,强调"企业需求和学生需求并重",构建了基于工作过程的"宽基础多线并行"工学结合课程体系(见图4-4-6)。

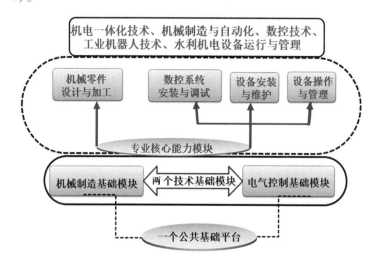

图4-4-6 "宽基础多线并行"工学结合课程体系

在原有操作类课程、管理类课程的基础上,整合课程内容和培养目标,随着学生认知能力的提高,分阶段合理设置创新能力课程,包括创新识别类课程、创新技术类课程,培养学生发现新市场、及时获取创新机会的能力,利用在校期间,逐层递进培养学生具有锐意进取的创新精神。"多线并行"的课程体系,包含机械零件设计与加工、数控系统安装与调试、设备安装与维护、设备操作与管理四个专业能力模块。

①一个独立的公共基础平台,包括两课、高职英语、计算机文化基础、体育与健康、职业发展与就业指导、心理健康教育等课程,属于专业群共享部分。

②两个并行的技术基础模块,即机械制造基础和电气控制基础模块,包括金工实训、机械制图与测绘、机械制造基础、电工电子技术、液压与气动技术应用、机电一体化技术应用等课程,属于专业群互通部分。

③多线并行的专业核心能力模块,即机械零件设计与加工、数控系统安装与调试、设备安装与维护、设备操作与管理模块,分属于专业群中不同的专业,以满足各专业培养目标的需求,属于中层分立部分。不同专业的学生可以同时跨模块学习,实现一专多能。各模块的核心课程有所侧重,比如:机电一体化技术专业包括机械装置与零件设计、机械制造技术分析与实践、机电设备安装与维护、数控机床操作及维护、机床数控系统检修与调试、自动化生产线安装与调试、工业机器人安装与调试等专业核心课程。

专业群中的各专业在选修课、毕业设计与实践中还将融入专业拓展能力训练模块,增加创新理论、创新实践、创新制作、创新大赛等创新课程和训练,在各能力模块中渗透创新思维、创新技术和思政教育。

2. 专业群教学模式改革

在两个技术基础模块中实施了基于目标产品的"连环载体"教学模式。以此为基础研究形成"基于行动引导型核心课程实施连环载体教学的课程体系建设模式"和"以行业职业标准构建的高职机电类专业课程体系"等教学成果。

基于目标产品的"连环载体"教学模式,即围绕着目标产品的设计、加工、安装调试、控制等过程,选择学生在前期课程学过的并属于目标产品的部分成果作为后续课程的学习载体,这就使得前后课程之间总能通过学习载体发生联系,形成连环,故称连环载体(见图4-4-7)。这种载体是学生熟悉的、感兴趣的,节省了载体的引出和解释时间;同时,学生可以从载体中自己发现和纠正存在的问题,促使学生养成细心工作的良好职业习惯。

图4-4-7 "连环载体"教学模式

实施基于目标产品的"连环载体"教学模式,使专业基础课程也可以实施项目导向、任务驱动教学,在很大程度上融入了职业活动,淡化了专业基础课程和专业课程的概念,使学生参加职业活动的时间大大地提前和增加,打破了传统的建筑学基础观,贯彻了生物学基础观。

3. 课程建设勇于突破

课程建设与开发始终坚持校企合作的模式,勇于突破传统,专业课程教材与资源开发均与相关行业企业及技术骨干共同开发,尊重职业人才成长规律,以职业岗位能力重构课程体系,以项目化教学组织教学内容,抓好"课证融通",坚持"课程思政"。以精品课程建设提升教学资源建设质量,其中机械制图、液压技术、机械设计基础、机械制造技术应用与实践4门课程已为自治区级精品课程,水轮机及辅助设备运行与检修既是自治区级精品课程又是全国水工教指委精品课程;现正在建设中的UG软件应用为自治区级在线精品课程,机械制图为自治区级课程思政示范课,机械设计与应用、机械制图已是校级在线精品课程,正在申报自治区级在线精品课程。配套课程教材已开发完成12部。

积极推进1+X证书制度,工业机器人技术专业、数控技术专业成功申报1+X证书试点专业,建设1+X证书制度课程5门,培育1+X证书试点教师6人;开发了工业机器人技术、数控技术课程资源和机器人安装与调试技能比赛资源,开发工业机器人集成应用(初、中、高级)、数控车铣加工(初、中级)等职业技能等级有关的1+X证书学习资源,为1+X证书试点工作的推进奠定了基础。

建立专业课程与职业技能证书融通的学分银行,优化课程设置和教学内容,将新技术、新工艺、新规范以及职业技能标准融入课程教学内容,课程教育与证书教育融通,上岗证书与课程标准对接,达到"课证融通"的目标。

将工匠精神的培育与职业技能的训练相结合,实现"通用能力训练→专业能力训练→综合能力训练"递进提升。

专业群全部课程已构建网络资源,借助超星"学习通"平台,将教学资源建在网络上,可实现多教师共建课程,师生共享资源,教学过程数据化,考勤记录、作业布置、过程考核网络化。课程通过"线上""线下"混合式教学,充分地调动了"教"与"学"的积极性。现专业群已在平台上建课48门,其中用于水利电力企业职工培训课程5门,企业员工在线人数300多人。

4. 校企合作促基地建设

借助国家骨干院校建设和广西示范特色专业建设的契机,加大加快实训基地建设,建成了包含"三基地三中心"的实践教学工厂,即:三个实训基地(金工实训基地、专业基础实训基地、数控技术实训基地)和三大实训中心(虚拟仿真实训中心、专项技能实训中心、机电一体化综合职业技能实训中心),为目标产品的设计制作提供了基础;包含"三个实训基地、三个实训中心"的教学工厂,为机电类专业群学生在校内的职业能力培养和专业能力训练提供了强有力的支持。同时,以企业模式构建校内教学工厂,营造真实工作环境和氛围,改革教学组织模式,在培养学生的专业能力、方法能力的同时,也锻炼了学生的职业能力和社会能力。

与广西南宁沃源重工机械设备有限公司合作共建集研究、设计、生产于一身的工程机械研发中心,在学生身边营造了真实的生产环境,给机电类专业人才培养提供典型的工作任务和案例,为教学提供一个完成真实生产任务的生产性实训基地,为机电类教师提供一个完整的新产品设计、制造、安装调试、企业运营与管理的生产实践平台。

拥有自动生产线实训室、数控加工实训室、PLC实训室、工业机器人实训室等二十个校内实训场所,建筑面积12000多平方米,实验、实训课开出率100%;配有机电一体化柔性生产实训系统、工业机器人、自动化生产线实训系统、三坐标测仪、A3000高级过程控制实验系统、床身式加工中心等大型设备81台(套),总值2200多万元;学校是国家"数控工艺员培训考点""广西高等职业院校示范性数控实训基地""全国机械工业职业技能鉴定考点"。

依托广西水电职业教育集团和里建校区所处的广西—东盟经济技术开发区,建有上汽通用五菱汽车股份有限公司、宝钢湛江钢铁有限公司、百威啤酒等区内外优质稳定的实习基地达22家。与企业联合制定有利于工学结合、技能培训和学生顶岗实习的管理制度。

5. 全方位打造创新团队

全面贯彻党的教育方针,坚持立德树人根本任务,坚持"立品、为学、禀艺、砺身"的团队建设理念,传承和弘扬水利人"爱岗敬业、无私奉献"的优秀传统和"上善若水,自强不息"的开拓精神,实现专业精神、职业精神、工匠精神相融合,建立了团队师德师风建设和评价的长效机制。

团队负责人分别获得广西高等教育教学名师、广西优秀教师、广西三八红旗手、莫正高式八桂好老师等称号,专业负责人获得全国水利职教名师、首届广西水利科技优秀青年奖、南宁市技术能手等称号,获广西科协2011年专家学者建言献策行动计划先进个人,先后6次获广西水利厅直属机关优秀共产党员称号。

机电教学团队2009年获得广西壮族自治区优秀教学团队称号,2020年获得了全国水利职业教育教师教学创新团队的称号。团队爱岗敬业,团结友爱,乐于奉献,主动开展课程思政,传道授业,传承优秀文化,弘扬社会主义核心价值观,用爱营造了良好的学习和工作氛围。

6. 技术服务助企业发展

发挥教学团队在水电站及变电站机电设计、安装调试方面的理论和经验优势,以及多年来在水利机电行业职工培训积累的资源优势和良好的培训质量口碑,一方面积极响应水利行业企业职工培训的要求,另一方面主动去企业洽谈增效扩容改造后面向企业职工的新技术培训工作,帮助企业解决职工新技术掌握和技能提升问题,开展水电站站长培训班、安全生产管理人员培训班、水电站自动化及典型事故分析处理培训班、水工闸门运行工培训班等,2018—2020年,共为行业企业培训职工1893人次,总培训6144人天,服务到账金额76.1914万元。

积极与企业对接,专业骨干教师带领学生一起参与企业产品研发与制造。一方面与广西南宁沃源重工机械设备有限公司在校内共建"工程机械研发中心",共同研发大型凿岩钻机,现已形成由挖掘机改凿岩钻机年产8台套、年产值达640万元的生产规模;另一方面与广西徐沃工程机械设备有限公司在企业共建"工程机械应用技术协同创新中心",参与徐沃公司的研发,其中微型挖掘机年产量达200台、销售额达2200万元,夹木器年产量达700台、销售额达1100万元,此外,为徐沃公司研发了一条微型挖掘机动臂双工位机器人焊接系统,全面提升动臂的焊接效率和焊接质量。

7. 国际交流已初见成效

响应国家"一带一路"倡议,立志帮助中国水电装备制造企业走出国门,走向东盟。2016年首次举办越南水电站综合自动化技术培训班,为来自越南并使用中国水电装备的4座水电站10名技术骨干开展了为期10天的培训;2019年与南宁广发重工集团发电设备有限公司合作,利用校内水电站综合自动化实训室举办了面向越南使用中国水电装备的越南水电站综合自动化技术培训班,共有来自越南所罗1水电站、所罗2水电站、猛商水电站的8名技术骨干参加了为期10天的校内理实一体化培训,除培训水电站综合自动化系统配置、微机保护与整定、开停机操作与维护、PLC编程、中国水电技术与标准等内容外,重点分析和解答越南水电站技术骨干在生产过程中碰到的技术难题,帮助他们更好地理解和掌握水电站综合自动化的操作、维护、故障诊断与维修等技术,培训得到了越方学员的高度评价,不断点赞中国的水电装备和技术。此外,承办了一期柬埔寨留学生培训班,为来自柬埔寨的10名留学生培训了自动化控制与操作的内容,让学员全面了解和体验了现代工业自动化技术的应用,得到了学员的好评。专业的职业技术培训已走出国门,不仅服务于中国水电装备制造企业走向东盟,输出中国水电技术标准和中国水电产品,提升中国水电在东盟国家的影响力,同时进一步提升了专业在中国西南地区和东盟国家的影响力。

此外,率先引进德国 COMET 职业能力测评标准,在专业学生中做了三次职业能力测评,从学习动机、职业取向、工作能力等方面全面考核学生的综合职业能力,通过学生的能力测评对专业、课程的质量进行诊断与改进。

第五节　信息类创新人才培养模式

一、信息类人才培养模式

(一) 信息产业发展概述

1. 信息通信业的时代背景

当前,人类社会正在进入以数字化为主要标志的新阶段。数字经济,已经成为世界的主要经济形态,也成为推动我国经济社会发展的核心动力。

信息通信技术的发展进入了大规模扩散应用的成熟期,5G、云计算、大数据、物联网以及人工智能等新一代信息技术与社会经济各产业的融合不断深化,有力推动着各产业数字化、网络化、智能化发展进程,成为世界经济社会发展变革的强大动力。

当今世界,已经进入互联网、大数据、人工智能和实体经济深度融合的阶段,数字经济发展和传统经济形态发展正呈现"新旧交织、破立并存"的形态,数字经济正在加速变革传统经济模式,成为推动世界经济社会发展的核心动力。

数字经济已成为我国经济发展的核心引擎。数据已成为连接创新、激活资金、培育人才、推动产业升级和经济增长的关键要素,以5G、工业互联网、人工智能、云计算为代表的数字新基建正加快部署建设,数字生产力逐渐形成。数字经济已成为新时代经济发展的新动能和转型发展的主抓手。

习近平总书记在中共中央政治局第三十六次集体学习、G20峰会上,世界经济论坛、党的十九大等重要场合多次指示,要把握好数字经济带来的机遇,做大做强数字经济。党的十九大报告提出,"推动互联网、大数据、人工智能和实体经济深度融合",培育新增长点、形成新动能;加快科技创新,建设网络强国、数字中国、智慧社会。随着我国进入中国特色社会主义建设的新时代,发展数字经济,助推实体经济与传统产业数字化转型成为信息通信业肩上的新使命与面临的新机遇。中国信通院发布的《中国数字经济发展白皮书(2020年)》报告显示:中国数字经济增加值规模已由2005年的2.6万亿元,扩张到2019年的35.8万亿元,数字经济占GDP比重已提升到36.2%,在国民经济中的地位进一步凸显。2020年我国数字经济增加值规模突破40万亿元大关。

2. 广西数字经济建设的必然要求

为贯彻落实国家促进数字经济发展战略部署,自治区党委书记鹿心社在全区网络安全和信息化工作会议上再次强调,加快提升信息化发展水平,加强网络基础设施建设,加快推进中国—东盟信息港建设,大力推进"数字广西"建设,做大做强数字经济。自治区主席陈武在全区工业高质量发展大会上指出:"要着力发展数字经济形成新动能,广西将以建设中国—东盟信息港为契机,加快数字产业化和产业数字化,加快打造数字政府、数字社会、数字经济和'广西云'"。国家和自治区领导对数字经济的高度重视,为广西数字经济发展提供了政策保障。

中国—东盟信息港重点推进基础设施、信息共享、技术合作、经贸服务、人文关怀等领域设施建设,信息化合作交流逐渐步入快速发展阶段,产业载体支撑能力进一步加强。以建设中国—东盟信息港为契机,汇聚整合广西与东盟数字经济领域的优势资源,深化数字经济的交流和合作,加快数字产业化和产业数字化,广西数字经济将大有作为。

近年来,广西通过持续推动数字经济发展,也已经在各行业智能升级、数字政府智能化转型、智慧城市建设等方面取得了一系列成绩;而在广西启动新一轮新基建项目的今天,借助城市智能体的助力,广西新基建也将全面提速,实现5G、云计算、大数据中心和AI技术在广西工业制造、港口、交通、农业、林业等行业场景中广泛应用,推动千行百业的数字化转型和智能升级。由赛迪顾问正式发布的《2020中国数字经济发展指数(DEDI)》显示,广西数字经济总体排名已经从2018年的全国第22名前进到2019年的第17名;其中,广西软件和信息技术服务业2019年主营业务收入达到362.69亿元,同比增长88.3%,增速居全国第一位。

(二)存在问题

教育部、工业和信息化部、交通部、卫健委联合调查的专业领域人才需求状况表明,随着中国新一代信息技术产业服务领域规模不断扩大,专业人才结构性矛盾日益突出,人才结构呈两头小、中间大的橄榄型,不仅缺乏高层次的需求分析员、项目总设计师,也缺少大量从事基础性岗位的人员。

新一代信息技术产业领域的技术发展速度很快,技术更新以一到两年为周期,商业模式的更新周期为两到三年。课程标准和教学内容跟不上产业技术的快速变化,更新同步不及时。

(三)各高校信息类人才培养模式

立足新一代信息技术产业,服务数字经济化,信息类专业群在产教融合方面,主要存在以下模式和特征。

1. 深圳职业技术学院"网院+顶级认证"模式

深圳职业技术学院计算机网络技术专业成立之初,就明确将思科国际认证纳入人才培养和毕业要求,尤其将批量培养学生获得CCIE(网络工程专家)获证率作为专业品牌建设的重要标志,联合华为、思科、联通等知名企业成立了信息通信(ICT)协同育人平台。学校官网2019年统计数据显示,共有224名学生获得CCIE证书,79名学生获得HCIE证书,4名学生获得RHCA证书。ICT国际顶级认证和行业高端就业,已经成为深圳职业技术学院网络专业的标签,影响了全国各高职院校的网络专业的人才培养方式,并辐射到信息类专业群人才培养。

2. 广东科技职业技术学院的"移动应用开发中心工作室+异步式教学组织形式"模式

2012—2013年,学院的软件技术专业与珠海顶峰科技合作,共同出资建成"移动应用开发中心",里面常驻有珠海顶峰科技工作员工,学院兼职教师工作站。完成培训的学生可以到项目区带薪实习,进行项目研发、测试等工作。软件技术专业群为中国特色高水平专业群,实施"大类招生、分类培养",人才培养过程实施"异步式教学组织形式"的改革,实施一学年行政班、二学年岗位班和三学年工作室项目班。学生按照自己的兴趣爱好,可以从程序员、区块链、UI 和测试等岗位方向中选择一个岗位课程模块学习。

3. 山东商业职业技术学院云计算技术与应用专业群的"云智产业学院+工匠工坊"模式

山东商业职业技术学院坚持产教融合、校企合作,实施"名校名企育优生"战略,创新产业学院体制机制,依托云计算技术与应用专业群,与中国电科集团第五十五研究所全面合作,共同牵头成立全国云计算大数据职教集团,共建云计算技术与应用专业,共同承办全国职业院校技能大赛,共同建设国家专业教学资源库、专业教学标准,共建国家发改委"十三五"产教融合项目现代服务业公共实训基地、山东新旧动能转换基地公共实训基地子项目——云计算大数据中心,共建院士工作站与"云智产业学院",打造校企命运共同体,探索形成一套校企共建产业学院的有效管理模式。该模式的成功运营,将为山东乃至全国的产业学院建设提供"山商范式"。

(四)广西水利电力职业技术学院"校企协同、三堂衔接、四阶递进"的人才培养模式

1. 校企协同

构建"四维双融"的校企协同模式,破解校企合作落地难题(见图4-5-1)。校企"四维双融"是指学校与企业在实训基地建设、课程设计开发、师资培养提高、学生考核评价等四个维度开展合作,共建共享,双向融合,使教育过程中包含生产实践元素,理论与实践教学充分结合,企业更深入地参与到人才培养过程的各个方面。

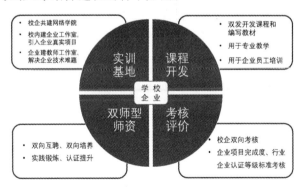

图4-5-1 "四维双融"的校企合作模式

(1)校企共建提升实训基地效能

广西水利电力职业技术学院先后与思科技术有限公司、华为技术有限公司等企业共建思科网络技术学院、华为信息与网络技术学院,引入国际认证体系,共建仿真性、生产性实训基地,与区域知名企业共建校企工作室等企业冠名实体,打造"实景化""双元化"实践基地。通过引企入校,引进企业先进的生产设施、真实的工作场景、文化氛围、管理模式,实现课程教学

与工作场景有机对接,实习实训与生产项目学做合一。在合作企业共建教师工作室,教师参与企业工程项目,为企业解决技术问题;建设校外实训基地,接收学生跟岗实习、顶岗实习。

(2)校企双融打造核心优质课程

对接企业的典型工作任务和工作流程,以企业典型产品为载体,转化提炼竞赛项目资源,吸纳国际认证和职业认证的先进成果,校企双方共同开发涵盖工程案例、商业项目的专业课程和教材,支持场景式、项目式教学,推行教学做一体化的教学改革,增强实际生产能力和独立解决关键生产技术问题的能力。

(3)校企双向培育增强师资实力

校企"双向互聘、双向培养",强化高水平"双师型"教学团队建设。校企"双向互聘",广西水利电力职业技术学院聘用企业技术骨干任兼职教师,企业聘用学校专任教师加入研发创新团队,形成协同创新、协同培养师资机制。

(4)校企开展双向过程考核评价

对于校内实践课程,以企业项目完成度实施考核,以行业企业认证等级标准考核学生,以证代考,进行学分认定;对于校外实践课程,以企业工程师考核为主,学校教师考核为辅,对学生进行综合学业考核评定。

2. 三堂衔接

三堂是指理实一体化的教学课堂、生产性实习基地的生产实战课堂和校企工匠的创新工坊课堂。教学课堂在培养技能的同时,仿照工艺规范和作业流程进行考核,学生通过听讲、模仿、展示、改进的方式学习操作流程、工艺规范,处于认知模仿、逐步适应的过程。在仿真性项目、实习项目等生产实战课堂中开始真实性或仿真性生产任务,严格按照生产工艺要求和作业流程开展工作,培养爱岗敬业、专注精益、安全生产的职业素养。创新工坊课堂包括校内工作室项目、竞赛项目、1+X证书案例、创新制作大赛项目的内容,学生围绕这类项目分组开展自主性、探究性、启发式的合作学习,在探究更好解决问题、打磨更精致的产品、项目和方案中培养科学思维,以及自主发展、追求卓越、协作创新的意识和习惯。

三堂衔接,就是要巩固教学课堂,引进企业课堂,用好创新第二课堂,发挥三课堂在教学项目、企业项目和创新项目实践教学中的作用。

3. 四阶递进

通过职业通识课程、专业群平台课程、专业核心课程和岗位融创课程的逐级提升,将"正德明志、精业创新"的职业特质、核心素养和"忠诚、干净、担当,科学、求实、创新"的新时代水利精神等要求贯通人才培养全过程,培养在产业体系中不同层面的高素质技术技能人才,服务广西区域数字经济等产业的发展需求。

职业通识课程,依据普通大学生培养要求面向所有专业而设置,由"两课"、大学英语、大学体育、计算机应用基础、职业规划、礼仪与沟通等课程构成,主要培养大学生应具备的文化素养和职业基本素质;专业群平台课程,依据IT行业岗位应掌握的共同知识、能力和素质而设置,由互联网思维、高级办公软件应用等课程构成,主要满足 IT 企业计算机与网络管理维护、网页设计、网站运营与管理、网站编程岗位的基本操作能力共性需求,是学生可持续发展的基础;专业核心课程,主要依据专业群中各专业所服务的行业特点,围绕专业面向的岗位核心开设,着力培养和强化学生具备各专业服务的职业岗位所需综合技术技能、专项技术技能和新员工职业素质,完成不同专业人才的分流培养;岗位融创课程,主要拓展学生职业发展方向,培养学生可持续发展能力和创新创业意识,为学生专业发展拓宽渠道,可供专业群里的所有专业互选。

二、广西水利电力职业技术学院信息类产教融合高水平专业群建设

(一)组群逻辑

紧密结合广西"14+10"新一代信息技术产业、互联网经济产业以及现代服务业,以物联网应用技术和大数据技术为双引领,按照产业岗位相关、专业基础相通、教学资源共享的原则,整合计算机网络专业(含云计算运维与开发方向)、通信技术、电子信息工程技术、电子商务、数字媒体技术等专业,构建现代信息技术专业群。围绕水利等行业的大数据要素的生产、采集、传输、整理、展现、开发及利用的链条,培养满足互联网创新企业和赋能水利等传统产业的行企系统集成、信息传输、数据处理、媒体展示、开发测试、平台运营、信息服务等产业链条相关岗位需要的"全科"技术技能型人才(见图4-5-2)。

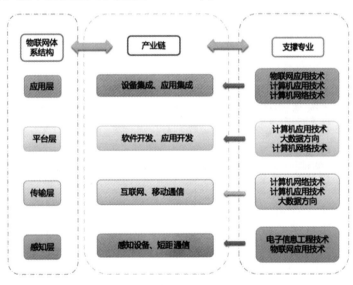

图 4-5-2 专业群与产业链对接示意图

(二)专业群对应的信息产业链

电子信息工程技术和物联网应用技术专业主要面向感知层的智能感知产品的研发、测试、支持和营销等岗位,计算机网络技术主要面向传输层,负责网络构建、系统运维、信息安全等岗位,计算机应用技术和大数据主要面向平台应用、测试运维、产品研发等岗位,所有专业群专业支撑物联网系统集成岗位(见表4-5-1)。整合专业群资源,梳理各专业面向岗位,构建面向

物联网完整产业链的岗位群,使得各专业平台共享。

表4-5-1 岗位群和专业群对应关系

产业链	岗位群	对应专业
设备集成、应用集成	系统集成、平台应用、产品营销	物联网应用技术、计算机应用技术、计算机网络技术
软件开发、应用开发	产品研发、测试运维、平台应用、数据采集、数据分析	计算机应用技术、大数据技术(方向)、计算机网络技术
互联网、移动通信	网络构建、系统运维、信息安全	计算机网络技术、计算机应用技术、大数据技术(方向)
感知设备、短距通信	产品的研发、测试、支持、营销	电子信息工程技术、物联网应用技术

(三)构建"岗位导向、课证融通、项目贯穿"的专业群课程体系

在分析产业链典型工作岗位群和主要工作任务的基础上,总结归纳出专业群对应的典型工作岗位和岗位场景所需的职业能力。以典型的工作流程和工作交付成果为主线,对接并纳入相关的职业资格标准、职业等级标准、技能竞赛标准、国际认证标准及产业新技术,从典型工作任务提炼出知识、技能和素养要求,进行序化,转换为课程体系、课程标准和课程项目。按照课程课内项目、阶段模块项目、竞赛创新项目、融创应用项目等重构专业群课程体系。加强课程模块化重构,将项目作为载体贯穿分解到职业通识课程模块、专业群平台课程模块、专业核心课程模块和岗位融创课程模块(见图4-5-3)。

图4-5-3 专业群课程体系

按照专业群岗位方向需求,引进传感网应用开发、网络系统建设与运维、云计算平台运维与开发和 Web 前端开发等 1+X 证书试点,涵盖专业群主要岗位方向,形成以证促改、以证促学、以证促教、以证促建和以证促融。

围绕物联网、水利等行业的大数据要素的生产、采集、传输、整理、展现、开发及利用的链条,立足基层水利全科人才培养,培养既懂智慧水利建设与管理,又熟悉物联网产业的跨界融通的全科的技术技能人才。

1. 课程内容改革

在核心课程中依据对应工作岗位的典型工作任务,在典型工作任务的基础上提取具有工作情景的多个训练项目,并对每个项目明确各项任务的要求等,突出工学结合与职业素质的培养。根据岗位完成工作任务所需知识、能力、素质要求,从企业一线搜集素材,并广泛征求行业企业专家的意见和建议,确定学习能力开发目标,重点设计融教、学、做于一体的学习情境。

2. 教学模式改革

基于工作过程系统化的专业群课程体系和项目贯通的实践教学体系,依托计算机应用技术示范特色实训基地,按照教学目标和教学标准要求,组织实施项目教学及岗位教学等多样化的教学模式改革,将课程案例、仿真资源、生产项目开发转化到超星泛雅平台和课程资源库,在专业群全面推行基于泛雅平台的混合式教学,提高教学效果,保障教学质量。

(四)打造"双师型"教学创新团队

按照"名师引领、分层培养、双向互聘"的方式,培养了一支结构合理、德技优良、专兼结合的"双师型"教学团队。

①名师引领:主要建设职教名师教授工作室,重点培养专任教师的专业建设、课程开发、课堂教学和教改科研的能力;建设技能大师工作室,组建教师团队,联合开展技术服务、技术培训,提升教师的工程实践能力。

②分层培养:通过专业带头人领军能力培养计划、参与企业产品研发及专项技术培训等方式,将专业负责人培养成为专业建设领军人物;通过中青年教师业务提升计划、国培企业实践锻炼,安排教师外出参加培训、到企业挂职锻炼、参加教学改革和指导竞赛及创新活动等方式,将骨干教师培养成为专业建设、课程建设的骨干力量,成为指导竞赛、创新活动的教练导师。

③双向互聘:组织教师到紧密合作企业开展企业实践锻炼,参与真实企业项目,培养教师的工程实践能力。通过多种形式,将合作企业的一线专家、技术骨干、培训讲师聘为校外兼职教师队伍。将校外实习基地、订单班合作企业、工作室等合作企业的相关人员纳入兼职教师管理,形成相对稳定、动态调整的专业群兼职教师库,拥有相对稳定的企业实习指导教师队伍。

(五)共建了场景化、仿真性、实战性、信息化、水情化的共享型实习实训基地

依托计算机应用技术示范特色专业及实训基地项目建设,实训基地建设以创新创业为特点,在满足专业实践教学、实战实训需要的基础上,引入华为、锐捷网络认证课程体系和认证实

训环境,建成了华为网络学院创新创业中心等实景化的实践教学环境,以及职业技能竞赛集训中心等三场实训基地,为开展校企双主体的人才培养模式提高了实训条件,支撑实践教学体系的组织和实施。

基本建成了 1+X 证书试点的区内领先的标准化考点 4 项,服务传感网应用开发、云计算平台运维与开发、网络系统建设与运维、Web 前端开发等 6 项证书考核。

基本建成面向智慧水利的物联网工程实训基地,实现对智慧农业大棚的实训基地的改造和提升,有助于水利大类和信息大类专业开展实战性、生产性实训。

（六）校企协同创新服务产业发展

依托广西水电职业教育集团的企业联盟中紧密合作企业,与华为、锐捷及区域 ICT 企业,以及南宁强国科技、环球国旅等本地科技创新企业合作,共建校企协同创新中心平台。采用项目式管理,参与或主要参与智慧水利类科技项目 5 项,部分产品应用到越南水文站;参与互联网产品、电商策划与设计、智能产品开发等创新项目近 20 项,其中为南宁市非遗项目进行 VI 设计,获得企业的好评。

（七）扩大国际合作交流

通过国际认证资源引进、参与交流生培养以及服务企业"走出去"等方式,积极开展国际交流合作。

通过国际化认证体系的资源引进和本土化,实现优质资源的开发利用。通过网络学院等形式引进华为、思科和红帽等国际化 IT 认证体系,转化开发了"华为设备实战"等本地化课程及标准 3 项,置入课程中,培养学生的高端技能,通过证书的学生近 300 人次,培养师资 18 人次。

建设网络与信息技术课程,面向东南亚国际生进行教学和企业员工培训,累计参与国际生和越南技术人员交流培训 3 批次。

三、"依托一家、合作十家、服务百家"校企合作 ICT 人才培养模式创新

（一）实施背景

随着社会经济的快速发展,对高素质技术技能型的人才需求也迅速增多,要求高职院校对人才的培养更加贴近企业实际需要,在教学过程中更加注重对于学生实践能力的培养。深化校企合作是我国职业教育改革和发展的必然趋势,是培养优秀专业人才的有效途径,是激发职业教育办学活力、有效推进专业人才培养改革的必然选择。

ICT 技术（信息通信技术）是高速发展的技术,很多高职院校开设了信息技术相关专业。近年来,云计算、大数据、人工智能等新技术层出不穷,高职院校专业的建设和发展迫切需要与企业深度合作,从而不断更新人才培养方案和课程体系,培养出符合市场需求,懂业务、精技术的复合型的技术技能人才。高职院校的专业教师也须不断学习新知识、新技能,才能跟上技术的发展,提高教学水平。

广西水利电力职业技术学院计算机网络技术专业通过学习和引进国际先进成熟适用的职业标准、专业课程、教程体系和数字化教育资源,校企合作,推动 ICT 人才培养模式创新。

(二)主要做法

1. 项目搭台,引领专业建设发展

通过与 ICT 行业龙头企业合作,共建网络学院项目,打造专业品牌。2017 年,广西水利电力职业技术学院与华为技术有限公司达成校企战略合作,全面发挥各自优势,共建华为信息与网络技术学院(简称华为 ICT 学院),提升专业办学质量,提升师资水平,提升学生竞争力,培养更多优秀人才(见图 4-5-4)。通过华为 ICT 学院建设,引进数据通信、无线、存储等课程内容,拓宽专业知识面,教师获得华为公司原厂工程师培训,教学水平得到提升,学生毕业后可到华为众多上下游企业服务工作,就业有了保障,项目搭台促进校企合作交流,引领专业建设发展。

图 4-5-4 华为信息与网络技术学院

2."依托一家、合作十家、服务百家",校企合作深度融合

依托一家,就是依托行业龙头企业——华为技术有限公司,汇聚 ICT 的最新技术和教学资源;合作十家,就是与本地区具有代表性和影响力的多家大型企业开展合作,如锐捷网络股份有限公司、绿盟安全科技有限公司、中国联通等,为专业的实践性教学提供强有力的设备保障和技术支持;服务百家,就是培养出符合企业岗位和职业资格要求的高素质技能型人才,最终服务于上百家相关企业(见图 4-5-5)。

图 4-5-5 "依托一家、合作十家、服务百家",校企合作深度融合

3. 共建实践平台，实现学习、就业、再学习一体化

广西水利电力职业技术学院与中国联通广西分公司、南宁用易网络科技有限公司、桂林文祥电子科技有限公司、广西润建通信有限公司、广东长实通信工程有限公司建立了校企合作基地，与锐捷网络科技有限公司共建产业联盟人才培养基地（见图4-5-6），学生毕业实践优先选派到这些合作基地锻炼。校企合作基地为毕业生提供顶岗实习岗位的同时，大部分学生均能留下就业，近两年，专业学生就业率均达95%以上。在保障就业的前提下，更关注学生就业的对口率和升迁率，通过该平台，长期跟踪学生的工作境况，为学生的职业生涯提供指导，同时为学生提供"回炉"教育，实现毕业生高就业率、高对口率、高升迁率。

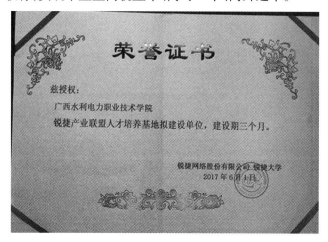

图4-5-6　与锐捷网络股份有限公司共建产业联盟人才培养基地

4. 人才培养与国际认证紧密融合

将国际IT产业认证标准融入专业教学，形成了一套以ICT技术为核心技能，以中高级技术技能型人才为培养目标的专业建设和发展模式。成功地把华为、思科等国际IT龙头企业的技术标准和技能训练方法融入专业教学计划和课程体系中，并在教学计划中鼓励学生毕业前通过获得国际著名厂商的IT认证证书来提升自身就业竞争力。目前，已有多名学生获得了华为HCNA、HCNP认证，思科CCNP、CCNA认证，红帽Linux认证，为就业进行了很好的铺垫。

5. 校企合作开展毕业设计，以"毕业设计展"检验学生学习效果

实施以"毕业设计展"为载体的职业检验策略，重点解决学生创新创业能力与适应社会需求的一致性问题。在毕业设计环节，与企业一起选定毕业设计课题，选派企业工程师进行毕业设计指导，按企业真实项目开展毕业设计工作，检验学生学习效果，创建专业品牌。

（三）成效与经验

1. 人才培养质量显著提高

在"依托一家、合作十家、服务百家"的ICT人才培养模式改革及实践中，借助华为信息与网络学院项目，站在巨人肩膀上，全面发挥各自优势，校企合作、产教融合，新的课程体系体现出了明显的优势：一方面培养目标明确具体，课程设置完全依据培养目标，培养过程体现了校

企合作、工学结合，人才培养质量显著提高；另一方面利用华为众多的上下游企业，给学生提供更多的就业机会，从而极大地提升专业学生的就业质量，毕业生也受到用人单位的欢迎，毕业生就业率、对口率、升迁率高。

2. 学生参加职业技能大赛取得优异成绩

经过实践，近年来学生在全国和区内各类技能大赛中取得优异成绩。学校于2017—2021年连续五年获广西职业院校技能大赛一等奖，获全国职业院校技能大赛二等奖2项、三等奖2项；2017年获教育部大学生网络技术挑战赛二等奖，获思科网络学院全国大学生网络大赛一等奖，2018、2019年连续两年获华为大学生网络技术大赛广西海南赛区一等奖，2019年、2021年获广西大学生程序设计大赛金奖、银奖，在其他各类学生技能竞赛获奖12项。

3. 打造了一流ICT师资团队

2017—2019年学校先后选派10名教师赴杭州华为全球培训中心，学习华为前沿ICT技术，技术类别包括数据通信、大数据、存储、无线、云计算等方向，技术类别广，契合产业发展需求。经过严格的培训和考核，10名教师全部通过华为教师认证及职业认证，培养了一支优秀的师资团队，有效提升了教师的理论知识和实践水平。

4. 示范辐射与社会服务成效显著

经过探索与实践，学校为ICT产业培养了200余名"知识融合、技能跨界"的复合型技术人才，形成了校企协同创新、产教融通融合模式。该模式也在一些高职院校中得到交流和探讨，并在部分高职院校中实现了应用，非常适合在高职院校中大力推广。与此同时，通过教学改革、校企合作，学生成长迅速，多名学生毕业后进入华为合作伙伴企业工作。

近年来，依托华为信息与网络技术学院，教师充分利用实训条件，带领学生实施工程项目，为企业解决技术难题，联合申请专利。教师即企业工程师，学生即企业员工，使学生在企业的环境下学习实训，真正实现学生职业技能与岗位能力需求零距离，形成教学与社会服务协同发展的良性发展局面，为社会培养了数百名网络工程师，极大地促进了区域经济建设。

第五章 以"四链贯通"提升学生创新创业能力为导向推进高等职业教育供给侧结构性改革

第一节 创新创业教育的概述

高校创新创业教育发展的过程中,由于缺乏战略性规划,出现了无效供给和落后产能,因此,市场经济改革下高校创新创业教育也需要进行结构性调整与优化,供给侧结构性改革的重点在于减少无效和低端供给,引导供需结构的不断调整,最终达到"精准供给"。对于创新创业教育,在经济结构调整从需求侧转变为供给侧干预后,关于教育供给侧结构性改革下创新创业教育的对策,是一个亟待涉入的理论领域。宏观经济结构的调整伴随着供给侧结构性改革的提出,去产能、去库存、去杠杆、降成本、补短板十五个字凝聚了对经济结构调整的应然面貌构想。宏观经济结构的调整,给教育改革施加了压力的同时也指明了方向,创新创业教育与经济体制的变革密切相关。

一、创新创业教育的内涵及意义

《教育部关于大力推进高等学校创新创业教育和大学生自主创业工作的意见》中指出:"在高等学校开展创新创业教育,积极鼓励高校学生自主创业,是教育系统深入学习实践科学发展观,服务于创新型国家建设的重大战略举措;是深化高等教育教学改革,培养学生创新精神和实践能力的重要途径;是落实以创业带动就业,促进高校毕业生充分就业的重要措施。"创新创业教育是以培养具有创业基本素质和开创型个性的人才为目标,是要面向全社会,针对那些打算创业、已经创业、成功创业的创业群体,分阶段分层次地进行创新思维培养和创业能力锻炼的教育;创新创业教育本质上是一种实用教育。深化高校创新创业教育改革,是国家实施创新驱动发展战略、促进经济提质增效升级的迫切需要,是推进高等教育综合改革、促进高校毕业生更高质量创业就业的重要举措,对于推动高等教育教学改革创新,促进高等教育与科技、经济、社会紧密结合,为建设创新型国家、实现"两个一百年"奋斗目标和中华民族伟大复兴的中国梦提供强大的人才智力支撑,具有重要意义。

二、国外创新创业教育概述

1947年迈尔斯·梅斯在哈佛商学院为MBA的学生开设了"新创业企业管理",很多创业学者将这一课程的开设界定为西方高校创新创业教育的开端和起点。国外有关创新创业教育的研究同样经历了不同的阶段:20世纪前,是创新创业的萌芽期,这一时期出现了一些与创业性质相关的活动;1970年,是创业的兴起期,创业学的研究者形成了显著的群体;2000—2009年是创业的发展期,这一时期,创业的组织机构在很大程度上得到了完善和发展。1998年,联合国教科文组织在世界高等教育大会上发表的《21世纪高等教育,展望与行动世界宣言》中提出:"高等学校必须将创业技能和创新精神作为基本目标。"2010年以后创新创业进入了成熟期,逐步趋向大众化,创业的发展推动着创新创业教育的改革。英国政府采用了自上而下的政府推动创新创业教育的新模式,并且取得了相对较好的成绩;日本最初是依托模仿式创新教育给整个国家输入创新意识并培养创新能力,在此基础上,借助创新创业教育推动经济领域的发展。学术界对美国、英国、日本的创新创业教育的相关研究比较深入。

(一)美国高校的创新创业教育

在高校创新创业教育历史具有60多年的美国,经历了从教学型、研究型到创业型大学的线性成长过程,逐渐形成了良好的社会创业文化基础与社会保障体系、战略性的创新创业教育理念和优秀的创新创业教育研究体系。纽约大学的彼得·德鲁克提出开设创业与创新课程,百森商学院出现了第一个以创业教育命名的本科专业,罗伯特·戴维斯成立了面向学生的赛扶组织,斯密勒以内部和外部成果、驱动力、联系机制和支持系统对竞争激烈的全球创业环境进行了美国创业型大学范式的探讨。在美国的高校内部已经建立起了完善的创业教育课程体系,在统一的基础上又各具特色。总体而言,美国高校的创新创业教育在实施过程中有很强的可操作性,并在不断完善、日益成熟。美国特色的高校创新创业教育研究体系有以下几点特点:一是比较完善的学科体制;二是有明确的创业人才培养目标;三是师资队伍较为卓越;四是既丰富又实用的实践教学活动;五是优质课程设置的更为系统化。

(二)英国高校的创新创业教育

英国高校创新创业教育经历近20年发展历史,其课程设置、实践教学与普及程度有了很大提高,形成了创业政策环境良好、配套设施完善、组织模式丰富、高校师资与课程设置具有相对优势的氛围。同时，英国还设立了专门的创新创业管理机构，专门成立了科学创业中心，推行科学创新创业挑战计划。在确定了创新创业教育指导思想后，出台了相关法案，为确保法案的执行力度，同时设立了相关的资助创新创业的基金会、创新创业奖金；为确保执行效果达到预期，将国家机关和相关组织机构联系到了一起，整合国家、社会和学校的创新创业教育资源，支持学生更有效地参与学习和创新创业项目的开发，构建了全社会参与的创新创业教育文化体系。但与美国相比，高校创新创业教育课程设置较为偏重商业课程；创新创业教育地区发展也不均衡；民众对创业机会的把握和敢冒风险、宽容失败的创业环境有所欠缺。

（三）日本高校的创新创业教育

日本认识到创新创业教育的重要性后，开始推行政府主导、高校实施的自上而下的教育模式。在此基础上将创新创业教育分为三个层次的教育：头脑教育、创业能力教育、创业技能教育。头脑教育主要是对创业意识、精神等的教育；创业能力教育覆盖面比较广，包括创造力、行动力、决断力、解决问题的能力等一系列与创新创业相关的能力培养；创业技能教育则包含一些商业项目的具体实施、经济活动的组织等创业知识教育，基本上涵盖了整个创新创业教育体系。近年来在日本，高校创新创业教育将原有的功利性教育转变成了现今的大众式教育。可以将日本的创新创业教育结构分为三部分：针对高中生的创新创业教育培养、针对本科学生的创新创业教育培养以及与当地政府、行业协会共同进行的创业培训。日本高校的创新创业教育有着以下特点：一是政府主导，高校和社会来辅助政府完成创新创业教育；二是创新创业教育极具地域性；三是创新创业教育体系有连贯性；四是风险企业计划对于创新创业教育发展卓越成效。

在推进高校创新创业教育的进程中，国外的政府一般采用立法的形式，美国设立专门的法律鼓励全民参与创新创业教育，英国政府组织"企业创办计划"由国际发展部提供相关的培训，在此基础上支持本国大学生创业，推行相关的优惠政策。在课程设置方面，美国哈佛大学、斯坦福大学等一流大学的创新创业教育课程基本涵盖了创新创业教育体系所需的相关的基础性课程，包括企业管理、风险投资、创业学、商业体验等。国外创新创业教育发展比较全面、成熟，可以在借鉴的基础上，借供给侧结构性改革之风，研究我国高校创新创业教育的路径和走向。

三、国内创新创业教育概述

根据《国务院办公厅关于深化高等学校创新创业教育改革的实施意见》（以下简称"《实施意见》"）提出的基本原则，构建适应我国经济发展的大众化、标准化、模式化的创新创业教育体系。创新创业教育的首要任务是融入人才培养的体系之中去，并根据我国大学生的实际情况，进行课程研究，丰富课程设置；在教学实践中，不断探索理论教学、学科建设、实践教学相结合的人才培养模式，着重培养学生的创新创业意识和创新创业能力。

对高等学校创新创业教育关键词分布进行研究发现，大多数的文献集中于对人才培养、创新创业教育、创新创业政策、教育改革、教育内容、实践平台等的分析研究,又对供给侧与高校创新创业教育的关键词进行了分析,提取出了供给侧结构性改革、人才培养、教育供给、创新创业等关键词,主要包括以下几个方面:

(一)理论层面对高校创新创业教育分析

宣勇(2014)从三个角度给出了高校创业教育变革的新举措:理念转型、路径多元、制度支撑,对教育目标的定位从提高就业率转向提高就业质量和层次,尊重不同地域的文化差距,探索多元发展路径,在此基础上确立相关制度支撑高校创业教育的发展。薛浩、陈万明等(2016)对目前我国高校创新创业教育进行了反思,指出在创新创业教育过程中仍存在着一些理念上的误区,针对这些误区,提出了改革的对策,指出要加强顶层设计,并且建立协同育人的新机制。

(二)实践层面高校创业的实践与成效探讨

以辽宁工程技术大学环境学院为例,韩雪峰、刘洋(2015)论述了开展校企合作教育的一些主要的做法,包括先定岗后合作、全程参与实践指导、传递实践经验、共享实践成果,并分别从学生和学校两个主体讨论了开展校企合作的成效和反思。徐小洲、倪好(2016)从课程设置、实践形式、组织保障三个方面描述了哈佛大学社会创业教育的成效与见解,文章第四部分着重强调这些成效对我国高校社会创业教育的借鉴和启示。以温州大学为例,黄兆信、曲小远、施永川、曾尔雷等分析了我国当前高校创业教育面临的主要问题,并且详细阐述了以岗位为导向的创新创业教育体系,并讨论了温州大学的岗位创业教育对高校创新创业教育的启示。

(三)供给侧结构性改革下的高校创新创业教育的研究

张宝君重点分析精准供给的内涵后,结合高校创新创业教育的价值取向,在现实反思的基础上,提出从生态建设、功能设置、保障提供、方式探索和机制保障等五个方面入手,构建"精准供给"的新范式。张旭、郭菊娥、郝凯冰等从学风建设、人才培养、产学对接等方面试图建立高校推动创业供给侧结构性改革的框架,探索推动创新创业教育的改革途径,为我国的经济发展和社会进步提供教育方面的支撑。

供给侧和需求侧是事物发展的矛盾统一的两个方面,供求不平衡导致高校毕业生人数不断增加的同时,毕业即失业的焦灼现状也未得到缓解。要达到供需间的平衡,需求侧的拉动到供给侧的推动转变迫在眉睫。

(四)创新创业教育内容

双创教育内容体系构建需要合理的课时设置、有效的教学方式以及实施过程的周密安排,要坚持全面化、多方位能力培养,涉及"意识培养、能力提升、环境认知、实践模拟、平台孵化、创业服务"六个环节。将双创教育嵌入基础知识教育和专业知识教育之中,把"创新创业孵化基地"的企业师资、企业基地、政府政策、资金、软硬件等方面的优势融入内容构建的每个环节,以创业意识的培养、创业知识的积累、创业实践的探索、创业项目的孵化为主线进行双创教育探索。创新创业的内容体系具体包含意识培养、能力提升、环境认知和实践模拟。意识培养:启蒙学生的创新意识和创业精神,使学生了解创新型人才的素质要求,了解创业的概念、要素与特征等,使学生掌握开展创业活动所需要的基本知识。能力提升:解析并培养学生的批判性思维、洞察力、决策力、组织协调能力与领导力等各项创新创业素质,使学生具备必要的创业能力。环境认知:引导学生认知当今企业及行业环境,了解创业机会,把握创业风险,掌握商业模式开发的过程,设计策略及技巧等。实践模拟:通过创业计划书撰写、模拟实践活动开展等,鼓励学生体验创业准备的各个环节,包括创业市场评估、创业融资、创办企业流程与风险管理等。

四、国内外高校创新创业教育的异同点

(一)教育理念的异同

英美两国作为发达国家的重要代表,注重培养学生的创业意识、创新创业的观念。日本发展创新创业教育之初带有很强的功利性,其目的是培养大批的企业家以促进经济的发展,后来才逐渐改变这种观念,面向大众发展。中国高校受传统教育理念的影响,民众对创新创业教育理念的理解存在一些偏差,部分高校未能正确定位创新创业教育的内涵,认为培养学生创办企业的能力和传授创业知识是教育的目的,大部分教师及学生对创新创业教育是"第三本教育证书"这一观点尚未接受。而且,社会对创新创业教育的评价一般以商业价值为标准,导致了一些高校的创新创业教育存在功利性,从而忽略了对学生创新创业意识的培养和创业兴趣的激发。

(二)课程设计的异同

美国作为世界上创新创业教育发展较早的国家,教育体系比较完善,课程设置健全,发展专业化,采用案例教学且具有专门的案例库。如哈佛大学拥有自己的教学案例库,清华大学虽然也采取案例教学的方式,但本土优秀案例比较缺乏,大多案例是从哈佛大学案例库中选取。英国的创新创业教育课程设计优势明显,偏重商业课程,其课程开发实现了网络化,课程资源实现了共享,能够将创新创业课程与课外课程融合起来,实现课程开发与创业学术研究相结合。澳大利亚在原有创新创业课程基础上进一步完善课程设置,形成了综合性基础教材、工业类教材、商业发展类教材和远程教育类教材四套模块化教材。我国高校创新创业课程设置呈现边缘化,很多高校的创新创业课程设置依附于技术经济学科或者企业管理类的学科,一些高校将其设为公共基础课或选修课,大部分高校的课程以第二课堂的形式开展,主要通过讲座、竞赛等形式让学生了解创新创业方面的知识以及培养他们的创新创业技能。课程设置的不科学,导致教育效果停留于表面,给创新创业课程的普及和发展带来了很大的局限性。

(三)师资力量的异同

美国创新创业教育的师资处于世界一流的水平,由专业教师和兼职教师共同教授,专业教

师一般获得创业学博士学位或经过专门的训练,兼职教师一般由社会上成功的创业者、企业家或成功校友担任,具有丰富的实践经验。例如美国华盛顿大学 Foster 商学院开设了 40 多门创新创业课程,其授课教师有一半来自商学院,另一半来自本校毕业的 MBA 学生。这些学生大多是华盛顿州及西雅图周边的企业家或者高管,这种授课教师可以充分利用身边的资源,邀请一些企业家或者高管到校做助教,参与课堂的讨论,分享自己的经验,这种授课方式在学生中很受欢迎。而我国创新创业教育发展的首要限制因素就是师资力量不足,很多高校创新创业课程的教师是由经济技术、企业管理、行政管理、年级辅导员或其他专业教师担任。此类教师多为经过短暂训练直接上岗,大多缺乏实践经验,理论知识不够充分,授课比较空洞且停留于表层,很难让学生领悟创新创业的内涵。

(四)考核评价体系的异同

美国高校创新创业教育主要从课程、师生成就、学术成果、对社会的影响力、毕业校友的成就等方面进行评价,此种评价体系比较全面、公正,能激发学生的创新创业热情和创业兴趣。而我国创新创业教育受师资力量和创新创业理念的影响,考核评价机制不够完善,大部分高校创新创业课程主要以卷面考试或小组竞赛成果等形式进行考核,注重理论,实践训练不够,社会对创新创业教育主要从学术成果、毕业生的成就进行评价,带有比较强的功利性。此种评价机制不利于学生创新创业精神的培养,难以引起学生对创新创业的兴趣和热情。

(五)教育环境的异同

在美国,政府设立了国家创业基金,校企合作,成功企业家与学生交流机会较多,学生研发的技术成果可在企业转化。校内创新创业社团盛行,经常性开展创新活动和创业竞赛,营造浓厚的拓展和实践环境。德国政府认为政府、高校、社会应在创新创业教育中扮演不同角色。英国政府为发展创新创业教育出台了许多扶持政策,成立了高等教育创业基金、创新创业奖学金等全方位支持高校创新创业教育的发展。我国创新创业教育发展历史比较短,认为创新创业课程仅是一门就业指导课,重视度不高。但近年来,政府扶持政策出台,包括拨款给高校建立创业基地、科技园、创新创业孵化基地等。2015 年,教育部印发《关于做好 2016 届全国普通高等毕业生就业创业的通知》,要求 2016 年起所有高校对全体学生设立创新创业课程,并纳入学分管理。各大高校为促进创新创业教育的发展,开展了诸如"互联网+"创新创业大赛、创业项目大赛、挑战杯等创新创业竞赛,企业家会在竞赛中选取部分优秀的项目给予资金支持,使得这些项目的成果得以进行市场转化。

第二节　供给侧视域的创新创业分析与人才培养

一、供给侧视域的大学生创新创业教育存在问题

教育供给侧结构性改革下,高校缺乏对自身布局的审视与调整,忽略学校自身办学特色对学生的正向影响,导致无效供给,产能过剩,供需失衡。高校创新创业教育的供给侧结构性改革首先要瞄准受教育者的需求,改变无效供给的局面,提升供给的精准和效度。创新创业教育的受众面比较窄,创新创业教育与实践脱节,在运行过程中缺乏信度和效度。创新创业教育缺乏顶层设计,没有完善的教育机制,没有专业的教育组织,整体没有形成合力,资源分散,教学与实践脱节。具体表现在:

(一)大学生自身就业择业"思维定式"

马斯洛需要层次理论将人的动机分成了由低到高的七个层次,其中最高层次是自我实现的需要,而创业是一种独特的思维及行为,创造性的思考和行动,是一种个人潜力的自我实现和满足。中央财经大学教授指出,创业教育要注意对教育对象的研究,根据个体的个性特点和高校的自身定位分类开展。北京大学就业指导中心主任认为,真正的大学创业项目的成功案例 ofo 共享单车给创业教育很大的启示。从学生自身出发,目前对创新创业教育的认可程度相对较低,主要可以从两个角度进行探析:思维定式和自我效能感的偏差。在教育学中,将自我效能感作为影响学生动机的因素,将个体对自己的胜任能力感知分为高趋低避、高趋高避、低趋高避、低趋低避四个方向。当一个任务给学生感知到的难易程度在50%左右时,学生更容易接受任务并努力去完成,即坚信"我能行"。在创新创业教育过程中,大学生创业胜任力是指大学生在创业过程中所展示出的并能扮演好创业者这个角色,保证正在进行的创业项目良好发展所需要的才能、素质及知识等。教育目标的选择、教育对象的划分、教学任务的确定需要充分考虑教育对象的接受方式和能力,并从供给侧改革。

(二)学生需求和高校供给功利化

黄兆信教授、王志强博士认为,创新创业教育是伴随时代发展而进行的教育模式和人才培养观念的变革,通过这种变革试图去尽可能地满足学生个体发展的需要,创业教育的开展不是单纯地为缓解就业压力而作出的被动改变,更不是施加于高校的改革任务。联合国教科文组织1989年提出创业教育,通过技术性或小成本的经营来培养"企业家"。创业教育的受众面十分狭窄,更多的是"能力取向"的概念,高校并没有关注到社会经济转型发展对人才培养提出的新要求和新时代学生对于教育供给的新侧重。单纯强调功利性工具价值取向的高校教育已经逐渐难以推动社会的飞速发展,创新创业教育更多的是强调培养学生的创新创业思维。

对于学生而言,他们功利性地看重创业成功带来的自身经济和社会地位的彰显。在现行的创业教育体系中缺乏对艰苦创业的教育,缺乏对创业失败的教育,学生对创业只看到有收获的成功案例,却看不到成功背后的艰辛与努力,承受失败的能力太差,因此为了避免失败,很多人直接放弃尝试。高校创新创业教育在目标体系的建立过程中,应尽可能去除功利性工具价值取向,从更顶层的长远的角度考虑现实问题,在供给侧结构性改革的思路下去杠杆。

(三)创新创业教育的支持不足

创新创业的支持直接影响教育目标对创新创业教育的理解和认识,也直接关系到教育目标体系的完善。我国区域不均衡的发展反映在教育上,就是地方高校的学科建设与一线城市、一流大学、一级学科的建设存在很大的差距,培养出来的学生在综合素质方面也有着很大的距离,同一区域不同层次的高校获得的资源和外部支持都有着很大的差距。制度、资源、精神、理念、定位等文化发展的不均衡,完善的政策和支持体系尚未形成,不同区域高校发展的差距,导致多主体联动融合的服务机制未能建立,这一系列不均衡,需要自上而下地探索高校教育发展的多元路径。目前在国内高校创新创业教育的路径探索发展过程中,存在着顶层设计的战略发展规划缺失、各部门之间缺乏有效沟通等问题,这些问题的解决需要社会、政府、学校、家庭的共同努力,给予创新创业教育更有效的支持,从而达到"补短板"的效果。在创新创业教育过程中,社会、政府、高校、家庭的支持明显不足,政府服务、培育创业项目方面的力度不够,社会没有搭建创业服务平台,学校缺乏系统化的创业教育体系,家庭缺乏创新精神的养成,因此迫切需要探索一种跨领域、跨地域、跨国界的协同育人机制。

(四)创新创业教育教学流于形式

对于刚刚踏入社会的大学生而言,受资金、经验、资源等一系列因素的制约,自主参与创业的概率很低。创业项目的选择、创业伙伴的确定、创业时机的把握乃至创业资金的找寻,都需要学生有独立思考的能力,有丰厚的知识底蕴,有洞察力、想象力以及对不确定因素的反应能力、实践能力,对艰苦环境的适应力等。创新创业教师只负责向学生传授相关的理论知识,不关注学生的心理变化,没有鼓励学生冲破现有规则的束缚,学生在现实生活中缺乏战略眼光,缺失情商的培养。这一点上,哈佛大学的创新创业教育采用"案例教学法",把学生置于创业者的角色中,让学生学习什么是创业和怎么创业,分析讨论创业过程中遇到的现实问题,培养学生的营销能力、沟通协调能力和危机处理能力。

(五)教育与实践相对脱节

《国务院办公厅关于深化高等学校创业教育改革的实施意见》强调,当前我国高校创新创业教育中存在着一些不容忽视的关键问题:教育理念滞后,与实践脱节。在揭露问题的同时,明确了创新创业教育的基本原则,即面向全体、分类施教、结合专业、强化实践,并且确立创新创业教育普及的总体目标。要求学生具有社会主义情怀的同时,提高自己的创业能力,总体而言,即培养具有社会责任感、具有创业专业素养的社会公民,让学生凭借过硬的理论知识和专业技能在团队中发挥自身优势,成为团队的灵魂人物。每个人的天赋、成长方式是多样的,决定了教育发展到一定程度之后具有的最基本的特征就是多样性,创新创业教育改革的主要内容不仅是提高新增劳动力的综合素质和结构特点,还要考虑调整现有劳动者的综合素质和结构,创新创业教育的供给侧调整,不仅要调整理论教育形式,多样化教学,同时也要结合实践,培养学生现实生活中的综合素质。

二、大学生创新创业能力和意识培养

(一)构建适合我国经济发展的高校创新创业教育体系

构建适应我国经济发展的创新创业教育体系,应坚持问题导向,补齐短板的要求,从课程体系、教育队伍建设、实践教学、教育科研水平以及教育评价等五个方面展开。

1. 健全创新创业教育课程体系

创新创业教育课程体系建设必须建立在科学的培养目标和培养计划基础之上,充分考虑到创新创业教育的特点,吸取发达国家已有的先进教育经验,遵循能够有效激发大学生创新创业的客观规律,进行课程研究与设置。

2. 加强创新创业教育队伍建设

优秀的创新创业专职教师既要有扎实的理论功底,也要具备一定的创业经验或企业管理经验。当前,高校除了尽力补齐创新创业教师队伍缺乏实践的短板,还应广泛吸纳科学家、创业成功者、企业家、风险投资人等成为兼职教师。《实施意见》提出建设"全国万名优秀创新创业导师人才库"。教师是创新创业教育的核心;当前的创新创业学生,未来都有可能成为助推我国经济发展的成功创业者,也会成为创新创业教育的"后补"教师。

3. 强化创新创业实践教学

创新创业教育必须采取多样化的实践教学。《实施意见》提出了建设专业实验室、虚拟仿真实验室、创业训练中心、大学科技园和创业园、创业孵化基地和小微企业创业基地,完善国家、地方、高校三级创新创业实训教学体系,举办全国大学生创新创业大赛,成立创新创业协会、创业俱乐部等社团,举办创新创业讲座论坛等。除此之外,高校可以走校校、校企、校地、校所以及国际合作的教育模式,制订学生的企业实训计划,根据所学专业,利用学校、企业、政府的关系与资源,在寒暑假期间,联系同类企业,真正感受企业管理和参与创业实践。

4. 提升创新创业教育科研水平

通过对创新创业专业的科学研究可以提升教师队伍的专业素质,完善创新创业学科体系的建设。目前,我国创新创业教育处于起步阶段,理论研究也刚刚兴起,加强创新创业教育的科研势在必行。

5. 建立创新创业教育评价机制

科学的教育评价机制是高校教育发展的重要助推器。基于创新创业教育的特性,评价机制应力求多元,如美国评价创新创业教育的"七要素":课程、学术成果、对社会的影响力、毕业校友的成就、创业项目的创新情况、校友创新企业情况、外部学术联系。因此,评价不同地区、层次、专业的创新创业教育,应量性结合,动静结合,既要重视创新创业的成果,也要重视人才综合素质的提升。激励措施也应资金奖励、政策支持、精神奖励相结合,充分照顾到支持创新创业教育发展的各方面,如地区政府、高校、教师、学生、校友等。

(二)筑牢创新创业发展的平台

大力推进创新创业教育,实施创新驱动发展战略,离不开政府、高校、社会"三大主体"的共同呵护。当前,可以将我国创新创业教育比喻成"幼苗",政府支持则为"阳光",高校教育即是"雨露",社会环境则是"沃土"。

1. 加大政府支持

政府支持主要体现在三个方面:一是政策引导和支持,如制定多层次的支持政策、帮助支持大学生创业贷款、完善社会保障机制、降低大学生创业门槛、简化注册手续和审批程序等。二是财政上的支持,如《实施意见》提出,中国教育发展基金会设立大学生创新创业教育奖励基金,用于奖励对创新创业教育作出贡献的单位,按规定使用中央高校基本科研业务费,支持学生开展创新科研工作等;三是在创新创业指导和服务上的支持,如建立学生创业指导服务专门机构,建设全国大学生创业服务网,建设网络培训平台,建设大学科技园、创业园、创业孵化基地,以及提供创业失败救助服务等。

2. 加大社会支持

社会支持主要体现在三个方面:一是企业的支持。企业是学生社会实践的主要场所之一,企业对创新创业教育的支持有助于学生直接体验教学理论,并能为创新创业教育提供一定的资金支持。二是银行的支持。银行在国家的政策引导下,调低大学生创业贷款的门槛,提供低息或者无息贷款或者小额贷款。三是家庭的支持。大学生创业需要政府、社会的资源支持,更需要家庭成员的感情支持,当面对创业压力、苦难或者失败时,需要家庭的宽容和鼓励。

3. 加大高校教育改革

在我国实施创新驱动发展战略背景下,创新创业教育作为除学术教育和职业教育之外的"第三本教育证书",必将引发我国高等教育的综合改革,诱发高校毕业生更高质量的创业就业,高校创新创业教育纳入人才培养计划已经势在必行。如此,围绕建立大众化的创新创业教育体系,按照高校编研的培养计划,除传授理论知识和实践教学外,高校还应尽可能地组织各种创业论坛、交流、大赛,为大学生设立创新创业专项基金,促进创新创业项目的申请与实践,给予创业政策扶助和资金支持,促进创业成果转化,提供创新创业指导和服务等帮助。

4. 普及大学生创新创业的生存发展理念

长期以来,我国多数地区、高校创新创业意识较为薄弱,大学生优先选择创新创业就业的行为鲜有发生,创新创业一度被主流意识排除在生存发展的备选理念之外。这是我国创新创业教育难以深耕和取得成就的最大障碍。因此,推广大众化、标准化、模式化的创新创业教育必须使创新创业的生存发展理念深入人心,让地方政府、高校和社会大众意识到创新创业促进经济提质增效升级所发挥的重要作用。因为,只有切实感受到创新创业所带来的长、短期"好处","三大主体"才会积极地营造全社会的创新创业环境,主动为创新创业提供便利。

三、广西水利电力职业技术学院创新创业教育改革成效

加强高校创新创业教育,是推进高等教育综合改革、提高人才培养质量的重要举措。广西水利电力职业技术学院以专业教育和双创教育作为人才培养的两条主线,双线交错构建双创"启蒙—思维—综合—实践"四个层面的模块化课程体系,搭建了底层创设氛围、中层挖掘潜力、上层孵化种子、顶层双创大赛的四级塔式育人全过程实践体系,双线并行,螺旋上升,有效解决了双创教育与专业技术教育"主次融合关系"结合度低、关联度弱、学生双创综合能力弱的问题。以萃智(即TRIZ创新方法)为引领,发起成立广西高校TRIZ联盟,联合广西科协共建创新协同中心,与国家级开发区共建了广西—东盟TRIZ研究中心和智源科技企业孵化中心,以双创人才作为"校区企"三方的利益共同点,将产业链、专业链、人才链、创新链"四链贯通"推进高职创新创业人才的供给侧改革,促使各方积极参与双创人才的培养,构建"校区企"协同育人机制,解决了优质资源共享率和人才需求匹配度低、校企合作的创新动力不足的问题,赋能创新创业高质量发展。

(一)构建了"双创—专技"双螺旋育人模式和模块化专创课程体系

专业技术教育是实现"高技术技能"的保障,创新创业教育是通向"高素质"的路径,二者在人才培养中紧密结合,缺一不可,形成了两条"螺旋交错"的主线,共同促进人才培养(见图5-2-1)。专业技术教育聚焦于学生专业知识与能力的培养,以第一课堂作为教学主阵地,通过实施人才培养方案,达到学生专业能力的提升。创新创业教育则聚焦于培养学生创新、创业、创意能力,以第二课堂作为双创能力培养主阵地。创新创业教育的理论知识部分以"课程"形式融入人才培养方案,专业技术教育的"项目化"实践教学部分则融入创新创业实践环节中。

(二)打造了分阶培养四层递进的四级塔式双创实践体系

坚持第一课堂的专业课程实训和第二课堂的双创实践相结合,聚焦于培养学生的双创意识、双创思维、双创综合能力和双创实践能力。在加强基础训练的基础上,以竞赛实践为拓展,激发学生向有难度的大赛方向冲刺,以此解决学生综合应用能力弱、协同创新能力不足问题。

以专创融合为驱动,以学生发展为中心,完善创新创业教育体系,坚持第一课堂和第二课

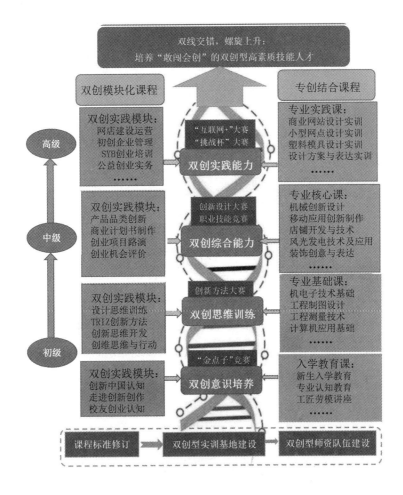

图 5-2-1 "双创—专技"双螺旋育人模式和模块化专创课程体系

堂相结合,构建了"创设氛围—挖掘潜力—孵化种子—双创大赛"四层递进的双创实践体系,从双创意识培养、双创思维训练、双创综合能力、双创实践能力四个方面对学生进行重点培养,进一步提高创新创业人才培养质量(见图 5-2-2)。"创设氛围"重点在于双创启蒙,激发全体学生的创新创业意识;"挖掘潜力"侧重于培养学生的创新思维,开发挖掘学生的创新创业潜力;"孵化种子"主要是引导学生积极地开展各种形式的创新创业实践活动,实践创意想法,孵化创业种子;"双创大赛"主要是通过参加大赛,进一步打磨、完善、提升创新创业项目,借助大赛平台获得融资及合作资源。2021 年,全校大赛报名项目 1000 多个,参赛人数 5200 人次,创新创业氛围浓厚,创新创业实践成效显著。

(三)形成了以"双创人才"为共同利益点的"校区企"长效运行机制

"校区企"三方以双创人才为利益共同点,共建机制、共同育人、共赢发展(见图 5-2-3)。学校以培养双创人才为育人目标,可以为企业转型升级输送双创人才、提供技术创新方法的培训和咨询服务,企业的发展离不开人才和创新技术的保障,学校所处的广西—东盟经济技术开发区则需要以人才储备和技术服务支持为招商引资的资源;通过共建大学生创业园和大学生创业孵

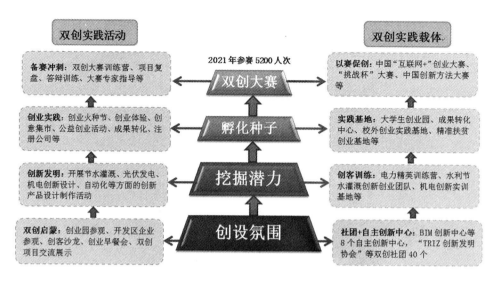

图 5-2-2　四级塔式实践训练体系

化中心、以互聘创业导师等方式"校区企"三方以培养双创人才为共同目标,形成了"共同育人、共谋发展"的长效运行机制。"校区企"三方建立服务引领的驱动机制,解决产教融合内生动力不足问题,把双创与专业技术人才培养目标在专业、课程、教师、学生层层传导,激发人才创新活动,为创新创业教育提供制度保障。

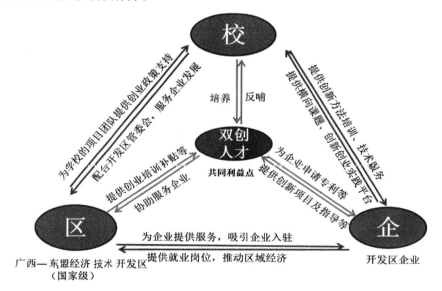

图 5-2-3　以双创人才为利益共同体的"校区企"三方协同育人机制

（四）搭建创新创业教育平台

广西水利电力职业技术学院建设了多层次的创新创业教育实践平台,包括经营实战创业园区、苗圃孵化区、节水灌溉创新实践基地、系部学生自主创新中心等以及学院创业园,总面积达 4000 多平方米。以"专创融合"为建设着力点,打造"专业技术+创业孵化""自主学习中心+创新中心"相互贯通的创新创业基地,学院 8 个系部建有以"专业"为特征的创新创业中心,其中机电工程系打造的"机电创新中心"面积达500平方米,成为自治区内高职院校以"专业系"为单位建设的最大单体面积创新中心。场地设施极大推动了学院学生创新项目的开展以及创业的孵化。广西水利电力职业技术学院采用校企合作的方式,在每个教学系共建学生自主学习中心及创新创业活动中心,以企业真实项目为依托,校企协同实施创新创业教育。比如,水利工程系与美国亨特绿友集团、上海华维集团有限公司共建了节水灌溉创新创业中心,企业提供创新创业基金,校企共同培养学生的创业创新能力。依托广西—东盟经济技术开发区区域特点,学院与开发区南宁智源科技企业孵化器有限公司合作共建校外创新创业基地、创业苗圃以及"创客空间";以"TRIZ创新方法"为特色,共建企业性质的"广西—东盟TRIZ研究应用中心"并筹建"广西高校TRIZ联盟",助推学生创新创业项目从校内到校外转化。

第三节 创新创业教育实施的典型案例

一、各高校创新创业教育实施典型案例

(一)坚持"立德树人"根本任务,以"科技创新"为载体 培养高素质创新创业人才
　　——北京科技大学

北京科技大学紧密围绕"立德树人"根本任务,发扬"求实鼎新"校训精神,以"科技创新"为载体,发挥学科优势,将创新创业教育融入人才培养全过程,着力培养新时代拔尖创新创业人才。长期以来,学校一直高度重视学生创新精神和创业意识的培养,坚持把培育学生创新创业精神和能力作为学校人才培养目标和"双一流"大学建设重点内容,逐步探索出具有北科大特色的创新创业教育体系。学校获得"全国高校实践育人创新创业基地""全国高等学校创业教育研究与实践先进单位""北京市示范性创业中心"等荣誉。

1. 主要做法

(1)重统筹,举全校之力下好创新创业工作一盘棋

一是机构到位。学校成立"创新创业工作指导委员会",主管校领导任委员会主任,整体制订创新创业工作计划。成立校级"创新创业中心",作为具体执行机构和协调中心,统筹学校资源推进创新创业工作。现有校级专职工作人员5名,并在每个学院配备1名创新创业辅导员,合计40余名专兼职指导教师,为推进工作提供了有力的人员保障。

二是政策到位。学校出台政策,完善激励机制,加大奖励力度,2014年共发放创新创业相关师生奖励金240余万元。建立了"创新创业学分转换"制度,允许调整学业进程、保留学籍休学创业,允许学生将创业实践内容转化为本科毕业设计。

三是场地到位。建设了"贝壳创空间+创新创业实践基地+大学生科技园+学院创新创业分中心"四位一体的双创基地群,累计面积3500余平方米,全面保障了学生创新创业实践的需求。

四是经费到位。学校设立各类专项经费、科技竞赛经费、校友创新创业基金等,总计1000余万元。

(2)重教育,将创新创业教育融入人才培养全过程

一是不断完善人才培养方案和机制。2005年学校将创新创业教育纳入必修环节,2017年将创新创业学分增加到8个,包括3个理论学分和5个实践学分。建立创新创业档案并计入第二课堂成绩单。学校推行本科生全程导师制,大一即给学生配备导师,打通本科生提前进入实验室参与重大科研和创新创业实践的渠道。

二是构建"三阶递进"的创新创业课程体系,鼓励教师开展教学研究。学校开设创新创业"基础课程""新生研讨课""实践培训课程"80余门。学校鼓励教师开展创新创业课程研讨及课题研究,组织相关教研团队编写10余部创新创业相关教材和书籍,《大学生生涯辅导教程》获得北京市精品教材。

三是分层次开展创新创业教育活动。学校开展"创学堂""科技文化节""创业体验日"等系列活动,邀请了多名国内外顶尖科学家,以及50余名知名校友与学生分享科研创新和创业故事,每年累计覆盖学生万余人次。通过辅导员工作室、学生创业协会、科技协会等开展创新创业朋辈教育。通过"创业网+微信"等媒体平台,报道学校前沿科技成果和学生创业故事,发挥网络育人作用。

(3)重实践,着力提高学生创新创业实践能力

一是搭建多层次赛事平台。通过"学分保障+保研加分+奖金鼓励"等多重激励,鼓励学生参与创新创业赛事实践。开展"科技园杯""摇篮杯"创新创业大赛16年,覆盖学生15000余人,团队2000余支。开展近30项学科相关创新创业赛事,实现"一院一赛"。

二是实施"大学生创新创业训练计划"。开展"创新训练项目""创业训练项目""创业实践项目"三层次实践,覆盖70%以上本科生。近三年,学生申报创新创业项目累计1721项,发表论文108篇,申请国家专利56项,形成报告1500余份。

三是开展多层次创新创业训练营。学校面向不同学生群体,开展创业训练营、创业加速营、创业骨干营,每年覆盖学生200余人,全面提高学生创业实践能力。

(4)重帮扶,实施"贝壳种子计划",助力学生创新创业项目开花结果

自2017年起,学校面向在校生和毕业两年内校友,实施"贝壳种子计划"工程,选拔优秀实体创业项目,为其提供启动资金、办公场地、注册地址,配备"一对一"导师,针对性地开展指导和服务,至今共支持20多个实体创业团队。种子计划团队曾向时任国务院副总理刘延东、团中央书记处书记傅振邦进行成果汇报,两支团队作为大学生创业代表参加2018年全国双创周展示。

(5)重协同,把创新创业成果写在生产线上

一是加强校企、校地合作,促进学生创新创业能力培养。学校与100余家大中型企事业单位、地方政府共建了167个实践基地,学校与腾讯众创等专业机构共建近10个创新创业孵化基地,为学生提供实习实践和专业化孵化服务。

二是鼓励师生共创,以科研带动创新创业。学校出台政策允许教师离岗创业。以导师科研转化为依托,开展师生共创,涌现出了一批大牌教授团队带领学生创新创业的优秀典范。同时,学校建立了集专家、校友等为一体的"结构多元、专兼结合"的创新创业导师队伍,现有导师200余人。

2. 经验特色

(1)打造学院"创新创业分中心",促进"四个融合"

2018年年初,学校在13个学院成立并挂牌了"创新创业分中心",要求分中心出台建设管理办法,并且构建了以"六有"机制为目标的分中心运营模式(见图5-3-1)。主管校领导多次实地走访,督查分中心建设情况。

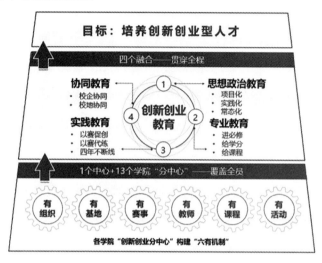

图5-3-1 以"分中心"促进"四个融合"的创新创业工作机制

学院创新创业分中心要做到"有组织、有基地、有赛事、有活动、有教师、有课程"。学校明确学院分中心建立书记任工作领导小组组长,专业教师、班导师、创新院辅导员为主体的院级创新创业工作机制。依托分中心,学校建成了"思创实验室""勤敏轩""机器人"等多个学科特色创新创业实践基地;组织了"节能减排大赛""传感器创新大赛"等一系列具有学科特色的创新创业赛事;开展了"满井谷""索奥"创新创业论坛等院级创新创业活动;建立了学院创新创业导师库;开展相关的培训课程,营造了非常好的创新创业氛围。同时,依托分中心,使创新创业教育能够进专业、进班级、进支部、进课堂、进课题、进企业,真正将学科优势转化为创新创业教育优势,推动创新创业教育融入思想政治教育、专业教育、实践教育、协同教育。

(2)赛教融合,培养"科技型"创新创业人才

学校积极构建赛教融合培养模式,依托重要赛事,通过教学培养和实战指导相结合的方式,以赛代练、以赛促创、以老带新,实现"参与学生多""覆盖专业多""学生收获多"的效果(见图5-3-2)。学校也通过这样的模式,培育出了两支全国大学生"小平科技创新团队"。

"机器人队",每年覆盖学生400余人,成立18年来,获得两届全国总冠军、四届亚军、三届季军,团队成员和机器人还受到多位党和国家领导人的接见。由学校原创的Robtac大赛,2018年入选高等教育学会"中国高校竞赛评估排行榜"。

"智能车队",每年覆盖学生500余人,成立13年来,获得4个国际冠军、18个全国特等奖、17个全国总冠军、28个全国一等奖。曾得到时任国务院副总理刘延东、时任北京市委书记刘淇、时任北京市市长王岐山的赞扬。

两个团队为社会培养了1000余名专业创新人才,有一些已经成为机械、自动化等技术领

图 5-3-2　赛教融合培养模式："以赛代练、以赛促创、以老带新"

域的专家、知名企业骨干和创业公司领导。特别值得一提的是,他们团队中走出了 20 余名成员,创办了以相关技术为基础的科技型创业公司。

3. 工作成效

近三年,毕业生整体就业率保持在 95% 以上,毕业生创新创业能力得到用人单位的高度认可。每年,接受创新创业指导的学生 11000 余人次,学生创业成活率较高,科技创新型项目众多。

近三年,学生在全国"互联网+""创青春""挑战杯"三大高水平大赛中共获得 3 金 10 银 8 铜的成绩。2018 年,学校在"创青春"全国大学生创业大赛中获得了 2 金 2 银 4 铜的历史最好成绩。根据 2018 年中国高等教育学会"创新人才培养暨学科竞赛"评估,学生在重要创新创业赛事中获国家级奖项 68 项、省部级奖项 234 项,位列全国第 30。学生单独申请专利或参与申请专利数量逐年增加。

北科学子将创新能力转化为创业动力,涌现出一批优秀的大学生创业者。"孟子居"创业团队,在全国率先开启大学生电商扶贫创业模式,5 年赴全国 10 个省精准扶贫,创始人杨国庆作为主要执笔人,向习近平总书记写信汇报参加"青年红色筑梦之旅"的心得感悟,得到总书记回信并登上 CCTV 新闻联播。在校生牛亚锋的创业项目空气拨片,获得"创青春"全国金奖并完成种子轮 200 万元融资。

(二)根植市场、以创立校,打造双创教育"义乌样本"——义乌工商职业技术学院

1. 学校创新创业概况

一座创业城孕育一所创业校,一所创业校提升一座创业城。义乌工商职业技术学院坐落在世界小商品之都、国际商贸名城义乌,是浙江省第一所由县级市举办的公办职业院校。自办学以来,学校紧密依托地方市场优势,坚定走出了一条以"创"立校的特色办学之路,形成了创业教育、创意教育、国际教育三大特色教育,在培育创业创新人才、服务地方经济等方面成效显

著。学校现有中外学生9600多人,专业32个,教职员工531名,是浙江省优质高职院校、浙江省创业型大学建设试点院校,跻身全国高等职业院校育人成效50强、服务贡献50强、国际影响力50强。

作为全国最早开展双创实践的高校之一,学校以"创"文化为牵引,以培养具有创新精神和创业能力、德才兼备的学生为目标,以电商创业、创意创业为发展重点,构建了"市场共舞、师生同创、专创融合"双创人才培养体系,形成了与地方发展产业互融共享,辐射助力国家战略的双创特色。

从试水探路到全面推进,从默默无闻到自信满满,二十余年,学校的双创教育香飘满园、开花结果:由点及面,就创人才有量有质,应届毕业生创业率一直位居全国同类高校前列,稳定在12%左右,李克强总理曾点赞学校创业毕业生;由内而外,样本溢出全球推广,连续举办十五届全国创新创业教育交流研讨会(见图5-3-3),成立海峡两岸青年创业基地、中西跨境电子商务创业培训基地;由东至西,双创扶贫广受好评,电商创业精准扶贫,助力甘肃陇南获评"全国电商扶贫示范市",扶持打造全国推广的"甘肃广河实践"。相关双创教育成果多次被新华社、中央电视台、人民日报等国家级高端媒体报道。

图5-3-3 学校创业学院成立十周年之际举办全国创新创业教育交流研讨会

2. 学校创新创业典型特色

(1)先行先试、同学同创,构建"两班一室"双创人才培养载体

针对不同的专业特性和学生的不同需求,学校搭建了创业班、创业精英班、专创工作室等双创人才培养载体,边做边改进完善人才培养方案,实现了创新精神、创业能力培养的全过程。

一是创业班。学校在浙江省首开先河开设电商创业班(2009年),旨在批量培养双创人才。创业班教学计划单列,引入企业资源,实行"创业导师+创业项目+创业学生"的培养模式,强调在全真情境下的创业实践,由资深双创指导教师担任班主任。学生大一入校组班,边学习边创业,创业业绩等可转换为学分,替代非专业核心课程,并纳入综合测评。目前,学校平均每年开设创业班8个,涉及电子商务、国际商务、市场营销等多个专业,实现了专业创业人才和专业技能人才培养的良性互动。2009级e创信管班是学校首批电商创业班,毕业生自主创业率100%,现全部毕业生坚守在创业一线。2019届跨境电商班与跨境平台WISH合作共同制定培养方案、教学课程,100%学生以创业身份毕业。图5-3-4为创业班学生项目获2018年"创青春"全国大学生创业大赛金奖。

图5-3-4 创业班学生项目获2018年"创青春"全国大学生创业大赛金奖

二是创业精英班。该班主要招收创业业绩达到一定要求的在校生,跨学院、跨专业、跨年级组班。教学由创业教育教研室负责,内容上以工商税务、知识产权、企业家精神等为主,形式上以讲座、游学、企业考察等代替传统课堂。学生根据创业需求自主选择课程。达到规定的学生每学期可替代4门非专业核心课。自开办以来,已累计招收16期,培养450余名来自不同专业的优秀创业学生。毕业生回访调研显示,该模式培养的学生毕业后有75%继续创业。天猫纸箱第一卖家、学校市场营销专业学生王佳荣从创业基地孵化成功后进入精英班,接受了更系统的教育,企业获千万元风投。

三是专业创业工作室。工作室与专业教研室、协同创新平台等紧密合作。由导师接项目到工作室,学生课余全程参与真实项目运作,构建了"教室与市场同台、教师与教练同体、实训与实战同步"的"三同"双创技能训练体系。学校先后建立了30家校级专创工作室,覆盖文秘、印刷、建筑工程技术等全校2/3的专业,工作室学生自主创业率32%,国务院参事汤敏对专创工作室给予高度评价。

(2)校地融合、协同发展,打造"一带一圈"双创实践育人平台

义乌是创新创业的沃土,其战略优势和产业优势为学校开展双创教育提供了得天独厚的条件。学校坚持厚植市场,同频共振促双赢,通过环湖创意产业带、电商创业生态圈的建设,将市场资源转化为教育教学资源,构建了义乌市场嵌入式的一体化双创实践育人体系,被教育部在2017年授予"全国高校实践育人创新创业基地"称号。

一是环湖创意产业带。以创意园为中心,连接义乌工业设计中心、学校28个协同创新平台,构建了以服务创意产业升级为主要目标的环湖创意产业带,其中创意园是全国首个以"小

商品创新设计"为主要研发方向的创意文化园区。产业带引进了高端设计机构、产品研发科技型企业70余家,拥有国家旅游商品研发中心、国家林产品创意中心2个国家级平台和2个国家技能大师工作室,创意产值累计近4亿元,在全国开设联合研发基地22个。产业带丰富的市场资源转化为学生创业实践资源,校企双师指导学生累计研发文创项目1000多项,实现创意设计成果转化116项,销售额近亿元,成为国内外150余所知名高校的设计学子实践基地,产业带获批浙江省高等学校省级产教融合示范基地。图5-3-5为央视《新闻调查》栏目报道学校创意人才培养。

图5-3-5 央视《新闻调查》栏目报道学校创意人才培养

二是电商创业生态圈。以学校大学生创业园为中心,辐射中国网店第一村、义乌国际商贸城等,构建了方圆10公里的电商创业生态圈,引领电商产业升级发展。创业园由政校企合作共建,与阿里巴巴、WISH等电商平台紧密合作,为学生"全真式"电商创业实践提供"一站式"服务。平均每年孵化大学生创新创业项目500余个,孵化企业200余家。学校秉持共建共享理念,在中国网店第一村建设了大学生创业实验室、创新创业引擎中心、跨境电商园,在义乌龙回村建设全国跨境电商人才培养基地,与浙江省妇联在义乌国际商贸城共建了浙江妇女创客园,义乌陆港电商小镇成为校企电商创业人才培养基地。

(3)发挥特色、精准扶贫,打造"一面两点"双创社会服务体系

学校引领义乌电商产业发展,为产业发展播下火种,是中国网店第一村的重要建设者;服务义乌创意产业发展,是中国小商品转型升级的重要参与者。在服务好义乌的同时,学校服务国家脱贫攻坚战略,走进中西部,撒下创业火种,星火燎原。

一是打造双创培训项目,扩大普及面。学校组建了优秀的双创导师团队,根据中西部地方特色,个性化开发电商创业扶贫培训课程,组织专业化培训。学校连续三年承办了台盟中央主办的"筑梦乡村"行政管理干部培训班,主要面向甘肃、贵州等中西部贫困地区的党政干部。连续七年承接青海青年电商创业实战培训,累计受训青年超过3000余名(见图5-3-6)。2018年,学校深度参与甘肃临夏自治州电商创业扶贫工作,为当地1000余人提供电商专业培训,有力促进当地电商产业发展。

图 5-3-6 青海海西第十一期城乡青年培训班学员结业

二是深入实地下沉帮扶,抓住两个点。一是抓好创业导师这个点。学校现有专任双创导师 78 名(均具备创新创业指导或实践经历),是连续四年承办浙江省创业导师培育工程的唯一高职院校。学校选拔优秀导师先行开展结对扶贫工作,早在 2010 年,派出创业导师深入甘肃、青海等地播撒创业火种,普及创业理念。近几年,学校陆续与中西部高校结对帮扶,选派创业导师到贵州铜仁职业技术学院等高校援教,接受陇南师范高等专科学校干部教师跟岗访学,与四川阿坝师范学院共建电子商务学院。2018 年国家扶贫日期间,受台盟中央委托,创业导师深入甘肃陇西调研,相关建议获肯定性批示。二是抓好创业学生这个点。学校成立了优秀创业毕业生联盟,加强国家脱贫攻坚战略相关政策宣讲,鼓励优秀创业毕业生回家乡、到西部扶持创业。聘请优秀创业学生担任创业培训讲师,手把手教授创业技能;牵线搭桥推进创业学生与地方的产业对接,拓宽销售渠道,带动当地人创业。目前,来自四川、青海、甘肃等中西部省份的创业毕业生中超 90% 返乡创业或从事与家乡产业相关的创业项目。

(三)确立创业型高职名校建设目标,打造全要素创新创业教育特色品牌——东营职业学院

东营职业学院坐落于黄蓝两大国家战略融合交汇的黄河三角洲中心城市、胜利油田的基地——东营市,是国家骨干高职院校、山东省优质高等职业院校立项建设单位。学校占地 1900 亩,有 9 个二级学院,教职工 855 人,全日制在校生 17440 人。

学校高度重视创新创业教育工作,明确提出建设"有特色、国际化、创业型"高职名校办学理念,大学生创新创业工作"起步早、起点高、力度大"。2009 年开始进行双创教育体系构建研究与实践,并建立大学生创业孵化基地。2013 年成立山东省高校首家创业学院,2014 年创办山东省高校首家产教融合的区域性创新创业大学。学校荣获"全国创新创业典型经验高校""全国高职创新创业教育先进单位""全国高职高专院校创新发明基地""山东省大学生创业教育示范院校""省级大学生创业孵化示范基地""山东省青年创业孵化基地""山东省创新创业典型经验高校""山东省'金种子'计划文化产业试点孵化器立项单位"等荣誉称号。

1. 创新工作体制机制,优化"双创"生态环境

(1) 构建创新创业指导服务网络

成立创业学院,由分管教学的校领导兼任院长,全校凡涉及创新创业教育的管理职能全部由创业学院统筹(见图5-3-7)。创业学院下设创业基础教研室、创业技能教研室、创业实训教研室、创业服务教研室、创业教育研究所、创业教育资源管理中心和创业基金管理中心等"四室一所两中心"。二级学院成立创业指导办公室,学生会设立就业创业部,每个教学班配备就业创业委员,形成全覆盖创新创业教育管理服务网络。

图5-3-7 创业学院挂牌仪式

(2) 建立创新创业制度体系

制定《创新创业学分置换实施细则》《创新创业大赛经费支持及奖励办法》《创新创业奖学金管理试行办法》《创新创业基金管理办法》《入驻孵化基地创业项目管理办法》《创新创业教育改革实施方案》等包括创新创业教育运行制度、创新创业教学管理制度、大学生创新创业项目管理制度、创业孵化基地管理制度在内的管理制度和规章21项,形成了良好的创新创业工作生态系统。

2. 实施"双百"导师工程,建设一流"双创"教学团队

按照"把全校上课最好的教师遴选到创新创业教学团队中来"的教学团队建设目标,推进实施创新创业师资建设"双百"工程,培养校内外专兼职创新创业课程教学和实践导师100人,每人每年指导培育1个创新创业团队,每年培育100个创新创业团队。

(1) 加强创新创业教师队伍专业化建设

校内培养专兼职创新创业教师54名,涉及机械制造、金融、财务、法律等30多个专业,70%以上有创业企业关键岗位锻炼经历,80%以上具有硕士学位,90%以上为教学一线骨干教师;依托东营市建设创新型城市人力资源优势,聘请由知名专家、政府政策指导人员、创业成功者、企业家、风险投资人、技能大师等优秀人才组成的校外导师团队46名,在指导学生创新创业实践,提供创业咨询服务,促进学校与企业、科研院所、投资机构的对接与互动,提高学生创业成功率等方面发挥了重要作用。

(2)实施创新创业教师素质提升计划

通过邀请全国著名创业专家到校授课,外派教师到企业挂职锻炼、主办和外派参加创新创业师资培训等多种形式,不断提升教师业务能力。通过申报教改课题、开发课程资源等形式推动学术创新。通过教学比赛、精品资源共享课建设等形式提高教学水平。近三年来,外派20余名创新创业教师到企业挂职锻炼,150余人次参加全国各类创业师资培训,119人次考取创业咨询师、创业培训师等相关职业资格证书。创新创业教学团队承担国家级、省市级创新创业类科研课题15项,出版创新创业类校本教材、专著12部,发表学术论文20多篇。

2017年,创新创业教学团队被山东省教育厅评为山东省高校"黄大年式"教师团队。

3. 深化专创融合、城校融合的"双创"教育改革,创立"三步课程、三阶课堂、三元评价"教学体系

(1)构建"导引课程+成长课程+项目课程"三步课程

学校面向所有学生开设大学生创业基础、大学生创业实训2门导引课程,4个学分,64学时,列入必修课和指定选修课;面向所有专业开设创业机会识别、中小企业创业实务、创业项目运作与管理等创新创业成长课程,列入公共选修课;把创新创业教育融入各专业人才培养方案,开发创新创业项目课程,所有课程植入创新创业元素,建立起了三个年级、六个学期、全学程创新创业课程体系,实现创新创业教育与专业教育的深度融合与对接。

(2)构建"专业学训+项目学做+企业学创"三阶课堂

一是利用学校自主开发的"创业总动员"3D仿真模拟系统和各专业建设的"众创空间"平台,学训一体,开展创新创业推演式教学,唤醒创新意识、激发创业精神,营造浓郁"创"文化氛围;二是利用大学生创业孵化基地创业路演室、创业沙龙等项目学做平台,广泛开展"创业项目路演季""创客大智汇"等项目化教学活动,集合学生创意,形成创新创业项目资源库;三是依托校企共建的东营青年科技创业苗圃、东营西郊青年创业产业园等系列企业学创平台,开展实践性教学、实境化育人,引导学生在创业企业真实环境中投身实践,提升创业实战能力。一、二、三阶课堂贯通,采用头脑风暴、角色扮演、项目模拟等参与式教学法,深受学生欢迎,产生了创新创业课特有的下课前学生要求"再上十分钟"现象(见图5-3-8)。

图5-3-8 生动活泼的创新创业教学课堂

(3)创立"课堂绩效+素质拓展+实践成果"三元评价

学校开发学分银行账户系统,为每名学生设置创新创业学分银行账户,将创新创业学分列入《东营职业学院学分置换实施细则》,建立创新创业学分积累与转换制度;利用交互式工具从课堂参与度等生成即时性课堂绩效评价,从学生参与社团等第二课堂的活力值等方面对创新素质拓展进行动态评价,把学生专利获取、自主创业等实践成果折算为创新创业成果学分,形成了泛在式、多点位的全要素激励导向机制。

2018年,"双向融合、三维互动的高职院校创新创业教育系统构建与实践"获山东省职业教育教学成果特等奖,并被推荐参评国家级教学成果奖(见图5-3-9)。

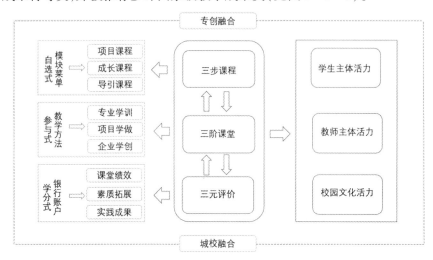

图5-3-9 创新创业教育系统模式导图

4. 加强基地建设,打造"双创"高端实践平台

(1)建设校内校外创新创业实践基地

学校投入7000余万元,建设了3400平方米的大学生创业孵化基地和12000平方米的大学生创业服务中心(见图5-3-10)。融、投资2000余万元建设数字化3D模拟创业实训室、工业机器人与数字化制造创业工作站、虚拟演播室等创新创业技术平台20多个,建设创新创业数字化一站式服务大厅、免费代理记账工作室等功能服务室15个。校企合作共建校外创新创业实践基地12处,实现校园孵化与社会创业园区孵化的对接,拉长了创新创业实践支持链条。2014年,东营市人民政府依托学校创新创业资源基础,采取政府主导、校企合作、市场化运作模式,创建东营创新创业大学,成为山东省首家挂靠高校成立的集创业教育、创业培训、创业实训、创业服务等多种功能于一体的地方性非学历创业大学,为学校创新创业工作汇聚更优质资源,搭建了更高平台。

(2)培育创新创业项目

借助学校创新创业实践平台,设计开发创新创业公共实训模块6个、创新创业个性化实训模块50余个,建设了完善的创新创业实践培育体系,所有学生毕业前接受不少于100学时的

图 5-3-10　大学生创业孵化基地

集中创业实战训练。学校累计培育学生创新创业团队 500 余个,培养创新创业积极分子 5650 人,目前在孵创业项目 88 个,创意项目 100 余个。2014 届毕业生李肖肖研发自助洗车机,获得国家专利 4 项,并注册森澜机电设备有限公司,成立了研发、生产、销售、售后服务团队,产品销往江苏、陕西、新疆等 10 多个省区,吸纳毕业生 100 余人就业,年营业额超过千万元。自助洗车机项目作为典型案例入选《2016 中国高等职业教育质量年度报告》,李肖肖被评为"东营市十大杰出青年"和"山东大学生十大创业之星"(见图 5-3-11)。

图 5-3-11　孙伟副省长为"山东大学生十大创业之星"李肖肖颁奖

创新创业教育的全面和深度开展,促进了毕业生就业率、就业质量的提高和就业结构的优化,毕业生就业率连续多年在 98% 以上。有 8 名毕业生被中国工程物理研究院录用,实现高端就业。自主创业及参与创业毕业生人数逐年增加,2015 至 2018 届毕业生近三年创办注册企业 176 家,2017 年参与创业率 7.11%。培育的创新创业典型连续四届被评为"山东大学生十大创业之星""山东大学生优秀创业者",是山东省高职院校唯一获此殊荣者。全国 23 个省区 417 家院校到学校参观考察,学校应邀到国家教育行政学院等高校交流、讲学 30 余次;中央电视台、中国教育电视台、中国青年报、高职高专网等主流媒体进行了宣传报道,在全国高职创新创业教育领域产生了重要影响。

二、广西水利电力职业技术学院自治区级创新创业示范基地建设典型案例

(一)实施背景

长期以来,创新创业实践基地更多地把侧重点放在大学生创业园的建设上,主要倾向于引导选拔创业项目团队进行注册经营,导致创业实践载体过于单一,很多创业项目以商贸为主开展创业实践活动,实践过程在专业知识技能的应用程度不足。这样的状况,不利于促进创新创业教育和专业教育的互相融合,导致专业教育与创业教育"两张皮"、创新创业理论与创业实践的融合度不够,创新创业项目缺乏创新性、实践性、可持续性,创新能力培养的系统性和整体性不足等,这些已成为制约高职院校"双创"教育发展的瓶颈问题。高职院校开展创新创业教育,必须构建完善的创新创业实践基地体系,以创新创业实践基地为载体,通过创新创业项目的体验、实践及实战,着力培养高职学生在加工工艺创新、实用技术创新、产品(技术)改良、应用性方面优化等方面的能力,促进学生创新精神、创业意识和创新创业能力的锻炼和提升。

(二)主要做法

为了解决创新创业实践基地过于单一、创新创业实践基地建设与专业教育结合不足、专业教育与创业教育"两张皮"等问题,广西水利电力职业技术学院以"科研+创新方法+创业"的双创基地建设总体思路,充分发挥科研在创业载体实现、创新方法提质、创新与科研深度融合、创新科技成果创业转化的综合作用(见图5-3-12)。广西水利电力职业技术学院将科研经费与师资力量通过"科技创新专项"进行有机融合,教师的科学研究与学生创新创业教育有机结合,提升创新产品质量,进而推动创业载体的科技含量,提升创业的成功率和科技成果转化率,逐步探索出"科研+创新方法+创业"的水电双创品牌。构建了更加健全的创新创业实践基地体系,以"院系专业双创基地+全校性双创基地""专业岗位创新基地+创业孵化基地""校内双创基地+校外双创基地"方式,建设多层次、全方位的创新创业实践基地,为开展各类创新创业实践活动提供强有力的保障和支撑。以更加完善的创新创业实践基地为载体,促进创新创业教育与专业教育的融合,推动学校"双创"升级,提升学生创新创业核心素养,落实创业扶持政策,精准提供创业指导与服务,在更大范围、更高层次、更深程度上推进大众创业、万众创新,不断提升学生创业意识和创新创业能力。

1. 组织领导

学校重视创新创业教育工作,将创新创业教育纳入人才培养方案。2016年,学校制定了《广西水利电力职业技术学院创新创业教育改革实施方案》(桂水电院〔2016〕23号),形成学校主要领导牵头,分管校领导具体负责,教务科研、学工处和招就处等部门共同配合,全体教职工和学生积极参与的领导体制和工作机制,将创新创业教育纳入人才培养方案。2017年3月,根据《广西壮族自治区人民政府办公厅关于深化高等学校创新创业教育改革的实施方案的通知》(桂政办发〔2016〕50号),广西水利电力职业技术学院颁布《关于成立广西水利电力

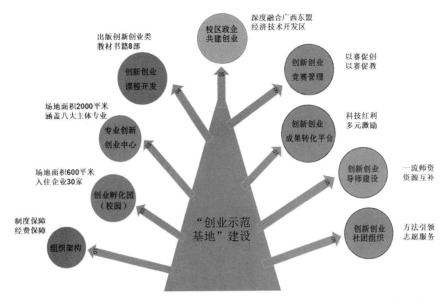

图 5-3-12　广西水利电力职业技术学院"创新创业示范基地"顶层设计建设树

职业技术学院创新创业教育机构的通知》(桂水电院〔2017〕2号),成立由学校校长挂帅的广西水利电力职业技术学院创新创业教育机构及创新创业教育学院。创新创业教育学院设立创新创业教育办公室和创新创业教育教学指导中心、创业与就业指导中心、创新与实用发明指导中心三个专门机构。创新创业教育工作领导小组,每学期召开创新创业教育专题会议,学校领导对创新创业教育工作和双创基地建设进行了有针对性、实质性的指导。

基地建设纳入学校"十四五"规划及年度工作计划,发展方向明确,能结合学校学科优势和当地经济社会发展需求积极支持师生创新创业,培养创新型、复合型、应用型人才。

2. 场地建设保障

广西水利电力职业技术学院在创新创业基地建设中,以"专创融合"为建设着力点,打造"专业技术+创业孵化""自主学习中心+创新中心"相互贯通的创新创业基地(见图5-3-13)。

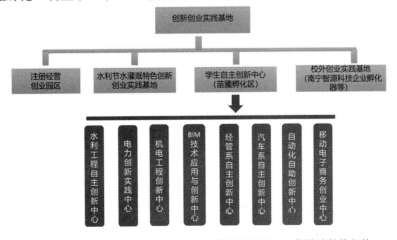

图 5-3-13　广西水利电力职业技术学院创新创业示范基地整体架构

基地配套服务设施齐备,功能室齐全,具有在孵企业和创业项目共享的活动场所,接待室1个、会议室1个、展示室1个、路演室1个、智慧创客教室5个、创业导师及大师工作室5个等场所。

2021年,重点开展静湖科技团队建设,修缮里建教学楼120教室成为学院静湖科技创新团队的研究办公中心;校企协同创新中心,建立节水灌溉、机电技术、新能源、信息技术4个校企协同创新中心平台;做好大学生创业园、创客教室及各系自主创新中心的改造建设管理工作,创新学院场地建设。

3. 经费支撑

学校设立创新创业教育工作专项经费,并纳入年度预算,经费数额能够较好地满足创新创业教育和指导服务工作需要;建立大学生创业基金(资金),用于扶持学生创业项目开展创业实践。2021年创新创业专项资金130多万元,超过学校年度学费总收入的0.5%;基地有10个以上创业基金(资金)使用案例。

4. 双创教育生态

(1)课程建设

学校高度重视创新创业课程建设,制定人才培养方案,面向全体学生开设"大学生创新创业基础"必修课,有针对性地选用及编撰适合本校学生多样化创业需求的课程教材。学校组织编写并公开出版创新创业相关教材《大学生创新创业基础》(刘磊、莫海燕主编,2015年,中国水利水电出版社)、《大学生创业指导》(刘磊、黄小娥主编,2017年,中国水利水电出版社),以及自编《创新创业大赛案例》《创新方法实践教程》等相关教辅用书及专著10本。

(2)师资队伍建设

学校重视创新创业教育师资队伍建设,形成专、兼、聘的专兼结合,相对稳定的创新创业教育师资队伍和校外创业导师队伍。校内选配富有创业经验和创业能力的业务教师、科研和管理人员担任学生创业指导教师,校外选聘企业家、创业成功人士和政府部门相关专业人员担任学生创业导师,形成一支既有理论又有创业实践经验的,能担当起大学生自主创业指导服务的团队。创新创业教育师资队伍和校外创业导师队伍82人,其中校内双创导师45人,校外双创导师37人;基地拥有15名创业导师面向基地入住项目实际开展创新创业辅导活动,为学生提供经常性的创业与就业咨询、指导和跟踪服务,帮助解决实际问题,引导学生走创业成功之路。

(3)双创文化建设

基地常态化举办创新创业大讲坛、创新方法与专利特训班、创业火种节、创业训练营等活动,形成学校双创文化品牌,校园双创文化氛围浓厚。促进创业投资、风险投资等社会资本与创业项目对接。积极支持学生成立创新创业相关社团,目前全校创办有学生"大学生创新创业协会""TRIZ创新发明协会""建筑科技协会""水利科技协会"等近20个创新创业社团组织,每年组织开展或参与各类创新创业赛事活动,每学期不定期举办创新创业讲座论坛。

(4)双创大赛组织

每年积极组织学生参加各类国家级和自治区级教育主管部门组织的大学生创新创业大

赛,包括中国国际"互联网+"大学生创新创业大赛、第四届中华职业教育创新创业大赛、第七届"创青春"区直院校创业设计与职业生涯规划比赛、第九届"挑战杯"广西大学生创业计划竞赛、第八届中国TRIZ杯大学生创新方法大赛、广西—东盟经济技术开发区创新创业大赛等,并获得相关奖项200多项,连续4年荣获"互联网+"创业大赛优秀组织奖。

在2021年第七届中国国际"互联网+"大学生创新创业大赛中,全校共有1000多个创新创业项目报名参赛,参赛学生达6000多人次,其中"水压助力如厕辅助起身座椅"荣获国赛银奖(见图5-3-14);在广西选拔赛共荣获5个金奖、4个银奖、8个铜奖,并荣获大赛优秀组织奖,金奖数量取得了历史性突破,金奖数量位列高职院校第二(见图5-3-15)。

图5-3-14 "水压助力如厕辅助起身座椅"项目团队参加第七届中国国际"互联网+"大学生创新创业大赛全国总决赛荣获国赛银奖

图5-3-15 在第七届中国国际"互联网+"大学生创新创业大赛广西区赛中荣获5个金奖、4个银奖、8个铜奖

(三)成果成效

广西水利电力职业技术学院创新创业基地在2019年荣获广西高校"大学生创业示范基地"荣誉称号,2021年荣获"广西高校大学生创新创业典型示范基地"荣誉称号。

通过创新创业实践基地,对入驻的创新创业项目进行有针对性的培育孵化,积极培育高科技高质量的创新创业项目,并取得显著成效。一是创业孵化成效好。基地支持引导入驻企业,结合本校专业特色,创新培育高科技、高质量、能落地的创新创业项目。二是学校双创人才培养质量显著提升。在近几年毕业生创业企业中,产值达100万元以上的企业有20多家,其中毕业生唐治的典型创业项目"快快学车"2018年年营业额突破5000万元,并在2018年首届广西"大学生创业明星"评选中,荣获"高校毕业生创业明星"称号,获得政府10万元奖,是唯一获此殊荣的广西高职院校毕业生(见图5-3-16)。

图5-3-16　唐治荣获首届广西"大学生创业明星"荣誉称号

在"双创"大赛中,广西水利电力职业技术学院各类项目获得国家级创新创业大赛奖励共9项,金奖(一等奖)1项,银奖(二等奖)5项,铜奖(三等奖)3项;自治区级创新创业大赛奖励近200项,金奖(一等奖)20项、银奖(二等奖)51项、铜奖(三等奖)126项,还有优秀组织奖5项、优秀创新创业指导老师奖12项。在其他双创建设中,获得国家级双创荣誉1项。

广西水利电力职业技术学院近几年完成自治区级(含)以上双创类教改科研立项项目近20项,自治区级教学成果奖和社科类奖项中双创类成果合计5项。学校教育教学改革获得突破性成果,获国家级协同创新中心1个,广西创新创业示范基地1个,广西创新团队1个,发表论文37篇,出版教材及专著10部,授权发明专利125项。

在创新创业教育的理论上,以"TRIZ创新方法"作为指导,创新理论体系先进和完备。广西水利电力职业技术学院创新创业指导教师具有多年TRIZ运用与推广经验,TRIZ师资区内领先。牵头发起成立广西高校TRIZ联盟(筹),联合广西—东盟经济技术开发区成立广西东盟TRIZ研究中心,推动园区企业的技术创新能力,解决企业实际技术及生产难题,社会服务能力增强,培训人数达5000人次,为企业技术攻关40余项。被广西桂林市科协、崇左市科协、防城港市科协、长江电力集团、桂东电力、广西恒达电机有限公司等企业认可,参加广西区科协、科技厅、国资委、发改委等单位主办的"广西创新新方法进百企行动计划"项目,受邀为企业、高校宣讲50多场,指导企业参加创新创业大赛获奖20余项。

在全国高职高专校长联席会议2018年年会上,广西水利电力职业技术学院报送的"大力推动专创融合,创新创业成果显著"案例获得了"全国优秀案例奖"。广西水利电力职业技术学院持续推进双创教育效果显著,获中国教育报、人民网、光明日报等国家级媒体报道10篇,省级媒体报道18篇。

第六章
以"双师型"教师队伍建设为依托 推进高等职业教育供给侧结构性改革

供给侧结构性改革的核心是提高全要素生产率,其中一个重要环节就是要提高劳动力素质。教育是提高劳动力素质最有效的途径,实现优质高效的教育供给对提高劳动力素质而言至关重要。对照供给侧结构性改革的"在适度扩大总需求的同时,去产能、去库存、去杠杆、降成本、补短板"的要求,教育供给侧结构性改革的重点是"补短板",补学校内涵发展的短板,补人才培养理念的短板,补师资水平的短板,从政府、学校和教师一方变革和发力,加强优质教育资源的供给,使教育供给体系更好适应教育需求结构变化,让教育更加适应新时期高质量发展对人才的需求,更加能满足社会对教育多元化的需求。

国务院办公厅发布的《关于深化产教融合的若干意见》中,指出人才培养供给侧与产业需求侧"两张皮"的问题,提出推进教育链、人才链与产业链、创新链有机衔接,构建教育和产业统筹融合发展格局,促进产教供需双向对接。在供给侧结构性改革背景下,高等职业教育师资队伍建设本质也是一场改革,以"四链贯通"重组教师队伍,既激发了师资队伍质量的内生动力,又营造了有力的外部环境,为提升职业教育质量、提升人力资源素质提供强有力的保障。

第一节 供给侧结构性改革背景下职业院校教师队伍存在的问题

"供给侧改革"是习近平总书记于2015年在中央财经领导小组第十一次会议上首次提出的,突出表明"在适度扩大总需求的同时,着力加强供给侧结构性改革,着力提高供给体系质量和效益"。经济政策的转变必然导致教育发展的相应调整,教师教育作为各级各类教育人才输送基地,是整个教育体系中的重中之重。由于传统教育制度和理念以及长期以来需求侧改革思路的影响,职业院校教师在建设和发展过程中依然面临亟待解决的一系列问题,突出表现在师德师风建设、"双师型"教师队伍构建以及教师综合评价体系等三个方面。

一、师德师风建设仍存在短板

习近平总书记在党的十九大报告中明确提出要加强师德师风建设,培养高素质教师队伍,倡导全社会尊师重教。中共中央、国务院印发的《深化新时代教育评价改革总体方案》中,强调坚持把师德师风作为第一标准,推进践行教书育人使命。在大力发展职业教育的今天,高职院校教师肩负着培养具有工匠精神和高素质技术技能人才的重任。这就要求高职院校教师不仅要"授业""解惑",更重要的是要"传道",以自身的思想品德、言谈举止,潜移默化地影响学生。职业院校中的大部分教师的师德师风是过硬的,但也存在以下问题:

一是来自外部环境的影响。由于受各种复杂社会因素的影响,拜金主义、享乐主义和个人主义思潮也影响着教师队伍,使师德师风建设受到了冲击,有人重学术名利、轻教改科研,有人缺失理想信念,忽视了对学生世界观、人生观、价值观的塑造。

二是教师内部层面的问题。部分教师只注重自身专业知识的学习和专业技能的提高,而不注重加强自身师德的培养和素质的提升,对自身需要达到什么样的思想道理水平理解不全,对多元化生源学生的现状和需求关注不够,对社会需要培养什么样的人才思考不透等。

三是学校师德体系建设方面的问题。学校师德评价体系中的评价维度还不够清晰,质量控制点还不够全面,师德师风建设长效机制还不够健全。《新时代教师总体评价方案》中"坚持把师德师风作为第一标准"。各职业院校都十分重视师德师风建设,建立了师德师风的评价体系,但仍然存在体制不健全、不完善的问题:评价指标大都采用"软指标",评价力度不大;考核结论大都是"优秀"或是"满意",特别是对于未触碰红线但师德师风不够强的教师"束手无策",只能用考核结果"合格"笼统评价,不能真实全面反映教师整体的师德师风建设的症结问题。

二、"双师型"教师队伍建设迟缓

供给侧结构性改革分别在劳动力、资本、创新、政府四条主线上推进。加大教育投入、提升人力资本、缓解就业压力是优化劳动力配置的重要手段。职业教育是劳动力培养的重要途径,职业教育所培养的技术技能型人才可充分实现人力资源的供给,起到了桥梁纽带的作用,实现了学生到社会劳动力的转变,劳动力供给水平的高低很大程度上取决于职业教育水平的高低。高职院校教师是高技能人才培养的主体,而"双师型"教师团队的建设是有效的实现路径。随着产业结构转型升级步伐的加快,行业企业对于高技能实用型人才的需求不断提高,这使得高职院校"双师型"教师队伍建设工作的急迫性日益突显。

(一)"双师素质为导向"新教师准入制度执行效果不理想

在《深化新时代职业教育"双师型"教师队伍建设改革实施方案》(教师〔2019〕6号)等文件中,要求推进以双师素质为导向的新教师准入制度,对于特殊技能(含具有高级工以上职业资格或职业技能等级人员)可适当放宽学历要求。但在实际工作中,高职院校在人才招聘和引进方面仍然把"名校""高学历"作为重要标准。此外,由于高职院校尚未形成新教师到企业开展社会实践的完善制度,导致教师从企业中提升实践技能的效果不理想,未能实现教师的"双师"培养要求。

(二)校企双方联合开展"双师型"教师队伍的力度与效度不够

一是学校在与企业共同培养"双师型"教师队伍的认知方面不足。尽管学校已经意识到在培养"双师型"教师离不开企业的支持,但未能充分考虑企业的利益需求,没有主动服务企业,缺乏"共同发展"的合作理念,而仍是按传统校企合作理念开展"双师型"教师的培养工作,无法激发校企合作的动力。

二是企业参与教育办学的动力不足。大部分企业尚未能转变自身的观念,校企合作需要投入一定的财力物力和精力,而且无法快速得到回报,企业的积极性和主动性不够高。

(三)"双师型"教师难以适应供给侧结构性改革的发展需要

职业教育与经济发展紧密联系,对于服务区域经济发展有着重要作用。而供给侧结构性改革发展的重点是提高社会供给,以此促进区域内经济发展。各高校在开展"双师型"教师队伍建设时,大多从数量指标是否达到需求出发,而没有从服务区域经济发展方面考虑,这又导致区域内的职业教育不能实现均衡发展。同时,供给侧结构性改革要求把握好创新技术、创新经济发展模式,这也明确了要成为一名"双师型"教师,重点是有效提升自身的创新性思维和创新性技术,以适应人才培养的新形势、新要求,以适应服务产业转型升级、区域经济发展的需要。

三、教师综合评价体制机制建设不深入

供给侧结构性改革,带来了解决一些教育老大难问题的机遇,这些问题包括教育资源配置、教育评价变革、教师队伍培养等。要解决这些问题,除了体制机制和政策的变革,更需要一支能回应供给侧结构性改革提出的各种教育需求和服务的教师队伍。教师队伍的能力和水平,能不能适应这样的改革需求,能不能支撑这样的教育发展速度和力度,是整个教育战线即将面临的严峻考验。

一是教师教育创新方面的问题。供给侧结构性改革突破的关键点在于创新,教师教育创新包括教师教育一体化机制体制的创新、教师教育培养模式的创新、教师教育课程规划的创新和教师教育手段方式的创新等几个方面。其中,未充分发挥互联网和信息技术在教育中的作用,教师教育手段方式创新不足问题在当下信息化社会表现得尤为明显。

二是缺乏一套维度全面、操作性强的人才准入评价模式。对人才认识多是基于一次性面试确定,难以全面准确地了解人才的综合素质,特别是人才的思想品德、职业素养等,只能依据学历、职称、工作经历等客观条件衡量人才,人才的评价不够全面。

三是缺乏一套系统化、针对性强的人才分类分层培养体系。无法因人而异搭建培养平台，使得人才培养的目的不明、路径不清，人才自我发展、随机成长性大，不利于人才梯队建设。

四是缺乏一套"岗位责任清晰、考核体系健全，激励机制完善"的人才考核体系，使得人才考核流于形式，考核结果应用价值不大。在人才选拔晋升中缺乏客观要素支撑，不能充分反映人才的贡献度，难以调动人才积极性。

第二节 "双师型"教师队伍的建设路径

供给侧结构性改革是国家层面提出的,用于优化内生动力、调整产业结构、促进经济社会转型、持续激发市场活力的重大战略决策。供给侧结构性改革提出后,在经济、文化、教育等领域掀起了研究的热潮,这使供给侧的内涵得到不断深化。在教育领域,职业教育与供给侧结构性改革的关系更为密切:一是因为职业教育承载着培养经济社会转型所需要的一线劳动者;二是从技术研发、技术创新的角度而言,职业教育也为供给侧结构性改革提供了内在的活力,激发了经济的可持续增长。当前,我国的人力资源存在着供需矛盾,中低端人力资源的"过剩"与高技能人才的相对"匮乏"形成鲜明对比,"技术工人"短缺的现象愈演愈烈。高职院校教师作为高技能人才培养的主体,关系着人才输出的质量,因此培养"双师型"教师有着重要的现实价值和意义。

"双师型"教师队伍建设既是当前高职院校服务于经济新常态的前提和基础,也是教师不断实现自我、实现专业化成长的迫切需要。当下,要建设好"双师型"教师队伍,首先要明确供给侧结构性改革对于职业教育的要求,即通过专业的布局,形成合理的师资队伍结构,以具体的教学项目和校企合作方式促进"双师型"教师队伍建设,以价值分配和人才优选计划使"双师型"教师队伍建设走向精致化、高效化;其次高职院校要紧密结合就业市场,紧跟行业最前沿的发展方向,加强人才培养供给侧和产业需求侧结构要素全方位融合,以满足现代职业教育快速、健康发展的需要。

一、提升"双师型"教师队伍的质量和结构

一是打破"唯学历""唯名校"的人才招聘模式,创新选拔"双师型"人才的用人理念。严格把握《国家职业教育改革实施方案》中关于"多措并举打造'双师型'教师队伍"的要求,更新用人理念,明确用人条件,回归职业院校用人本源,使职业院校成为技能型人才坚定的支持者、培养者和使用者。

二是打破形式单一的考核选聘机制。建立科学规范的考核体系,从原来的只重单一的专业知识、专业技能等,转向多元化考核,结合思想品德、双师能力、企业工作实绩、职业技能资格证书等展开全面考核。对于有企业工作经历的企业高管、骨干技术技能型人员等,可以适当降低学历和职称要求,形成"不拘一格"的人才招聘新模式。

三是使用灵活机动的教师聘任办法。对于确有水平的"双师型"高层次人才,而又难以正式入职的,可以采用成立"技能大师工作室"或是"双挂""双聘"等柔性引进政策。并建立校企人才流动平台,瞄准领军人物,引进一批有技术权威、有行业影响力的高层次技能人才到校引

领专业发展。

二、打造"双师型"教师队伍成长的平台

高职院校在开展"双师型"教师队伍建设时，面临着教师缺乏技术技能实践训练、缺乏专业实践经验和必要的专业操作技能等。要有效解决这些问题，应不断加强校企之间的联系与合作。

一是在校内建立技能大师工作室，吸引企业的高级管理人员、能工巧匠等参与到教学中，并对青年教师进行指导。

二是在校企合作企业内建立"双师型"教师培养基地，把课堂搬到企业一线，共建企业课堂，共建共享型生产性实训基地等。

三是加强校企合作应用课题研究，真正为企业解决一些实际技术问题，使企业得实惠，同时学院教师也可以通过校企合作开展应用研究，获得丰硕研究成果，达到"双赢"的效果。

四是建立专业教师定期下企业锻炼的制度，教师深入实践第一线锻炼，了解行业最新的发展动态，扩大教师的专业视野，更新知识结构，在实践中提升教师的教育教学能力和专业实践能力。

三、构建"互培互通"的双师培养机制

当前，我国经济社会发展进入新阶段，经济体制改革进入攻坚期和深水期，职业教育的人才培养机制需要创新需要发展。职业教育供给侧结构性改革的参与者和实施者就是高职院校的教师，建设理论水平高、动手能力强、专业素质优、教育理念新的双师型教师团队是关键。

一是在开展"双师型"教师团队的创建过程中，教师根据自己的专业和人才培养的要求，及时了解并掌握行业的最新动态，不断获取新资源，在团队内互通有无，从而又进一步促进教师团队的整体性发展。尤其是对于理论型教师和实训型教师，更能通过在社会实践中检验专业理论，最后再用社会实践来发展专业理论，培养教师的迁移能力。

二是要求教师要通过在企业的社会实践，多搜集行业发展动态、岗位最新要求，并及时组织团队成员讨论，制订有实效的人才培养计划。

三是建立"双师型"教师培养培训基地。学校依托企业为教师的实践提供实训实践基地，而教师也利用自身的专业优势服务于企业，双方协同推进，既弥补了校内教师缺乏实际工作经验的短板，也补充了企业技术人员缺乏理论知识的短板，可以达到理论与实践结合，学校与企业双双受益的目的。

四是完善企业经营管理和技术人员与学校领导、骨干教师相互兼职兼薪制度，建立健全职业院校自主聘任兼职教师办法，组建一支由企业专家、能工巧匠的技术能手组成结构合理、优质高效的兼职教师队伍，校企合作多措并举打造高质量的"双师型"教师队伍。加快兼职教

的双向流动,兼职教师从企业一线走上课堂,不但有利于提高人才培养的质量,也有利于促进专任教师能力提升。各职业院校应该把兼职教师队伍的建设放在一个重要的位置,出台相应的兼职教师管理办法,给兼职教师提供一定的平台,如培养培训、"双师"认定等,并创建兼职教师资源库,以促进校企合作,深化产教融合。

第三节　全国高校"双师型"教师队伍的经验与做法

加强职业院校"双师型"教师队伍建设是贯彻落实《中共中央国务院关于全面深化新时代教师队伍建设改革的意见》和《国家职业教育改革实施方案》的一项重要举措,各职业院校经过多年的努力和探索,攻坚克难,取得了一定成效。同时,各职业院校通过总结凝练"双师型"教师队伍建设的好做法、好举措、好经验,形成了在全国有影响力、具有示范引领作用的"双师型"教师队伍建设典型案例。

一、各高校"双师型"教师队伍的经验与做法

(一)黄河水利职业技术学院:多措并举 打造德技兼备、育训皆能"双师型"教师队伍

1. 基本情况

黄河水利职业技术学院,位于河南省开封市,是首批国家示范性高等职业院校、国家优质高等职业院校、中国特色高水平高职学校 A 档(全国前十)建设单位。2020 年,教育部公布首批全国职业院校"双师型"教师队伍建设典型案例遴选中,学校"多措并举 打造德技兼备、育训皆能'双师型'教师队伍"典型案例和"在教学中成长 在实践中进步"个人案例双双入选。

2. 建设举措及成效

(1)强化师德师风建设,健全完善长效机制

学校坚持立德树人,强化思想政治引领,健全师德师风建设长效机制,推动师德师风建设常态化、制度化。落实与水利部人才交流中心战略合作框架协议,依托水利部党校实践教学基地,建设黄河文化干部教育学院,充分发挥中原大地红旗渠精神、焦裕禄精神、大别山精神、愚公移山精神等丰富的红色文化资源和厚重的黄河文化资源,深入开展师德师风教育活动,做足"水文章",讲好"水利故事",讲好"黄河故事"。开展榜样引领、主题教育等系列活动,发掘师德典型、讲好师德故事,积极引导广大教师做党和人民满意的"四有"好老师。

(2)引进培养并举,打造高水平"双师型"教师队伍

按照人才强校战略,学校坚持高起点、高标准、高投入建设三支队伍,持续打造德技兼备、育训皆能的高水平"双师型"教师队伍。

一是"五双"教师队伍。制定具有示范引领作用的"双师双能"教师认定标准,持续推进教师到企业实践和全员轮训制度,重点培养一批能够改进企业产品工艺、解决生产技术难题的工匠之师,提高专业教师对接产业发展的能力以及吸收产业先进技术元素的动力。实施"双带头人"培育工程,培育引进行业有权威、国际有影响的专业群带头人,推动党建工作与教学科研工作相互结合、有机融入,所有专业实现"双带头人"全覆盖。开展专题培训加大"双语双

创"教师培养力度,提升教师的国际化能力,推进专业课程国际化建设。

二是科技创新队伍。近5年,学校不断加强高层次人才引培,培育引进"万人计划"、中原学者、学术技术带头人等领军人才7人,博士62人,聘任行业企业专业带头人52人,建设博士工作室8个,打造了"四位一体"产教研培创新团队。聘任院士、中原学者等专家组建4支科研团队,开展水利、测绘等行业高端纵深研究,引领行业发展,推动特色专业群建设达到国际一流水平。

三是技术服务队伍。加强校企深度融合,建立28个大师工作室,聘任28名行业企业高层次人才担任技能导师,培养专职教师、培育科研创新团队、指导学生技能竞赛,发挥大师"传帮带"的作用,推动企业人才和学校教师双向流动,兼职兼薪,激发技术技能大师在工匠人才培养、匠心精神传承、技术革新研发上的主动性,形成了"国家—省级—地市"阶梯式大师队伍,覆盖水利、测绘、建筑、艺术、旅游等特色专业和新兴专业。

紧跟国家战略布局,深化与黄河水利委员会、小浪底水利枢纽管理中心等政行企校的战略合作,建设黄河生态工程、人工智能等产业学院。依托国家级职业教育教师创新团队和优质服务资源,在黄河生态环境治理、黄河农村地区饮水安全、水资源智能节约集约利用等方面开展研究与服务,服务于水利行业"水利工程补短板、水利行业强监管"的改革发展总基调。组建技术创新和服务团队,为行业及河南省区域经济发展提供智力技术支持。

(3)深化改革,建成高水平双师队伍建设保障机制

学校持续完善内部质量保证体系,不断完善内部质量运行自主诊断与改进机制,增强教师内生动力。加强高层次人才引培,制定《高层次人才引进管理办法》等规章制度,引培"万人计划"、中原学者等领军人才,开展高水平教科研项目研究,加快学校高水平建设需要的高层次师资力量的储备培养。强化教师培训,建立完善教师全过程培养机制,关注教师的成长历程,建立以目标管理和目标考核为导向的教师评价和绩效考核机制,打造职称梯级"初级—中级—副高—正高"和职业梯级"青年教师—骨干教师—教学名师—领军人才"的"双梯级"式发展标准。深化教师考核评价制度改革,建立多元化考评指标体系,利用教师发展中心信息化平台开展"线上+线下"复合式考核,完善考评机制;建立绩效考核动态调整机制,激发教师教书育人、干事创业活力,提升教师吸收产业先进元素的发展动力。

(二)内蒙古机电职业技术学院:校企共培,双轨融通,合力打造高水平"双师型"教师队伍

1. 基本情况

内蒙古机电职业技术学院,位于内蒙古呼和浩特市,是国家骨干高职院校、国家首批现代学徒制试点单位之一、国家数控技术应用专业领域技能型紧缺人才培养培训基地。2019年学校"校企共培,双轨融通,合力打造高水平'双师型'教师队伍"入选全国职业院校"双师型"教师队伍建设典型经验与优秀案例。

2. 建设举措及成效

（1）制定"双师型"教师标准，创新阶梯式教师培养体系

根据《国家职业教育改革实施方案》中"多措并举打造'双师型'教师队伍"的明确要求，结合学校实际，构建教师发展专业标准和职业能力标准，以标准为导向，创新双轨式"三阶段五级制"阶梯"双师型"教师培养体系，其一为"青年教师—'双师型'教师—骨干教师—专业带头人—教学名师"的发展轨迹，其二为"青年教师—'双师型'教师—技术骨干—技术能手—技术技能大师"的发展轨迹。"双轨"并行，"双线"培养，依据教师成长发展规律，循序渐进，由低到高，分层次、分阶段、阶梯式，打造高水平"双师型"教师队伍。结合教师所处成长阶段、发展层次等实际情况，配套教师绩效考核评价激励机制，鼓励教师努力向更高层次迈进。

（2）开展"双师型"教师遴选认定，实施教师动态管理

根据教育部对"双师型"教师认定要求，结合学校实际，制定了《内蒙古机电职业技术学院双师素质教师认定与管理办法》和《内蒙古机电职业技术学院"双师型"教师认定与管理办法》。根据管理办法，符合认定标准的教师，经过个人申请，系部审核推荐，学校遴选认定，确定具有"双师素质"或符合"双师型"标准的教师。对已认定的"双师型"教师，采取过程管理和动态考核的办法，进行年度"双考核"，即教师专业能力考核和职业能力考核。

（3）构建双轨式"双师型"教师培养培训体系，打造高水平教师队伍，以培养"教练型"教学名师和"工匠型"技术技能大师为主线，不断推动双轨式"双师型"教师队伍建设

"一条轨"：健全"三阶段五级制"阶梯式的"教练型"教师培养体系，全面提升教师的专业素养和教学能力。通过建立包括师德修养、教育教学、教研科研和社会实践4个维度和特色鲜明的教师专业标准，形成了有区分度与发展空间的教师专业化发展依据。

"另一条轨"：健全"三阶段五级制"阶梯式的"工匠型"教师培养体系，全面提升教师的实践教学和社会服务能力。通过构建"三阶段五级制"阶梯式的"工匠型"教师培养体系，提升了教师的职业技能水平、实践教学和社会服务能力，同时整体提升了学校的育人水平和社会影响力。

（4）利用校内"双师型"教师培养培训基地（智能制造、自动化、车辆与能源），开展全方位、全过程、全员"培训"，全面提升"双师型"教师队伍素质

基地在开展培训过程中，不断总结经验，提升培训水平和效率，形成了科学的教师培养培训运行机制，构建了完善的"双师型"教师培训体系。建立完整有效的规章制度，健全并完善教学质量监控体系并形成长效运行机制，提升基地的管理水平。与企业合作共同开发"双师型"教师培训课程体系、培训教材等，制作远程培训资源，形成特色鲜明的课程标准及教材。校企共同建立学校和企业互认的职业能力评价标准。以"双师型"教师培养培训基地为载体，全面提升师资水平，为学校可持续发展提供了可靠的保障。

（5）"引、聘、培"相结合，加快兼职教师队伍建设的步伐，不断提高"双师型"教师队伍比例

在外引方面，通过探索"固定岗＋流动岗"相结合的教师资源配置模式，柔性引进企业工

程技术人才和高技能人才,并形成学校和企业双向流动、两栖发展的"双师型"教师用人机制。在内培方面,建立有针对性的培养体系,在岗前培养、培训内容、培训方式、培训场所、培训考核等方面进行科学的设计和落实。充分发挥已有"双师型"教师的作用,使其成为产教融合校企合作的桥梁。通过组建校企师资能力提升协同平台,促进校内传统教师和企业师傅在协同发展中共同向"双师型"教师转变。企业师傅和校内教师分别通过培养、培训,在理论教学能力和实践教学能力方面均得到提升。

(6)"一主体、多配套"的教师评价机制,激发了教师干事创业的活力

学校建立了"一主体、多配套"评价制度,创新教师绩效考核评价激励机制,制定《内蒙古机电职业技术学院关于建立健全师德师风考核评价机制实施办法》加强师德考核力度,突出教育教学业绩,重视社会服务考核,引领教师专业发展。成立了校企联合评价组织,制定专业化评价指标,信息化过程管理,评价结果综合应用。建立了绩效工资动态调整机制,构建教师绩效评价平台,为师资队伍建设和规划提供支撑。

(三)江苏食品药品职业技术学院:实施"一行动、四计划"打造高质量"双师型"教师队伍

1. 基本情况

江苏食品药品职业技术学院,位于江苏省淮安市,为国家示范性(骨干)高职院校、中国特色高水平高职学校和专业建设单位、国家优质高职院校、江苏省高水平高职院校建设单位、教育部首批现代学徒制试点院校、教育部"高等职业学校学习成果积累与转换试点项目"单位、国家自然科学基金依托单位、首批国家示范性职业教育集团(联盟)培育单位。2020年,学校"实施'一行动、四计划'打造高质量'双师型'教师队伍"成功入选首批全国职业院校"双师型"教师队伍建设典型案例。

2. 建设举措及成效

(1)实施"师德"与"师风"并举计划

学校把师德摆在教师素养的首位,印发《教师行为规范》等文件,开展"教师素质年"系列活动,引导教师树立崇高理想,并将之贯穿教师职业生涯全过程,开展"三育人"先进个人和师德标兵评选活动,利用校园电视台、两微一端、大型表彰活动等广泛宣传师德标兵、先进个人的优秀事迹,营造"崇尚师德、树立良好教风"的良好环境。坚持严字当头,健全师德师风考核机制,在教师教学质量考核、年度考核、职称评审中实行师德师风考核"一票否决"。

(2)实施"双师"与"骨干"并重计划

学校结合学科发展需求,在教师职称评审、岗位申报、教学名师评比中对"双师"素质资格条件提出具体要求,并通过校内专家每月电话检查、登门走访、下企业锻炼教师进行年度成果汇报、校内专家综合考核、评定等级等方式,强化对下企业实践教师的管理,促进教师学习本专业的新知识、新技术、新标准等,推动教育教学改革与产业转型升级衔接配套;针对骨干教师举办高质量培训,并选派教师参加国培省培项目、赴国(境)外培训进修等,鼓励教师提升教学能力、科研能力和服务社会水平。

(3)实施"带头"与"领军"并进计划

学校统筹人才队伍建设布局,坚持引育并举,引进省"双创计划"人才团队成员、省"有突出贡献中青年专家",聘请行业领军人才为特聘教授,校企共同推动校企合作、团队建设、机能评定、科研发展。出台《教学名师评选办法》《工作室建设实施办法》等,完善校内人才培养选拔机制,建立人才发展支持体系,培养、激励核心骨干教师,建立了 5 个教授工作室、大师工作坊、博士工作站,成立了果蔬制品加工科技、淮扬菜等 15 个科技创新团队,有效推动专业快速发展。

(4)实施"兼职"与"专任"并行计划

学校实施"15 行动"计划,深化区域、校企间合作,打造校企人员双向交流机制,有效实现多方之间的"人员互聘,职务互兼";通过提高兼职教师课酬、实行"一课双师"等措施,吸引行业企业专家、技术管理骨干及能工巧匠担任兼职教师,深度参与人才培养,形成一批特色鲜明的优质课程资源;定期组织兼职教师参加教研活动、共同制定人才培养方案,轮流参加教师培训、学术交流,以校内教师标准参加教学质量考核等方式,实现专兼职教师同培养。

(四)广东轻工职业技术学院:创新培育机制 铺就"双师"之道

1. 基本情况

广东轻工职业技术学院创建于 1933 年,是省属唯一国家示范性高等职业院校,全国"双高"高职院校建设单位。2020 年,学校"创新培育机制 铺就'双师'之道"成功入选首批全国职业院校"双师型"教师队伍建设典型案例。

2. 建设举措及成效

作为国家示范性高职院校、优质高职院校和国家"双高计划"、广东省一流高职院校建设单位,学校在广东省高职院校教师队伍建设考核中连续三年排名第一,领军拔尖人才和"双师型"骨干教师数量和质量名列全省高职院校前茅。学校紧紧抓住师资队伍建设这个"双高"关键,多年坚持"创新建设路径、实现特色发展"的理念和思路,通过人才制度创新、培育机制创新、服务平台创新,在"双师"队伍培育方面走出了自己的独特之路。

(1)高标准

一是首创高职教师资格认定制度,丰富"双师"教师素质内涵。学校遵循高职教师队伍建设规律,坚持科学人才发展观,在深入研究高职教师胜任力特征的基础上,制定《"高职教育教师资格"认定实施与管理办法》,首创国内职业教育特色鲜明的高职教师资格认定和评聘等制度,切实满足了"工学结合"人才培养模式改革的需要。

二是特有的"四双"教师任职条件。基于高等职业教育"高等性"与"职业性"的"双重"属性,学校明确教师任职的四个基本条件,即具备高校教师资格证、2 年企业一线工作经历、一定水平的本专业实践操作能力和高等职业教育教学能力合格测试。

(2)严准入

优选企业高层次人才,夯实"双师"队伍结构基础。学校制定《高层次人才引进和管理办法》和《人才类项目管理办法》,拓宽高层次人才引进渠道,注重从行业企业中的能工巧匠和具有一定工作经验的企业人才中引进专任教师,重点引进大中型企业的技术负责人和核心项目负责人。同时,探索实施年薪制、协议工资制、项目工资制等高层次人才市场化薪酬制度和考核评价制度。

(3) 重实践

实行3+2校企交替工作,推动"双师"专业能力升级。学校认真落实《国家职业教育改革实施方案》和《职业学校教师专业实践规定》要求,制定《教师专业实践管理办法》,支持和激励教师开展专业实践,提升专业教师适应岗位能力新变化、对接或引领岗位新技术的能力。制定教师"3+2校企交替工作制度",把专业实践经历及下企业开展技术服务的业绩作为教师职称评审、岗位聘用的必要条件,实施"5年一周期全员企业轮训计划",教师在5年内必须有2年企业实践经历。推行"教师专业实践活动手册"管理,运用"互联网+手册",完善专任教师企业实践的信息化管理。

(4) 精培育

独立设置教师发展中心,健全"双师"队伍培训体系。学校在全省高职院校率先单独设置教师发展中心,以激发教师潜能、提高教师能力、追求卓越教学、开展合作交流、服务区域发展为目标,成为集教师培养、服务、晋升、考核、转型为一体的综合性平台。构建了"四维三全"教师专业发展模式,"量身打造"个性化教师培训,加强"双师型"骨干教师培养,成为集教师培养、服务、晋升、考核、转型为一体的综合性平台。

(5) 促融合

实施兼职教师建设工程,实现"双师"协同发展。学校根据专业需要与现有专职教师队伍情况,实施"兼职教师建设工程",建立兼职教师资源库,完善兼职教师管理体系,提高兼职教师整体素质,逐渐建立起一支工学结合、结构合理、专兼融合、优势互补的"双师"结构教学团队。激励能工巧匠进校园,实施"专兼职互助计划",逐渐建立起一支工学结合、结构合理、专兼融合、优势互补的"双师"结构教学团队。

(6) 搭平台

"三工程""三平台",打造优秀"双师"团队。实施"'双师'结构教学团队""技术服务与科研团队""创新创业导师团队"3项团队培育工程,整合和利用社会资源,建立专任教师和行业企业兼职教师"双师"结构教学团队、技术服务与科研团队和创新创业导师团队,承担重要教学改革、科技服务和创新创业项目,校企共育高素质高技能人才。

二、广西水利电力职业技术学院"双师型"教师队伍建设案例

(一) 基本情况

2016年3月时任广西壮族自治区主席陈武在广西区委党校"供给侧结构性改革"专题讲座上,明确提出了广西深入贯彻落实五大发展理念、大力推进供给侧结构性改革、推动经济从

中低端迈向中高端水平的主要任务和重点工作,强调要牢固树立"人力资源是第一资源"的观念,进一步完善引才、用才、聚才机制,加快建设民族地区职业教育综合改革试验区,培养出更多服务于广西的"大国工匠"。

广西民族地区的经济具有民族性和地方性的特点。一是民族地区经济上鲜明的民族特征。广西是全国民族团结进步示范区,要继续发挥好示范带动作用。推动经济高质量发展,既要深刻认识贯彻新发展理念、构建新发展格局对推动地方高质量发展的原则要求,又要准确把握本地区在服务和融入新发展格局中的比较优势,走出一条符合本地实际的高质量发展之路。要推动传统产业高端化、智能化、绿色化,推动全产业链优化升级,积极培育新兴产业,加快数字产业化和产业数字化。要继续深化改革,坚持"两个毫不动摇",优化营商环境。要加大创新支持力度,优化创新生态环境,推动各类创新要素向企业集聚,激发创新活力,推动科技成果转化。要主动对接长江经济带发展、粤港澳大湾区建设等国家重大战略,融入共建"一带一路",高水平共建西部陆海新通道,大力发展向海经济,促进中国—东盟开放合作,办好自由贸易试验区,把独特区位优势更好转化为开放发展优势。二是民族地区经济上鲜明的地方性。为主动适应经济发展新常态,深入推进供给侧结构性改革,实现经济结构调整和产业转型升级,民族地区急需大批高素质的应用型技能人才。职业教育工作者应客观分析当前民族地区技术人才的社会需求,深刻反思职业教育专业设置存在的问题,大力弘扬工匠精神,科学定位职业教育人才培养目标,大力促进职业教育服务民族地区经济的发展,支持区域产业转型升级,实现职业教育与区域经济协同发展。

(二)建设举措及成效

广西水利电力职业技术学院深入贯彻落实全国人才工作会议精神及习近平总书记关于人才系列重要讲话精神,将人才强校战略作为第一战略,落实党管人才原则,以"初心不改引领人才、竭心尽力培养人才、诚心诚意团结人才、倾心打造成就人才"的四"心"服务,实施"4321人才强校战略"(见图6-4-1),建立一支"名师名匠领衔、骨干教师支撑",具有国际视野,德技双馨、教学创新能力强的高水平"双师型"教师队伍。

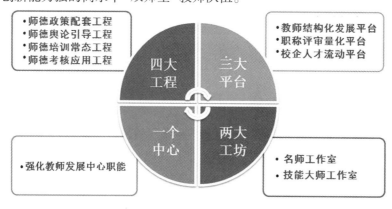

图6-4-1 4321人才强校战略

1. 实施强师德"四大工程",构建师德师风建设长效机制

(1)实施强师德"四大工程"

落实师德建设政策配套工程、强化师德建设舆论引导工程、实施师德教育培训常态工程、健全师德考核结果应用工程,将师德师风表现与教学评价、年度考核、职称评聘、职务晋升、派出进修和评先评优挂钩,实行一票否决制。制定了《关于进一步加强师德建设工作的实施意见》《师德考核评价办法》等5个文件。举办"最美教师""教学名师"评比活动,加强典型宣传,形成典型带动,营造尊师重教氛围。10余名教师分别获得"莫振高式八桂好老师"、广西三八红旗手、广西教学名师、广西优秀教师、全国水利职教名师等荣誉称号。

(2)构建师德师风建设长效机制

一是构建"三维四评"师德评价体系。将爱岗敬业、教书育人、为人师表设为师德评价的三个核心维度。依托广西水利电力职业技术学院大数据中心,通过教师自评、学生评价、教师互评、督导评价的"四评价"方式,赋予不同的权重,形成架构合理、权重得当的师德评价机制。二是形成一套全面的师德质量控制标准。以《新时代高校教师职业行为十项准则》为依据,梳理出"课堂言谈举止得当""课程思政落实到位"等32个质控点,并制定相应的标准,作为师德评价体系的关键指标;三是构建"评价—反馈—改进"的动态预防监督机制,全面监督、反馈、评价教师的品德情况,激发教师内生动力,自觉对照"好教师"标准进行"偏差"校调。

2. 构建教师发展"三大平台",优化教师综合评价体系

(1)构建教师发展"三大平台"

打造"雏雁工程、鸿雁项目、头雁计划"三大教师平台,助推教师发展。通过"青年教师雏雁工程",抓好新进教师培训,夯实教师教学基础,实施入企脱产锻炼,开展上岗考核、考取教师资格证等,加快新进教师适岗过程;开展"骨干教师鸿雁项目",提升骨干教师综合素质,推进"三教"改革,强化"岗课赛证"育人体系,促进信息技术与教育教学融合创新,以赛促教;强化"领军人才头雁计划",发挥专业带头人领军作用,依托产业学院、国际合作基地,突出专业带头人与企业间的技术融通,为企业解决技术难题,提升带头人创新水平,培育职业教育教师教学创新团队专家。

(2)优化教师综合评价体系

一是构建"潜育人、重实绩、多维度"的教师综合评价体系。构建教师综合评价体系"2.0升级版",把教研科研、教学质量、社会服务等要素纳入教师评价标准中,完善以"实际产出"为导向的教研、科研成果奖励政策,将教师教学建设、教学改革、成果转化及科研创新的业绩纳入评价考核,激发教师发展的内生动力。二是形成"五型五类"职称晋升体系。将教师专业技术职务晋升体系由教学科研型和科研型两种细化为教学科研型、教学为主型、科研为主型、实验

教师型、专职辅导员五种类型。同时将科研为主型细分为学术研究类、社会服务类,将教学为主型细分为课堂教学类、素质教育类和思政课类,进而构建了"五型五类"的职称晋升体系。三是形成一套"破五唯、重实绩"的评价指标体系。将评价维度设为师德、教学、科研、育人、社会服务等五个核心维度,设置40余个质控点。坚持定量评价与定性评价、综合评价与单项评价、内部评价与外部评价相结合,注重教师纵向成长发展评价,着力引导教师立足自身定位,提高专业水平和业绩。

3. 建设"两大工坊",打造"五类"教学团队

(1)设立"国家、自治区、学校"三级名师工作室和企业技能大师工作师

强化目标考核和激励机制,打造国家级、自治区级名师培育平台。对标国际国内一流团队,引进广西水利首席技师李新建、广西工匠李炎等成立技能大师工作室,立足广西,服务东盟,映射"一带一路"沿线各国,培养一批能解决智慧电网运行维护、现代水利工程管理、新时代农林发展难题的技术骨干,输出技术标准,打造具有国际视野的专业负责人。

(2)组建五类结构化教学团队

第一类为兼职教师教学团队。由名师名匠、行业导师、技术人员、管理人员、企业高管组成,使院内专任教师与兼职教师发挥各自优势,相互取长补短,相互合作,从而实现师资队伍的整体提高。第二类是教师教学创新团队。完善协同工作机制,构建对接职业标准的课程体系,创新教学模式,创建自治区级职业教育教师教学创新团队。第三类是高层次人才团队。由领军人才、博士、职教名师等组建,带领团队成员开展技术攻关,主持国内外重点科研项目、关键技术应用项目。第四类是高水平思政教学团队。深化"思政课程"与"课程思政"协同育人,构建思政大格局。第五类是国际化师资团队。选派高校教师到海外一流院校进修学习,提升教师的国际视野,提高学术、教学水平以及国际化的交往能力,在国际化师资培养方面加强与东南亚国家院校的交流,重点打造连接广西与东南亚各国师资交流的新通道。

4. 强化"一个中心",培育"三双"师资队伍

(1)健全教师发展中心,构建"重成效、多层次"的教师绩效激励评价体系

一是运用多维教师综合评价模型的结果,开展实践运用。根据教师个人的综合评价结果开展绩效价值评估,对教师个人的价值差异、能力差异和绩效表现进行区分,将结果运用于干部选拔、培育培训、评优评先、薪酬分配等多个方面,提升教师的价值感,使教师工作更主动、更勤奋,也更有目标。二是建立以目标为导向的绩效薪酬分配体系。对于教师个人层面,除设计日常教学科研、社会服务等工作目标任务外,还增加学校及二级院系的重点工作目标任务,并设置相应的绩效薪酬权重和专项"目标任务奖励绩效"。既鼓励教师参与学校的重点工作任务,也能清楚明白"多劳"部分薪酬所得,改变以往教师只"独善其身"而不"心系集体"的情

况。三是形成动态工作积分绩效管理模式。建立动态工作积分制,对于参与紧急突发事件处置、重大项目申报等非常态化工作实行积分制管理,实现优劳优酬、多劳多得,助推学校重大工作的顺利完成。

(2)提升教师综合素质,打造"一基地""三双"(双师型、双导师、双能力)师资队伍。一是打造创建省级"双师型"教师培养培训基地。与广西电网公司等企业合作,全面实施教师脱产入企实践制度。二是建设"教学+实践""双师型"队伍。推进现代学徒制育人模式,完善"双导师"管理办法,实施校企互兼互聘,实现教师、师傅双重融合。三是打造"教师+师傅"双导师队伍。四是培养"信息+创新"双能力队伍。构建多维教师综合评价模型和相应的信息化管理平台。构建多维教师综合评价模型和相应的信息化管理平台,全面反映教师在教学科研、社会服务、育人成效等方面的综合能力。通过德尔菲法构建教师能力评价质控点权重集,以突出参与学校重点工作任务、潜心育人为权重值的设置依据,破除原有的"五唯"导向。运用序关系分析法、模糊数学等先进的评价方法,对教师进行综合评价,为教师个人发展和学校师资队伍建设提供科学合理的"评价报告"。

第七章
以职业教育精准扶贫升级版——服务乡村振兴为使命推进高等职业教育供给侧结构性改革

第一节 脱贫攻坚、乡村振兴与职业教育

一、背景

中华人民共和国成立以来,中国共产党带领人民持续向贫困宣战。以习近平同志为核心的党中央把脱贫攻坚作为全面建成小康社会的底线任务和标志性指标,纳入"五位一体"总体布局和"四个全面"战略布局,摆到治国理政的重要位置进行决策部署,坚持精准扶贫精准脱贫方略,坚决打赢脱贫攻坚战。2021年建党百年之际,现行标准下我国9899万农村贫困人口全部脱贫,832个贫困县全部摘帽,12.8万个贫困村全部出列,脱贫攻坚战取得了举世瞩目的胜利。在打赢教育脱贫攻坚战中,全国高等职业院校坚决落实党中央、国务院统一部署,以时不我待的使命感和开拓进取的气魄,发挥了职业教育的优势,作出不可或缺、关键的贡献。职业教育服务精准扶贫的过程中,尽管面临较多困难,但也在一定程度上促进了职业教育的改革和发展,在改进的过程中也能反哺到职业教育事业本身,有力地推进了高等职业教育供给侧结构性改革。

二、脱贫攻坚与职业教育

脱贫攻坚,需要扶贫领域的"供给侧结构性改革",即可将扶贫方式从物质帮扶转向能力

"供给"。以技术、知识扶贫为箭、以助农致富为靶,并以供给端升级为拉力,解决好"怎么扶"的问题。国家按照贫困地区和贫困人口的具体情况,实施了"五个一批"工程。"五个一批"工程指的是:一是发展生产脱贫一批。引导和支持所有有劳动能力的人依靠自己的双手开创美好明天,立足当地资源,实现就地脱贫。二是易地搬迁脱贫一批。贫困人口很难实现就地脱贫的要实施易地搬迁,按规划、分年度、有计划组织实施,确保搬得出、稳得住、能致富。三是生态补偿脱贫一批。加大贫困地区生态保护修复力度,增加重点生态功能区转移支付,扩大政策实施范围,让有劳动能力的贫困人口就地转成护林员等生态保护人员。四是发展教育脱贫一批。治贫先治愚,扶贫先扶智,国家教育经费要继续向贫困地区倾斜、向基础教育倾斜、向职业教育倾斜,帮助贫困地区改善办学条件,对农村贫困家庭幼儿特别是留守儿童给予特殊关爱。五是社会保障兜底一批。对贫困人口中完全或部分丧失劳动能力的人,由社会保障来兜底,统筹协调农村扶贫标准和农村低保标准,加大其他形式的社会救助力度。要加强医疗保险和医疗救助,新型农村合作医疗和大病保险政策要对贫困人口倾斜。要高度重视革命老区脱贫攻坚工作。党中央、国务院明确把"发展教育脱贫一批"列入"五个一批"脱贫举措,给职业教育赋予重要使命。

习近平总书记多次强调,治贫先治愚,扶贫先扶智,教育是阻断贫困代际传递的治本之策,国家教育经费要继续向贫困地区倾斜、向基础教育倾斜、向职业教育倾斜,帮助贫困地区改善办学条件,对农村贫困家庭幼儿特别是留守儿童给予特殊关爱。李克强总理指出,跳出贫困陷阱,根本要靠教育、靠提高贫困人口素质,要加强教育扶贫,对贫困家庭的高中学生,要全部免除学杂费,扩大重点高校面向贫困地区定向招生计划,使贫困家庭学生有更多的机会接受高质量的教育,为贫困地区培养更多人才。国务院原副总理刘延东推动出台《国家贫困地区儿童发展规划(2014—2020年)》,启动实施教育扶贫工程。教育部印发的《教育脱贫攻坚"十三五"规划》中,重点提出"大力发展职业教育和培训,以提升建档立卡等贫困人口的基本文化素质和技术技能水平为重点,全面提升贫困地区人口就业创业、脱贫致富能力"。政府先后出台了一系列促进职业教育发展和改革的政策文件:《国务院关于大力推进职业教育改革与发展的决定》(2002)、《国务院关于大力发展职业教育的决定》(2005)、《关于加快现代职业教育的决定》(2014)、《国家中长期教育改革和发展纲要(2012—2020)》、《国务院关于印发国家职业教育改革实施方案的通知》(2019)等。2016年12月,教育部等6部门印发《教育脱贫攻坚"十三五"规划》,提出要实现"人人有学上、个个有技能、家家有希望、县县有帮扶"的脱贫攻坚目标,提出"促进教育强民、技能富民、就业安民,坚决打赢教育脱贫攻坚战"的总要求。职业教育的目标是培养一线工作的高端技术技能型人才,在精准扶贫阶段,对贫困地区的脱贫致富最为快捷有效的方式就是促进人的自身成长,提升自身"造血"功能。因此,充分发挥职业教育在精准扶贫中的作用,对实现全面建设小康社会的伟大目标具有重大意义。

三、乡村振兴与职业教育

当前,脱贫攻坚战作为阶段性工作已取得胜利。为了实现两个百年奋斗目标,实现中华民族伟大复兴的中国梦,党和国家实施了乡村振兴战略,我国"三农"工作重心将由脱贫攻坚逐渐转向乡村振兴。职业教育精准扶贫已升级,接下来要做的是职业教育如何精准服务乡村振兴。乡村振兴的目标是实现乡村经济发展和农民脱贫致富,其关键在于人才。职业教育与乡村振兴发展联系将更加紧密,应用型本科、专科职业院校结合地方经济发展实际有针对性地设定专业,职业教育不断关注乡村振兴,通过大力发展产业、强化科研成果应用转化推进乡村产业发展,定制修改个性化人才培养模式、加强职业能力提升等方式,着力为发展农村生产力提供急需的人才和技术,支撑助力乡村振兴战略,职业院校成为培养乡村振兴人才的重要基地。抓住职业教育改革机遇,扩大受教群众,让更多的人有一技之长,从根本上解决乡村发展劳动力不足的问题,提升国民整体素质。

四、职业教育精准扶贫给乡村振兴的经验启示

职业教育精准扶贫就是通过国家的政策、资金、人力等方面的倾斜,以职业院校为载体,服务于一些不想或者不能接受高等教育的贫困群体,为他们提供一些谋生的技能,使其能够改善原有的贫困生活。随着人们对于"贫困"的理解和消除"贫困"的内涵认知的深入,职业教育精准扶贫的使命和内涵发生根本改变。乡村振兴战略对人才提出更高的要求,基本保障有了,就要考虑提升致富能力,乡村文明建设也提上日程,传统的"短、平、快"的物质帮扶已转向"长、深、远"的内生动力的激发。

在推进高等职业教育供给侧结构性改革的背景下,职业教育精准扶贫成为教育精准扶贫的重要部分。在某种意义上,"扶"对应"供给","贫"对应"需求"。随着我国职业教育发展,我国职业教育改革进入了新的层次,职业教育体系日趋完善,职业教育形式越来越多样,教育形式包括全日制教育、成人教育,特别是短期非学历教育越来越被职业教育院校重视。针对乡村工作人员、乡村劳动力转移以及扶贫要求,很多职业院校开设了针对下岗职工、农民工和退伍军人等群体的技术培训,更新职业教育理念,提升广大乡村工作人员的素质,培养一批为乡村发展的技术型人才。政府层面,从2019年开始职业教育扩招100万人,鼓励下岗职工、农民工以及退伍军人报考,这将对职业教育产生深远影响,将职业教育与乡村振兴结合,抓住职业教育改革机遇,扩大受教群众。同时还依托组织各类职业教育活动开展精准扶贫工作,在帮扶贫困家庭子女接受职业教育、帮扶农民工接受职业培训、东西职业院校合作扶贫等方面发力,积极探索新时代下职业教育精准扶贫模式,职业教育扶贫形成了以政府为主导、职业院校实施、各类社会组织协同参与的局面。

第二节 乡村振兴战略下高等职业教育供给侧结构性改革的机遇

乡村振兴战略下,职业教育找到了新的服务方向。习近平总书记指出:"乡村振兴,人才是关键。"乡村振兴战略作为一项战略性工程,具有长期性和持久性,需要大批高素质高质量的各层次人才,形成智力支撑。职业教育新的服务方向是服务于农民、农业,为广大贫困群众提供技能培训是精准扶贫的必然要求。精准扶贫的目标是实现乡村振兴,实现广大群众对美好生活向往的目标。职业教育为乡村振兴所倡导的生产生活观念提供人才保障,形成人人皆想成才的良好氛围。因此,精准供给人才将成为职业教育服务乡村振兴的重要职责和服务方向。

一、乡村振兴战略为高等职业教育供给侧结构性改革提供了契机

高职院校对口帮扶贫困地区加强村级基层组织建设,巩固基层政权,打造一支留得住、能战斗、带不走的人才队伍,提升村级组织治理能力,带动产业发展,不断提高带领贫困地区群众脱贫致富能力。同时,高职院校通过校村、校校、东西结对等方式,面向贫困地区开展产业扶贫、健康扶贫、生态扶贫、文化扶贫等,致力于改善发展环境、优化产业结构、发展绿色经济、提升贫困人口文化素养,实施"造血式"扶贫,实现贫困地区人口精准脱贫。高职院校通过发挥其优势,对刚脱贫地区的农民进行技术培训,通过输出有技术的劳动力增加农民的工资性收入。通过对农民种养殖技术培训,提高农副产品的科技含量,既增加农民收入又优化了农村经济结构。职业教育机构通过技术下乡、集中办班、现场教学实训等形式,大力对农民工开展转移培训,推进新型城镇化,促使农村富余劳动力向城市转移,职业教育已经成为农民工技能培训、农村剩余劳动力转移的主要渠道。

与普通教育扶贫相比,职业教育扶贫具有一定的优越性,职业教育通过精准帮扶贫困生,为人才市场输送了大量应用型人才,为贫困生将来脱贫打下基础,阻隔了贫困的代际传递。职业教育对促进贫困家庭脱贫具有导向效能。职业教育不仅让贫困学生收获理论知识,掌握了一定技能,让贫困群众内省,积极改变先前的状态,教育的导向效能比较明显。大力推进职业教育,提升贫困人口的文化素质和职业技能,增强脱贫致富能力,成为教育精准扶贫的方向和重要途径,对于精准扶贫具有重要的作用和意义。导致贫困人群陷入贫困状况的很大一部分原因在于他们在能力方面的缺失,想要通过政策实施顺利实现精准扶贫的战略,重点就在于保障个人尤其是贫困人群接受教育的权利,使他们在接受教育之后拥有发展和生存的能力。与普通教育扶贫相比,职业教育扶贫具有一定的优越性:一是职业教育具有一系列补助和免费项

目;二是教学内容强调技术、技能与综合素质,这些都是与就业密切相关的教育形式;三是职业院校都实行1+X证书,在人才市场上更具竞争力;四是职业教育培训方式灵活多样,培训时间短,有助于迅速帮助贫困人群短期脱贫。职业教育起着教育扶贫的桥梁作用。部分贫困生没有考上普通高中或理想中的高校,也可以接受职业教育,保障了贫困家庭子女有更多机会接受技能教育,为其掌握技能或接受更高的教育奠定基础。贫困家庭的子女找到一份合适且稳定的工作是实现脱贫致富的重要途径,职业院校毕业生有技能,符合国家经济发展需要,更具有竞争力,择业前景优越。

二、乡村振兴战略为高等职业教育提供了机会

乡村振兴战略背景下,职业教育的目标是培养"懂技术、会经营、有文化"的职业农民,职业教育功能定位与乡村振兴目标高度一致,职业教育能有效提升广大贫困人群的职业技能,改变他们的观念和"穷人"思维模式,唤醒他们的脱贫意识,增加贫困群众的脱贫动力,实现美好生活,这与习近平总书记提出的"人民对美好生活的向往是党和国家的奋斗目标"一致。精准扶贫的短期目标是消除绝对贫困,长期目标是实现乡村振兴,最终实现人民对美好生活的向往。职业教育为贫困群众提供劳动技能,实现职业教育的供给侧和贫困群众对职业教育需求侧的无缝对接,能有效破解贫困的代际传递,突显职业教育在乡村振兴中的独特价值。

高职院校通过面向贫困地区定向招生,为贫困地区培养了数以百万计的技术技能人才,面向贫困人口精准传授致富技能,在精准阻断贫困代际传递方面发挥了关键性作用。贫困地区教育基础仍然比较薄弱,交通不够发达,一些农村的孩子初中尚未毕业就外出打工,由于缺乏技能,就业困难。在脱贫攻坚阶段,通过对建档立卡的贫困人口进行分析,50%以上的人口只有小学文化,很多人口由于缺少技能无法摆脱贫困,这些孩子理想是快点长大,外出打工挣钱,很多家庭在面对孩子求学成本大过家庭承受范围时放弃求学之路,导致一些家庭因学致贫。精准扶贫阶段,职业教育对贫困家庭免除了学杂费,还补助伙食费,并让孩子有一技之长,快速获得满意的收入,成为家庭脱贫的希望,让贫困家庭树立脱贫致富的信心。

三、乡村振兴战略需要职业教育提供大量的人才支撑

职业教育培养在一线工作的高端技能型人才,通过校企合作、工学结合,为受教育者提供充足的实践机会,与工作岗位零距离对接,并获得较高收入,从而带动全家脱贫致富。职业教育服务于乡村振兴人才战略是职业教育重要特征体现。2017年高等职业教育质量报告显示,高职学生中有90%以上属于自己所在家庭的第一代大学生;50%以上都来自农民或农民工家庭。数据显示,94%以上的高职学生毕业3~4年后收入呈现出稳定增长,部分专业能力突出的职业院校毕业生月薪超过了本科生,很多技能大赛的获奖者已经成为企业的技术骨干,并且

大部分高职学生都服务于刚脱贫地区和中小城市。越来越多的职业院校毕业生通过自身努力成为中等收入家庭,并成为家庭收入来源的主要承担者。职业教育有初、中、高三层次,类型多样,生源多样,教育对象的涉及面较广,其中,刚脱贫人口所占比例较大;职业教育所设置的专业大多数是应用型专业,注重技术教育和技能培养,这种教育适合基础知识较为薄弱、急需获得收入的贫困人群,同时为乡村振兴战略提供了人才支撑。

总之,结合职业教育对脱贫攻坚战场的贡献,面对刚脱贫地区人才培养、职业场景、职业岗位对技术技能人才的新需求,以推进职业教育改革、依托职业教育优势引领推进职业教育供给侧结构性改革的同时,助力乡村振兴,不断提高职业教育的针对性与实效性。

第三节 乡村振兴战略下高等职业教育供给侧结构性改革的模式——以广西为例

广西是全国脱贫攻坚的主战场之一。习近平总书记多次作出重要指示批示，对广西脱贫攻坚、乡村振兴工作给予精准把脉、精准指导。2021年，广西实现了634万建档立卡贫困人口全部脱贫、5379个贫困村全部出列、54个贫困县全部摘帽，在国家组织开展的省级党委和政府扶贫开发工作成效考核中，连续5年获得综合评价"好"的等次，交出了一份高质量的脱贫攻坚广西答卷，书写了中国减贫奇迹的八桂华章。

一、高等职业教育供给侧结构性改革面临的问题

（一）供给质量不高

供给质量是评价职业教育的重要标准，供给质量体现职业教育对产业支持能力，也是评价职业教育发展能力的重要指标。长期以来，职业教育社会评价不高，招生困难、就业困难等问题一直制约着职业教育的良性发展。

（二）总体发展不均衡

高等职业教育发展不均衡主要体现在高等职业教育与普通高等教育在发展上存在差距，高等职业教育在区域间发展存在差异，高等职业教育同社会教育需求间存在差异。

（三）人才培养特色不鲜明，优势不突出

长期以来，高等职业教育被定义为一种层次教育，并且是一种低层次教育，因此一些高职院校向往成为普通高校，并不遗余力地模仿普通高校，从办学理念、专业设置、人才培养等方面照搬照抄普通高校，但由于自身的师资、生源、软硬件等条件都达不到普通高等学校的要求，因此办学优势不明显，缺乏办学特色。

（四）社会服务与科研能力不强

社会服务是高等职业教育的重要职能，但长期以来高等职业教育的社会服务职能缺失。造成这种现象的原因有很多，外因主要体现为：长期以来社会对高等职业教育评价不高，当政府与企业需求技术服务时更愿意找普通高等教育，导致高等职业教育缺乏参与社会服务的机会。

二、乡村振兴战略背景下职业教育供给侧结构性改革模式

(一)政策扶贫模式

一是建立职业教育扶贫培训基地。广西建成 100 个职业教育培训基地,积极开展东西部职业教育协作。比如,广西、广东签订了职业教育协作框架协议,广东对广西实施对口帮扶,两省区之间共 26 所职业院校被列为对口帮扶的职业教育协作扶贫基地。

二是对贫困学生建档立卡,建立贫困学生的资助信息管理系统。对各个阶段的学生贫困状态进行动态统计和管理,对贫困学子资助政策与扶贫培训政策无缝对接,帮助众多贫困学子完成职业技术教育并顺利就业,实现一人就业、脱贫一家的目标。

三是完善对学生的资助政策。加大对高等职业教育农、林、地、矿等专业学生资助,对到边远山区就业 3 年以上的高职院校贫困学生,给予学杂费补偿或助学贷款代偿。按照"2+3""3+3"模式,对中职学生开展对口招生,为贫困地区家庭的孩子提供深造机会。有就业意向且建档立卡的贫困家庭子女,在各方帮扶下必须百分之百就业,工资不能低于 2000 元/月。自治区政府统筹 1600 万元资金,用于传承民族文化,创新职业教育基地建设。

(二)教育扶智模式

广西人力资源和社会保障厅正式启动了对贫困县建档立卡贫困家庭的帮助,职业院校开始对贫困家庭的学生展开结对帮扶,实施包吃住、培训和就业。广西某职业院校针对贫困家庭学生、建档立卡学生,除了保证他们能继续接受教育,还在班级建设、专业选择等方面都作出相应调整,以达到扶贫目的。开设职业教育"圆梦班",定向精准培养人才,为贫困家庭学生开辟绿色通道。对建档立卡贫困家庭以学校为单位进行虚拟编班,对贫困学生进行个性化指导,安排有丰富经验的辅导员和班主任对他们进行管理,让他们能融入集体,快速适应大学生活,让他们减少心理落差,培养他们自强的品格。在进行师资配备时,将更多有企业经验的教师分配至班级教学中,可以在教授知识和技能的同时,用自身经历化解贫困学生对于进入社会的焦虑和恐惧,传授就业经验,帮助他们尽快实现就业。

(三)产教融合扶贫模式

职业教育与地方产业发展有着本质上的联系。职业教育的变迁与地方经济发展和产业进步相互促进。职业教育不仅为地方产业发展提供所需人才,企业也逐步参加职业院校的人才培养,推动校企合作向纵深发展。校企合作协同创新成为现代产业发展与职业教育协同发展的主要形式之一。产业是区域发展的核心,其存在的根本目的是创造经济利益,获得商业利润。产业的发展及其相关部门也承担着相应的社会责任,比如参与职业院校人才培养,雇用职

业院校培养的技能人才,投入更多的资源在职业院校,以培养高端技能型人才。首先,广西高职院校在专业设置上,通过产业融合进行了区域的产业分析,确定明确的职业定向,主动为贫困地区发展服务。其次,在师资队伍建设上,吸引具有产业发展背景,在行业中有丰富经验的管理者到校担任兼职教师,保障专兼职教师队伍建设。最后,在专业教学上,结合当地产业发展需求,开发适应产业发展要求的课程,以技术能力培养为主线,形成专业特色;并适时结合产业结构的变化加以调整,充分利用当地产业发展实例展开教学。

(四)就业扶贫模式

广西高职院校重视加强就业指导,提升职业院校学生就业质量。对职业院校的贫困生开展全程化就业服务,实现一人就业、全家脱贫的目标。

一是与各大企业建立深度合作的校企合作关系,让企业参与教育精准脱贫,为贫困生提供实习岗位。通过开办"学徒制""订单班"的形式,让企业共同参与教学,提高贫困生就业能力。在就业指导方面,统计分析贫困生的基本信息,将优质岗位优先推荐给贫困生,联合企业举办针对贫困生的就业专场招聘会等。广西各职业院校加大对贫困生在校期间创业就业指导,提高他们的创业就业能力。广西很多职业院校成立了职业教育集团,参与集团化办学的企业、科研机构以及职业院校达到1000多家,为贫困家庭毕业生创业及顺利毕业提供了优质服务。

二是建设职业教育扶贫培训基地,用于开展技能培训和东西部职业教育协作。早在2014年,广东、广西签署了《广东对口帮扶广西职业教育协作框架协议》,开始了协作试点,被称为两广职业教育协作的"2+1模式",目前该项工程正有序开展,部分毕业生已到广东企业就业。

三是加强对农民工的技能培训,帮助农民掌握技能,实现就业和脱贫致富。2014年以来,广西先后开展了20多万次针对边疆地区农村劳动力、被征地农民、就业困难家庭和部分退伍人员的专项培训活动。

第四节 西部水利职教赋能教育扶贫
——广西基层水利人才"订单式"培养模式

一、实施背景

随着生态文明建设和脱贫攻坚、乡村振兴战略的实施,基层水利发展任务比以往任何时期都更为艰巨。中央持续加大水利投入力度,而水利建设项目大多数在市县以下的基层。从总体上看,基层特别是中西部民族地区,人才短缺问题仍比较突出。水利部曾经对滇贵黔石漠化片区和水利部定点扶贫地区86个县的水利基层人才队伍情况进行调研,数据显示,每个县的水利平均在岗人数仅为135人,远低于全国397人的平均水平;有的县水利专业人员比例还不到30%。人员力量不足已成为基层水利改革发展的制约因素。习近平总书记多次强调,要鼓励引导人才向贫困地区、艰苦边远地区、边疆民族等地区和基层一线流动,努力形成人人渴望成才、人人努力成才、人人皆可成才、人人尽展其才的良好局面。

二、主要做法

产教融合是近年来中央深化教育体制改革的一项重要内容。"订单式"人才培养实现了政府部门、用人单位、水利院校的融合和合作,实现了人才培养供给侧和需求侧的对接,是产教融合在水利行业的成功实践。"订单式"人才培养改变了过去以院校教育为主的培养方式,让用人单位提前介入人才培养中,着眼用人单位的需求,科学设置课程体系,有针对性地开展理论教育和实践教学,是推动教育教学改革的有益尝试。中央《关于鼓励引导人才向艰苦边远地区和基层一线流动的意见》和《关于新时代推进西部大开发形成新格局的指导意见》两个重要文件,将"订单式"人才培养写入其中。

(一)水利部层面有序推进

2016年,为解决基层水利人才"引不进、留不住"等突出问题,在水利部党组的领导部署下,经过深入调研,水利部研究提出水利人才"订单式"培养模式,主要内容包括:水利部发挥行业指导作用,组织搭建"政行企校"协作机制,依托水利院校,采取"定向招生、专班培养、定向就业"方式培养基层水利人才。在此基础上,会同青海省水利厅、教育厅和杨凌职业技术学院,在青海玉树、果洛、黄南三个藏族自治州开展了水利人才"订单式"培养试点工作,取得了良好效果。有关中央领导批示:水利"订单班"经验不仅在青海藏区适用,对人才短缺的地方都有启示。为充分发挥水利人才"订单式"培养模式的作用,2018年,水利部在青海召开了现场会,推广"订单式"培养经验,水利部副部长田学斌到会并讲话。2019年,水利部党组将"订单式"人才培养作为一项重要措施,写入《新时代水利人才发展创新行动方案(2019—2021)》

和《贫困地区水利人才队伍建设帮扶工作方案（2019—2020）》。同时，水利部人事司还通过座谈会等多种方式，鼓励和动员有关水利单位开展人才"订单式"培养。2020年10月，在世界银行等7家国际组织开展的全球减贫案例征集活动中，水利人才"订单式"培养荣获全球最佳减贫案例。

（二）地方有关部门协作推进

针对基层水利人才短缺问题，按照中央关于引导人才向基层一线流动有关政策精神，以及水利部党组关于推广基层水利人才"订单式"培养模式的工作要求，广西壮族自治区水利厅会同教育厅、党委编办、人力资源社会保障厅、财政厅，联合印发《关于开展广西基层水利人才定向培养工作的通知》，依托广西水利电力职业技术学院，从2020年开始，在5年内为广西基层水利单位培养500名以上专业技术干部。这是从全区水利改革发展大局出发、强化基层水利人才培养的重要创新举措，为稳定和加强基层人才队伍力量开辟了新渠道。

（三）扶贫先扶智，定向培养有创新

2020年，首批面向自治区21个县市、区招收的90名水利定向生已顺利开班。2021年，全区共落实118个定向生用编及招生计划，目前招录工作已完成，报考人数较2020年近乎翻倍，录取投档比例超1∶4，录取平均分数337分，高出广西高职高专投档线157分，招生生源充足、质量优良。广西基层水利人"订单式"培养模式主要有以下特点：一是基层需求导向，由自治区水利厅、教育厅根据每年县、乡水利事业单位编制空缺及水利人才队伍需求情况确定招生人数。二是专业化培养，依托广西水利电力职业技术学院，结合广西基层水利人才业务需求，制定培养方案进行专业化培养。三是本土化招生，采取高职高专提前批录取方式，按照定向岗位"生源地分数"优先原则，按高考成绩分地域从高分到低分择优录取。四是定向就业、实名编制，定向生毕业后由生源地县（市、区）水利部门联合用人单位分派到广西艰苦边远地区县（市、区）水行政主管部门所属事业单位、全区各乡镇水利（水保）站、驻乡镇水利工程管理单位工作，纳入事业编制管理。五是费用免除，免除"定向生"在校三年的学费、住宿费和教材费，由自治区水利厅统筹安排。

三、成果成效

2021年6月，水利部印发《关于进一步加强水利人才"订单式"培养工作的通知》，对广西、湖南、湖北等地开展的"订单式"培养工作做法和成效进行宣传，动员各省级水行政主管部门借鉴"订单式"人才培养经验，因地制宜开展人才"订单式"培养实践。同年8月，广西基层水利人才"订单式"培养模式作为典型案例列入水利部、中组部、人社部联合调研课题。

第五节 发挥水利职教优势 精准助力脱贫攻坚
——以广西水利电力职业技术学院为例

一、实施背景

根据广西壮族自治区党委、人民政府的统一部署,广西水利电力职业技术学院从2015年10月开始结对帮扶河池市金城江区九圩镇高合村、北隘村、肯堂村、江潭村、那余村共5个贫困村,2016年年初新增帮扶极度贫困村岜林村。这6个贫困村地处典型喀斯特地貌地区,受地形地貌影响,交通十分不便利,自然条件差,造血功能是薄弱环节。广西水利电力职业技术学院作为一所地处西部地区的水利职业院校,和其他高职院校一样,积极承担起教育扶贫的职责和使命,多举措、全方位助力定点帮扶,充分发挥水利类院校在志智双扶、科技帮扶、电商扶贫、人才帮扶等方面的优势,实现了6个贫困村全部脱贫摘帽,653户、2443名贫困人口全部实现贫困发生率清零。

二、主要做法

(一)志智双扶

教育扶贫解决的首要问题就是观念问题,这是个根本问题,转变贫困户的发展观念比起捐钱捐物要重要得多。扶贫必扶志,教育扶贫解决的是长远问题,脱贫致富不仅要注意富口袋,更要注意富脑袋。广西水利电力职业技术学院帮扶的6个贫困村,岜林村是极度贫困村,高合村是深度贫困村。学校领导高度重视,上下联动帮扶,将"扶志"工程纳入全年帮扶计划,系统开展宣战帮扶。每年广西水利电力职业技术学院党委领导班子带领帮扶联系人到定点村开展"结对共建""一帮一联""三方见面会""双认定"及走访慰问调研等活动,帮扶人数年均达400余人次。各基层部门、党支部开展各贫困村结对共建教育帮扶。每年寒暑期,以及"六一""七一"等节庆日,学校的党员代表和青年志愿者都到村里开展支教活动,教留守儿童打篮球、朗诵诗词、唱英文歌、做游戏等,给孩子们带去浓浓的关爱。仅在两个深度和极度贫困村,就为26名考上大学本科和中高职的贫困学生申请"雨露计划"补助近6万元,积极鼓励他们完成学业,成长成才,感恩国家,回馈社会。

(二)科技帮扶

授人以鱼不如授人以渔。广西水利电力职业技术学院积极发挥教师专业优势,为乡村振兴提供技术支持。为解决定点帮扶村农田逢大雨必涝的问题,学校水利工程系派出专家指导当地水利基础设施建设,协助当地水利局对河池市金城江区九圩镇白山、大田洞进行了现场勘察,收集资料,编制了项目设计方案书,并出面向自治区水利厅申请到了250多万资金投入新建排洪隧洞及其进口明渠;学校教学团队技术服务马山县贫困村龙昌村人饮安全工程,受益人数达175户、870人;科研技术成果应用于广西大化县等岩溶贫困山区,解决了1000余人贫困山区人用饮水安全问题。广西水利电力职业技术学院的"水利科技创新团队"结合所承担的水利科技项目"广西农村人饮水净化工艺与关键设备研发与应用",在自治区水利厅的支持指导下,对河池、百色等岩溶地区贫困农村的人饮安全问题进行了调研,在大化县和田东县的几个贫困村实施了农村集中式(村屯)供水净化示范工程6个、分散式供水净化示范点200个(农户),受益贫困村人口4000人……学校成为助力乡村振兴的技术智库。

(三)电商扶贫

广西水利电力职业技术学院和地方政府凝聚力量,多措并举,持续推动定点帮扶贫困村产业发展。开展了"党旗领航·电商扶贫""1+1"行动,信息工程系协助当地搭建了九圩镇九满仓电商服务平台,成为引领脱贫攻坚新载体、新平台。通过这一平台,收购九圩镇及金城江区贫困村农户农特产品,开展订单式销售,拓宽农土特产品销售渠道。

(四)人才帮扶

高职院校要突出职业教育办学特色,利用高职院校职业教育师资优势,"授之以渔",将服务地方经济社会发展能力与人才培养工作结合起来,向贫困地区提供技术支持、技术技能培训以及劳动力转移,发挥推进带动当地经济发展的作用。广西水利电力职业技术学院还在河池市金城江区九圩镇挂牌成立职业教育基地,在定点帮扶贫困村所在乡镇设立"农民工技能培训基地",组织开展用电安全、节水宣传、建筑、汽车、电商等相关专项培训,每年培训贫困户几百人次,帮助贫困户实现劳务就业,进一步提升"造血"功能,彻底解决贫困群众缺技能、少文化、无出路的问题。学校作为全区水利系统干部职工培训基地,利用水利师资优势,承接水利职工教育培训任务,认真抓好全区水文系统中心水文站站长培训班、大中型水库管理单位技术负责人培训班、水利工程建设稽查业务培训班、全区水利系统财务管理等培训班的教材、教学和组织培训工作,为乡村振兴培养了一批高素质的基层水利人才。

三、成果成效

近年来,广西水利电力职业技术学院全院上下积极担当作为,充分发挥水利职业教育优势,勠力同心,尽锐出战,和金城江区九圩镇结下了深厚而密切的帮扶关系。领导班子30余次深入贫困村调研指导脱贫攻坚工作,先后派出25名优秀干部驻村开展帮扶,累计争取投入各类项目资金5000多万元,为6个贫困村完善道路、农田水利等基础设施建设50余项,其中水利工程项目超过半数,极大改善了种养殖产业的用水状况,精准助力脱贫攻坚和推进乡村振兴,为衔接乡村振兴打下了坚实的基础,赢得当地政府和广大群众的认可和赞誉。

参考文献

[1] 陈二厚,刘铮.习近平提"供给侧结构性改革",深意何在?[EB/OL].(2015-11-19)[2021-03-02].http://www.xinhuanet.com//politics/2015-11/19/c_128445566.htm.

[2] 厉以宁,吴敬琏,等.三去一降一补:深化供给侧结构性改革[M].北京:中信出版社,2017.

[3] 刘益彤.基于中国供给侧结构性改革的财税政策研究[D].沈阳:辽宁大学,2017.

[4] 陈学慧,林火灿.我国经济正处于增长速度换挡期、结构调整阵痛期和前期刺激政策消化期——"三期"叠加是当前中国经济的阶段性特征[N].经济日报,2013-08-08(01).

[5] 杨迅,等.中国GDP首次突破100万亿元,国际社会这样评价[EB/OL].(2021-01-22)[2021-03-02].http://news.voc.com.cn/article/202101/20210122174922637002.html.

[6] 贾康,等."十三五"时期的供给侧改革[J].国家行政学院学报,2015(6):16-17.

[7] 宫超."十四五":供给侧结构性改革重要性有增无减[EB/OL].(2020-11-02)[2021-03-02].https://baijiahao.baidu.com/s?id=1682222156971002662.

[8] 刘云生.供给侧结构性改革:教育怎么办?[J].教育发展研究,2016(3):2.

[9] 姜大源.教育供给侧改革的最大潜力在于职业教育[J].教育与职业,2016(11):5.

[10] 王荣辉,等.高职教育的经济现象及其解释[J].高教发展与评估,2018(6):28-29.

[11] SCHULTZ,T W. Education and Economic Growth[M]//HENR￥NB. Social Forces Influencing American Education. Chicago:University of Chicago Press,1961.

[12] 华志丰.职业教育的经济学思考[J].学术界,2005(1):41-49.

[13] 杨希.驱动创新增长的力量——高层次科技人力资本形成的市场及财政机制研究[M].上海:上海交通大学出版社,2017.

[14] 胡潇译,张欣.跨文化视域下全人教育思想及其实践[J]吉首大学学报(社会科学版),2021(4):116-122.

[15] 桂文龙,臧大存,朱其志. 以理事会为抓手创新实践校企合作体制机制[J]. 教育与职业, 2012(22):88-89.

[16] 赵晓明,赵艳君. 创新校企合作理事会长效运行机制——以青岛港湾职业技术学院为例[J]. 机械职业教育,2016(5):55-57.

[17] 王彦. 多元办学:当前教育发展的关键动力[J]. 继续教育研究,2014(6):3.

[18] 廖福英,杨柳,韦雪豫. 论校企合作理事会制度[J]. 广西教育,2013(43):81.

[19] 邱德丽. 高职院校校企合作理事会制度研究[J]. 教育与职业,2019(2):14-17.

[20] 高鸿,高红梅. 职业教育集团化办学的内涵与特征研究[J]. 中国职业技术教育,2012(36):32-36.

[21] 叶峰. 高等职业教育集团化办学的发展历程与特点探析[J]. 吉林省经济管理干部学院学报,2010,24(4):107-110.

[22] 孙芳芳. 职业教育集团化办学研究[D]. 秦皇岛:河北科技师范学院,2010.

[23] 叶峰. 我国高等职业教育集团化办学模式改革研究[D]. 福州:福建师范大学,2009.

[24] 余秀琴. 职业教育集团化办学的内涵和发展历程[J]. 中国职业技术教育,2008(17):15-16.

[25] 张艳芳. 关于高职混合所有制产业学院[J]. 职业教育研究,2017(10):15-19.

[26] 李潭. 产业学院:校企合作新型路径[J]. 教育评论,2017(11):27-30.

[27] 武学超,杨晓斐. 美国联邦政府加强大学与产业技术合作的政策与实施[J]. 黄河科技大学学报,2011(11):82-86.

[28] 周红利. 陈华政. 供应链理论视角下的产业学院研究[J]. 职教论坛,2020,36(6):20-24.

[29] 夏建国. 新型产业大学:特色型大学发展新路径——韩日产业大学办学模式的中国视角[J]. 高等工程教育研究,2009(1):42-45.

[30] 邵庆祥. 具有中国特色的产业学院办学模式理论及实践研究[J]. 职业技术教育,2009(4):44-47.

[31] 徐伟,蔡瑞林. 交易成本:校企共同体产业学院治理的关键[J]. 中国职业技术教育,2018(9):89-93.

[32] 许文静. 整体性视域下产业学院内部结构的治理逻辑研究[J]. 中国职业技术教育,2018(29):12-16.

[33] 金炜. 新时代高职产业学院的建设逻辑、现实困境与破解路径[J]. 教育与职业,2020(15):28-34.

[34] 聂伟. 产业学院的理论认知和实践形塑[J]. 职教论坛,2021(9):26-30.

[35] 李国志. 高职院校人才培养模式的内涵、特征及选择原则[J]. 职业技术教育,2008(19):24.

[36] 杨明亮. 高职院校人才培养模式改革探析[J]. 北京劳动保障职业学院学报,2014,(1):46.

[37] 崔岩. 高职院校人才培养模式改革研究[J]. 职业技术教育,2009,(11):73.

[38] 葛道凯. 中国职业教育二十年政策走向[J]. 课程·教材·教法,2015(12):6.

[39] 范豪. 基于智能制造工厂的高职人才培养模式探索[J]. 轻工科技,2020,36(4):174-175+180.

[40] 李伟铭,黎春燕,杜晓华. 我国高校创业教育十年:演进、问题与体系建设[J]. 教育研究,2013(6):42-51.

[41] 周发明,刘湘辉. 国外高校创业教育的发展及其对我国的启示[J]. 湖南农业大学学报,2008,9(6):1-13.

[42] 夏小华. 国外高校创新创业教育的经验与启示——以美国、德国为例[J]. 鸡西大学学报,2015,3(6):4-6.

[43] 张倩,邬丽群. 基于协同培养的高校创新创业教育生态系统的构建[J]. 民族高等教育研究,2015,3(4):30-35.

[44] 贾卫东. 日本高校创业教育的特点及启示[J]. 吉林工程技术师范学院,2013(10):17-18.

[45] 徐小州,李志勇. 我国高校创业教育的制度与政策选择[J]. 教育发展研究,2010(11):12-18.

[46] 宣勇. 理念、路径与制度:创业教育视域下的高等教育变革——评黄兆信等的《地方高校创业教育转型发展研究》[J]. 高等教育研究,2014(12):103-106.

[47] 薛浩,陈万明,张兵,陈桂香,韩雅丽. 高校创业教育中的误区反思与对策选择[J]. 高等教育研究,2016(2):74-78.

[48] 韩雪峰,刘洋. 高校校企合作教育的实践及成效探讨——以辽宁工程技术大学环境学院为例[J]. 高等教育研究,2015(12):9-11.

[49] 徐小洲,倪好. 社会创业教育:哈佛大学的经验与启示[J]. 教育研究,2016(1):143-149.

[50] 黄兆信,曲小远,施永川,曾尔雷. 以岗位创业为导向的高校创业教育新模式——以温州大学为例[J]. 高等教育研究,2014(8):87-91.

[51] 张宝君. "精准供给"视域下高校创新创业教育的现实反思与应对策略[J]. 高校教育管理,2017(1):33-39.

[52] 张旭,郭菊娥,郝凯冰. 高等教育"供给侧"综合改革推动创新创业发展[J]. 西安交通大学学报(社会科学版),2016(1):26-35.

[53] 张彩霞. 教育供给侧改革下高校创新创业教育对策研究[D]. 哈尔滨:黑龙江大学,2018.

[54] 黄兆信,曾尔雷,施永川,王志强,钟卫东. 以岗位创业为导向:高校创业教育转型发展的战略选择[J]. 教育研究,2012(12):46-52.

[55] 杨宏亮,尚长春,杜媛英,赵天鹏.创新型工程训练中心建设与创新型人才培养模式的探讨[J].中国现代教育装备,2015(1):30-32.

[56] 王雪.创新创业教育视域下高校辅导员职能探析[J].南方论刊,2017(1):88-90.

[57] 朱有明.以供给侧改革引领我国教师教育的发展[J].教育与管理,2017(6):51-54.

[58] 张丽娟,郭昱轩,时锦雯.习近平总书记关于师德师风建设重要论述的时代价值和践行路径[J].高教论坛,2021(11):1-4.

[59] 范娟.双师型队伍建设在职业院校的实践探索[J].哈尔滨职业技术学院学报,2019(5):21-23.

[60] 张建荣,郭金妹."校企合作"模式下高职"双师型"教师队伍建设探索与实践[J].教育教学论坛,2015(22):129-130.

[61] 杨媛.供给侧改革对我高等教育发展的引领[J].山西青年,2017(10):54.

[62] 中共中央国务院关于打赢脱贫攻坚战的决定[EB/OL].(2015-12-07).http://www.gov.cn/xinwen/2015-12/07/content_5020963.htm.

[63] 巫德富,谭雪燕.精准扶贫视野下广西职业教育扶贫的问题与对策[J].教育观察,2019,8(24):49-50.

[64] 巫德富,谭雪燕.精准扶贫视野下职业教育产业扶贫策略——基于广西少数民族聚居区的思考[J].广西教育,2018(35):6-7.

[65] 黄大明.乡村振兴战略下高等职业教育供给侧改革的探讨[J].安徽农学通报,2020,26(21):168-171.

[66] 余阳.论职业教育与乡村振兴协调发展[J].长江工程职业技术学院学报,2019(6):47-49.

[67] 马建富,郭耿玉.乡村振兴战略背景下农村职业教育培训的功能定位及支持策略[J].职教论坛,2018(10):18-24.

[68] 钱先保.乡村振兴背景下教育精准扶贫问题研究[J].黑河学刊,2019(7):183-184.

[69] 赵曼.加强职业教育,助力乡村振兴[J].山东人力资源和社会保障,2018(6):42.

[70] 黄小明.基于乡村振兴战略的职业教育精准扶贫研究[J].农村经济与科技,2018(22):216-217.

[71] 钟丽.乡村振兴背景下教育精准扶贫存在的问题及治理路径[J].科学大众·科学教育,2018(10):153-154.

[72] 朱爱国,李宁.职业教育精准扶贫策略探究[J].职教论坛,20161.:16-20.

[73] 刘易霏.实施职业教育助学项目助力精准扶贫的实践与探索——以广西百色市为例[J].教育观察,2016(5):116-118.

[74] 游明伦,侯长林.职业教育扶贫机制:设计框架与发展思考[J].职教论坛,2013(30):19-22.

[75] 贾海刚. 职业教育服务精准扶贫的路径探索[J]. 职教论坛,2016(25):70-74.

[76] 余祖光. 终身教育背景下的职业教育扶贫助困功能[J]. 职教论坛,2007(13):5-7.

[77] 王大江,孙雯雯,闰志利. 职业教育精准扶贫:理论基础、实践效能与推进措施[J]. 职业技术教育,2016(34):47-51.

[78] 许锋华. 精准扶贫:民族地区职业教育发展的新定位[J]. 高等教育研究,2016(11):64-69.

[79] 孙善学. 教育分流要向职业教育加大倾斜力度[J]. 职业技术教育,2010(27):40-43.

[80] 姜大源,王泽荣,吴全全,陈东. 当代世界职业教育发展趋势研究——现象与规律(之一)基于横向维度延伸发展的趋势:定界与跨界[J]. 中国职业技术教育,2012(18):5-14.

[81] 范安平,张挚. "都市圈"发展与农村职业教育——发达国家的启示[J]. 继续教育研究,2010(8):34-35.

[82] 孙善学. 职业教育分级制度基本问题[J]. 教育与职业,2011(22):41-44.

[83] 滕春燕,肖静. 职业教育精准扶贫的现实要义、原则及发展指向[J]. 教育与职业,2017(23):36-43.

[84] 黄进丽. 少数民族地区职业教育服务精准扶贫的路径选择[J]. 职教论坛,2017(23):85-88.

[85] 谢霄男,王让新. 关于农村教育扶贫问题的思考和对策建议[J]. 中国教育学刊,2015(s2):3-4.

[86] 职业教育集团[EB/OL]. [2012-09-03]. http://www.moe.gor.cn/jyb-xwfb/moe-2082/6236/s6811/201209/t20120903-141506.html.

[87] 教育部现代学徒制试点工作管理平台. http://www.moe.edu.cn/s78/A07/.

[88] 教育部学生服务与素质发展中心. https://chesicc.chsi.com.cn/index.